CARTESIANISCHE MEDITATIONEN
UND
PARISER VORTRÄGE

HUSSERLIANA

EDMUND HUSSERL
GESAMMELTE WERKE

BAND I

CARTESIANISCHE MEDITATIONEN
UND
PARISER VORTRÄGE

AUF GRUND DES NACHLASSES VERÖFFENTLICHT VOM
HUSSERL-ARCHIV (LOUVAIN) UNTER LEITUNG VON

H. L. VAN BREDA

EDMUND HUSSERL

CARTESIANISCHE MEDITATIONEN
UND
PARISER VORTRÄGE

HERAUSGEGEBEN UND EINGELEITET
VON

PROF. DR. S. STRASSER

2. AUFLAGE

Ouvrage préparé sous les auspices
du Conseil International de la Philosophie et des Sciences Humaines
et de la Fédération internationale des Sociétés de Philosophie,
avec l'aide de l'U.N.E.S.C.O.
et du Ministère de l'Education nationale et de la Culture de Belgique.

HAAG
MARTINUS NIJHOFF
Photomechanischer Nachdruck 1973

PRÉFACE

Le 27 avril 1938, Edmund HUSSERL, l'initiateur et principal représentant du courant phénoménologique dans la philosophie contemporaine, mourut à Fribourg en Brisgau, âgé de près de quatre-vingts ans.

Depuis la parution de ses *Logische Untersuchungen* en 1900–1901, le monde philosophique international avait suivi, avec un intérêt toujours croissant, les exposés successifs et de plus en plus approfondis, que le maître fribourgeois publiait sur les principes de sa méthode, dite *phénoménologique*, sur les applications concrètes de celle-ci aux problèmes philosophiques les plus divers, ainsi que sur la phénoménologie comme système philosophique autonome et pour ainsi dire ,,autarchique''. Ces publications, relativement peu nombreuses, mais fort remarquées dès leur parution, furent étudiées avec le plus grand soin par les représentants les plus autorisés des différents courants de la pensée contemporaine.

Les critiques, il va sans dire, ne manquèrent point. On attira l'attention sur le caractère plutôt programmatique de ces études, sur la terminologie fort neuve, quelque peu arbitraire, parfois même déroutante, dont se servait l'auteur, sur son penchant prononcé pour des distinctions subtiles et pour des définitions minutieuses à l'excès, sur la difficulté de son style et les complications parfois inutiles de son exposé, enfin et surtout — au moins depuis 1913 — sur le caractère audacieux de sa théorie de la réduction, présentée par lui avec une insistance toute particulière comme le fondement dernier et indispensable de toute phénoménologie présente ou future.

Toutes ces critiques et bien d'autres encore — conçues du reste par des chercheurs qui, en général, reconnaissaient en même temps les mérites incontestables de l'auteur — ne purent empêcher pour autant, que le maître conquît un nombre toujours croissant de lecteurs assidus, et qu'il s'attachât, par ses oeuvres mêmes, bon nombre de disciples fervents dans les milieux philosophiques les plus divers du monde entier.

Husserl se distingua en effet par un effort constant pour renouveler et étendre la problématique courante. Ses descriptions minutieuses révélèrent l'existence de toute une série de problèmes que ses prédécesseurs et contemporains semblaient négliger à tort, parce qu'ils les avaient à peine entrevus, ou qu'ils en ignoraient l'existence. Comme, d'un autre côté, le maître ne manquait pas de présenter pour chacun de ces problèmes une solution d'ordre phénoménologique, si non définitive, du moins fort remarquable, il leur acquit d'emblée droit de cité, et introduisit du coup sa phénoménologie parmi les systèmes philosophiques en titre. Husserl s'avéra un des grands rénovateurs de la philosophie de ce siècle; et ses méthodes, ainsi que son système, s'imposèrent avec autorité à l'attention de tout chercheur intéressé à la philosophie systématique. — Ensuite, on ne pouvait méconnaître la pénétration étonnante de son esprit, ni les dons tout à fait exceptionnels pour l'analyse philosophique, dont il fit preuve dans ses exposés. — Enfin, il se fit remarquer par l'honnêteté et la sérénité objective de son tempérament, ainsi que par la loyauté exemplaire dans les discussions qu'il engagea et dans sa manière d'étudier et de juger la pensée et les thèses d'autrui.

En un mot, nonobstant les critiques signalées plus haut, Husserl fut reconnu bien vite comme un des maîtres les plus écoutés de la pensée actuelle, et ses publications prirent ainsi rang parmi les ouvrages *classiques* de la philosophie contemporaine.

Or, affirmer que l'oeuvre d'un philosophe figure parmi les *classiques*, c'est dire que cette oeuvre est à ranger parmi les forces vives qui déterminent l'évolution de la pensée et qui la façonnent, au moins en partie, de l'intérieur. Toute oeuvre classique occasionne nécessairement des réactions positives ou négatives; elle est donc à traiter comme „source de pensée" Il en est ainsi, nous le croyons, pour l'oeuvre de Husserl, qui nous semble être à l'origine — sinon l'origine même — de plusieurs courants de première importance de la philosophie de nos jours. Qu'il suffise de rappeler l'influence capitale qu'il exerça sur les membres de ce qu'on est convenu d'appeler *l'école phé-*

noménologique. Nous l'avons dit, il fut le créateur de cette école et en resta le „maître" incontesté. Mais la lecture attentive de toute publication philosophique de quelque importance, parue au cours des dernières décades, démontre — à de rares exceptions près — que la doctrine husserlienne trouva des résonnances tant chez les non-phénoménologues, que dans les milieux de ceux qui se présentent comme ses disciples ou continuateurs. Quiconque s'est familiarisé avec sa pensée en retrouvera des traces à peu près partout. Il aura constamment l'impression que „Husserl a passé là", même si l'auteur affirme le contraire ou ne paraît pas en avoir conscience.

L'oeuvre et la pensée de Husserl ont eu sans contredit une influence très profonde sur la philosophie, telle qu'elle vit et s'exprime de nos jours.

* * *

Cette conviction, qui est la nôtre et que nous avons voulu exprimer sans embages dans cette préface, est la raison même de l'existence des *Archives-Husserl,* ainsi que de la publication de cette collection.

Husserl a laissé à sa mort, on le sait suffisamment dans les milieux philosophiques bien informés, un nombre impressionnant — près de 45.000 pages — de manuscrits inédits. Dans ces inédits, il a consigné des vues tout à fait remarquables, et en partie nouvelles, sur les bases de sa phénoménologie, mais surtout les résultats précis d'un nombre étonnant de ces analyses qu'il appelle *intentionnelles concrètes.* Ces manuscrits contiennent donc, au moins en partie, l'élaboration détaillée du vaste programme de travail phénoménologique, que Husserl a tant de fois exposé et annoncé dans ses oeuvres, et qu'il signalait, à tort ou à raison, comme „devant être exécuté de toute urgence pour sauver la philosophie tout court". Enfin, cette masse d'autographes, écrits entre 1890 et 1938, ainsi que les autres documents sans nombre de son „héritage spirituel", nous renseignent, souvent de façon définitive, sur les sources de sa pensée, sur la voie concrète qui l'a mené à ses découvertes, ainsi que sur les moindres étapes de sa longue et laborieuse évolution doctrinale.

Si Husserl est vraiment un des penseurs les plus originaux et les plus influents de cette époque, il va sans dire qu'on ne pouvait pas laisser se perdre ces documents, mais qu'ils méritaient, au contraire, d'être gardés avec piété et d'être étudiés et utilisés avec soin.

C'est pour ces raisons que nous avons travaillé d'abord à préserver ces papiers de la destruction éventuelle par les nazis (qui venaient d'écarter l'homme et semblaient bien capables de détruire son oeuvre), d'abord, en les évacuant en 1938 d'Allemagne, ensuite en les gardant des ,,périls de toute sorte'' qui les menaçaient pendant la longue période de l'occupation.

Grâce à l'aide morale et à la générosité des autorités académiques de l'Université de Louvain, de la Direction et de nos collègues de l'Institut Supérieur de Philosophie de Louvain, de la Fondation Francqui de Bruxelles et de nombreux mécènes et amis, nous avons pu fonder, dès 1939, sous le nom de *Archives Husserl à Louvain*, un centre de recherches phénoménologiques, auquel Madame Malvine Husserl et les autres héritiers du philosophe confièrent tous les manuscrits de celui-ci, ainsi que de nombreux documents relatifs à sa carrière académique, à son enseignement et à ses publications. L'Institut Supérieur de Philosophie, que nous venons de mentionner, mit des locaux à la disposition de ces Archives, et un groupe de professeurs et de personnalités belges — MM. E. de Bruyne, J. Lameere, J. Dopp, A. de Waelhens et G. Van Rolleghem — fut invité à constituer le Comité de Direction de cette institution. Entre 1939 et 1949 nous avons pu nous assurer, pour des périodes plus ou moins longues, la collaboration effective et hautement appréciée de plusieurs spécialistes dans la matière; celle de MM. L. Landgrebe et de E. Fink d'abord, qui furent les deux derniers assistants de Husserl; et depuis le départ prématuré et forcé de ceux-ci, celle de Mmes L. Gelber, M. Biemel et MM. S. Strasser et W. Biemel.

Ce centre d'études et de recherches créé pour conserver et étudier ce fonds, découvrit qu'il était d'une richesse bien plus grande qu'on n'avait pu le prévoir; il décida qu'il fallait publier au moins un très large choix des multiples documents en présence. Après plus de dix ans de travail, effectué dans des conditions souvent difficiles et fort désavantageuses, nous sommes heureux de soumettre, enfin, au public philosophique un premier volume de ces inédits.

Les circonstances difficiles, auxquelles nous venons de faire allusion, ne sont pourtant pas la seule raison qui nous ait fait différer cette publication. Nous disions déjà que Husserl légua à la postérité près de 45.000 pages d'inédits; ajoutons que la plupart de ces documents n'existent qu'en autographe, et ce qui plus est, en autographe sténographié. Il nous a paru impossible de présenter une édition d'un quelconque des manuscrits en question, surtout s'il était d'importance, avant d'avoir acquis une vue précise de l'ensemble de tous les documents. Cette étude préalable s'imposait en effet, pour déterminer avec certitude la valeur relative du texte envisagé et pour le situer de façon exacte dans l'ensemble de l'oeuvre du maître. On comprendra aisément que ce travail préparatoire nous ait demandé plusieurs années.

* * *

L'étude approfondie du contenu de nos archives nous a conduits à classer les manuscrits husserliens, au moins d'après la destination que l'auteur leur réservait au moment de la rédaction, en trois catégories nettement distinctes et fort différentes d'ailleurs par des caractéristiques de forme et de présentation littéraire. — Il y a, d'abord, une série de textes que Husserl a composés en vue d'une publication, mais qui, pour des raisons d'ordre divers, sont restés inédits; ils s'adressent à des lecteurs qui possèdent une formation philosophique poussée. Ces manuscrits seraient assez souvent tout prêts à l'édition, s'il ne fallait tenir compte des remarques sans nombre et des corrections de tout genre que l'auteur y ajouta après coup, en relisant la rédaction primitive. — Ensuite, nous avons retrouvé de multiples dossiers contenant des notes de cours. Quoique écrits pour la plupart *in extenso*, dans un style coulant et bien lisible, ces textes se distinguent nettement, pour des raisons fort compréhensibles d'ailleurs, de ceux que nous indiquions plus haut. La rédaction est moins soignée, la structure est plus libre, et on sent l'effort de l'auteur pour se tenir au niveau de ses auditeurs, et pour éviter la problématique plus profonde qui le préoccupe.

Il y a pourtant dans cette catégorie un nombre considérable d'exposés de tout premier ordre, qui méritent largement d'être présentés au public philosophique. — Il y a, enfin, comme troisième groupe, la masse compacte des ,,monologues philosophiques'' de Husserl; textes conçus sans la moindre préoccupation d'un lecteur éventuel, et qui sont en conséquence d'un genre tout à fait spécial et, à vrai dire, à peu près unique dans l'histoire littéraire de la philosophie. La facilité que Husserl s'était acquise pour fixer par sténographie sa moindre réaction consciente, tient du prodige. Dès 1900 il ne pouvait d'ailleurs plus penser sans écrire, et il travaillait à son bureau de sept à dix heures par jour. Le fait que ces innombrables annotations personnelles, datées pour la plupart et classées avec soin, constituent des textes relativement bien lisibles et d'une rédaction assez correcte, rehausse singulièrement l'intérêt qu'elles présentent. Nous possédons ainsi un journal philosophique d'une fidélité incomparable, où l'auteur nous décrit la manière concrète dont il a découvert et résolu les problèmes dont il traite.

Nous avons choisi, pour ouvrir cette collection *Husserliana*, le texte original des *Cartesianische Meditationen und Pariser Vorträge* — qui appartient, il va sans dire, à la première classe mentionnée — tout d'abord parce que nous réalisons ainsi un projet que Husserl lui-même a annoncé à plusieurs reprises, et qui lui tenait fort à coeur; d'autant plus, qu'il n'était pas satisfait de la traduction française du premier de ces manuscrits (parue à Paris chez Colin en 1931 et rééditée depuis chez Vrin en 1947), quoiqu'il reconnût volontiers les mérites incontestables des dévoués traducteurs. — Ce sentiment de piété ne fut pourtant pas seul à déterminer notre choix. Nous avons cru que les premiers tomes des *Gesammelte Werke* devaient reproduire des manuscrits qui appartiennent à la première et à la deuxième des catégories que nous venons de distinguer. Ces textes furent composés en effet par l'auteur lui-même en vue d'une publication ou pour son enseignement universitaire; contrairement aux *monologues philosophiques*, ils furent donc conçus et élaborés par lui dans l'intention d'initier d'autres chercheurs à ses idées. Il nous a semblé logique de les présenter d'abord au public, pour rendre possible, ou du moins pour faciliter, la lecture et l'interprétation des textes moins élaborés et en général moins clairs. Dans le groupe de manuscrits ainsi délimité, nous avons, ensuite, décidé d'accorder la priorité aux textes qui se présentent comme des exposés synthétiques, et dans lesquels il s'efforce de fixer les doctrines qui caractérisent les principaux moments de son évolution. — Quiconque connaîtra l'oeuvre du maître ne s'étonnera pas que ces principes nous aient conduits à publier en premier lieu les *Cartesianische Meditationen und Pariser Vorträge.*

Nous ne ferons qu'appliquer les mêmes principes, quand nous publierons sous peu, comme deuxième tome de cette collection, le premier exposé de la réduction phénoménologique, datant de 1907, qui porte le titre *Die Idee der Phänomenologie,* et quand nous reproduirons, dans les volumes suivants, le texte, revu et corrigé d'après les annotations nombreuses que nous possédons, des *Ideen zu einer reinen Phänomenologie und phänomenologischen Philosophie, Buch I. Allgemeine Einführung in die reine Phänomenologie,* et le texte inédit des livres deux et trois de ce même ouvrage capital.

Il ressort de ces quelques remarques que la numérotation des différents fascicules et volumes de cette série n'a été introduite que pour des raisons d'ordre pratique. Elle ne correspond aucunement à la chronologie des dates de composition, et elle n'exprime pas non plus un plan systématique, conçu en fonction de la problématique husserlienne.

Ajoutons enfin, que les éditeurs des *Husserliana* sont décidés en principe, à accueillir dans cette même collection, à côté des *Gesammelte Werke* de Husserl, une série d'études historiques et critiques sur sa doctrine et sur le courant phénoménologique en général.

* *
*

Nous voulons donner une édition aussi fidèle que possible des textes, tels que Husserl nous les a légués. Dans ce but, nous avons suivi les principes généralement appliqués pour toute édition critique. en tenant compte pourtant du genre spécial des manuscrits en question

Cette fidélité à la lettre — et nous espérons qu'on pourra la constater déjà dans ce premier volume — n'inclut pourtant d'aucune façon, que la direction des archives ou les éditeurs seraient des partisans d'une orthodoxie husserlienne quelconque, ou voudraient favoriser par leurs éditions la formation d'une école typiquement husserlienne, même au sens le plus large du mot. Il n'en est rien. Nous avons foi, sans doute, dans la valeur réelle du maître et dans l'importance de son oeuvre. Mais nous tenons à déclarer ici, et de la façon la plus formelle, que nous ne nous lions aucunement à la doctrine de Husserl, et que nous nous réservons la plus grande liberté dans la critique de ses théories et dans la détermination de notre propre position philosophique. Il s'ensuit que les thèses et les démonstrations de Husserl que nous publions, n'engagent que leur auteur, et ne peuvent être considérés sans plus comme l'expression de la pensée propre des éditeurs.

* *
*

Nous ne pouvons terminer cette préface sans exprimer nos hommages respectueux et toute notre gratitude à Madame Malvine Husserl, la veuve du philosophe, pour la grande confiance qu'elle nous a témoignée et pour tout ce que nous lui devons. Nous y joignons nos remerciements aux autres membres de la famille Husserl, et particulièrement à Monsieur G. Husserl qui a toujours montré la plus grande compréhension pour notre entreprise.

Enfin nous tenons à exprimer notre reconnaissance profonde à tous les collaborateurs des *Archives*. Leur dévouement sans bornes, et lui seul, a rendu possible cette édition.

H. L. VAN BREDA
Directeur des travaux
aux Archives-Husserl

Louvain, le 1 mars 1949.

INHALT

INHALT

¹) Die Überschriften und die Gliederung der *Cartesianischen Meditationen* stammen von
E. Husserl bzw. von E. Fink mit Billigung von Husserl.

III. Meditation: Die konstitutive Problematik. Wahrheit und Wirklichkeit.   91

IV. Meditation: Entfaltung der konstitutiven Probleme des transzendentalen ego selbst.   99

V. Meditation: Enthüllung der transzendentalen Seinsspäre als monadologische Intersubjektivität.   121

EINLEITUNG

EINLEITUNG

In diesem Bande der „Husserliana" sollen folgende Texte veröffentlicht werden:

A. Der ursprüngliche Wortlaut der „Pariser Vorlesungen".

B. Der deutsche Text der „Cartesianischen Meditationen".

C. Eine von Husserl selbst ausgearbeitete Inhaltsübersicht
zu den genannten Vorlesungen und deren Übersetzung in
französischer Sprache.

Als Beilage: ausgewählte Bemerkungen von Roman Ingarden
zu den „Cartesianischen Meditationen".

Um den Leser über das historische und inhaltliche Verhältnis
dieser verschiedenen Texte zueinander ein wenig aufzuklären,
möchten wir folgendes vorausschicken:

Die Entstehung der „Cartesianischen Meditationen" läßt
sich — wenn wir von Husserls unveröffentlichten Schriften
absehen — am besten von der „Formalen und transzendentalen
Logik" aus begreifen. Dieses Werk bildet gewissermaßen einen
Bindestrich zwischen verschiedenartigen Perioden im Schaffen
Husserls und weist dementsprechend ein Nebeneinander von
wenig verwandten Forschungsmotiven auf. Die Untersuchungen
des ersten Teiles betreffen Probleme der ideal-exakten Disziplinen und gipfeln in einem großangelegten Versuch, das Wesen
der formal-logischen und mathematischen Erkenntnisgebilde
endgültig zu beschreiben. Gewiß sind auch diese Forschungen
als echt phänomenologische anzusprechen; fußt doch die
Wesensbestimmung der genannten Wissenschaften auf einer
Analyse der ihnen eigenen Art der Evidenz. Die spezifisch
transzendental-phänomenologischen Anliegen kommen jedoch
darin wenig zu Worte, und so bildet dieser erste Teil in gewissem
Sinne einen Nachtrag zu den „Logischen Untersuchungen", wie
Husserl selber betont. Ganz anders der zweite Abschnitt. Schon
der Einsatz der neuen Betrachtungsreihe ist charakteristisch.

In den Augen des großen Publikums war Husserl damals
nicht so sehr der Verfasser der wenig verstandenen ,,Ideen zu
einer reinen Phänomenologie und phänomenologischen Philosophie'' als vielmehr der Autor der ,,Prolegomena zur reinen
Logik'' und damit der erfolgreiche Bekämpfer des Psychologismus. Nun aber sieht Husserl sich veranlaßt, die korrelative
These zu beweisen, daß nämlich eine nur auf die Gesetze der
objektiven Erkenntnisgebilde gerichtete Logik in transzendentaler Naivität befangen bleiben müsse. Wenn Husserl in den
weiteren Ausführungen die idealisierenden Voraussetzungen der
Wahrheitslogik enthüllt, alle ihre Aussprachen auf Schichten der
Urerfahrung fundiert und die subjektive Begründung der Logik
nicht als ein psychologisches sondern als transzendental-phi-
losophisches Problem umschreibt, so führt er uns damit in den
Kreis jener philosophischen Motive ein, die die letzte große
Periode seines Schaffens charakterisieren. — Es ist hier nicht
möglich, diese letzte Phase in Husserls philosophischem Werde-
gang genau zu umschreiben. Vielleicht genügt es, als Haupt-
kennzeichen dieser Periode das teils ausdrückliche, teils implizite
Bekenntnis Husserls zur Metaphysik anzuführen, einer Metaphysik, deren zentrales Thema die Entstehung der Lebenswelt
aus den transzendentalen Leistungen des ego bildet. — Mit dieser
Wendung aber nimmt er auch die philosophische Verpflichtung
auf sich, jenen aus der transzendentalen Subjektivität geschöpf-
ten Rechtsanspruch der Logik kritisch zu verantworten. Dieser
Verpflichtung tut Husserl bereits in der ,,Formalen und transzendentalen Logik'' Genüge, und zwar schon hier unter ausdrück-
lichem Hinweis auf den transzendentalen Horizont der Cartesianischen Epoché. Aber er entwirft hier die Grundzüge seines
Gedankengebäudes in Funktion seiner logischen Problematik.
So kommt es, daß seine unvollständigen Ausführungen zu neuen
Fragen Anlaß geben.

Die gründlichere und systematischere Einführung in die
Gedankenwelt der transzendentalen Phänomenologie bilden die
(eingangs unter ,,B'' erwähnten) ,,Cartesianischen Meditationen''.
Den äußeren Anlaß zu ihrer Entstehung bot eine Aufforderung
zu einem Vortrag, den Husserl als korrespondierendes Mitglied
der *Académie Française* im Jahre 1929 in Paris halten sollte.
Die Einladung war von dem *Institut d'Études germaniques* und

der *Société française de Philosophie* ausgegangen. Sie bot Husserl
die willkommene Gelegenheit, auf höchstem Niveau eine Einführung in das Wesen der phänomenologischen Philosophie
zu geben. Der Weg sollte aber diesmal nicht über die Logik
und ihre transzendentalen Untergründe führen. In dem Vater-
lande Descartes' sollte das Erkenntnisniveau der Transzendentalphilosophie durch eine Radikalisierung der berühmten Zweifels-
methode erreicht werden. Nicht als ob Husserl diesen Pfad
vorher nie beschritten hätte. Schon in den ,,Ideen'' und noch
mehr in unveröffentlichten Manuskripten vergleicht er seine
Methode mit der Descartes'. Wohl aber drückt Husserl in den
,,Cartesianischen Meditationen'' mit besonderer Klarheit aus,
was er einerseits dem Erzvater der modernen Philosophie ver-
dankt, und durch welchen entscheidenden Schritt er sich andererseits von ihm lossagt. Zugleich aber sollten die ,,Cartesianischen
Meditationen'' eine, wenn auch flüchtige Überschau über die
zahlreichen und ungeheuren Aufgaben und Aufgabenkreise
gewähren, die die konkreten Forschungsanliegen des Phänom-
nologen bilden. Seit dem 25. Januar 1929 scheint Husserl an der
Vorbereitung jener Vorlesungen gearbeitet zu haben (die wir
im folgenden als ,,Pariser Vorlesungen'' bezeichnen und dadurch
von der Buchausgabe der ,,Cartesianischen Meditationen''
unterscheiden wollen, deren Vorstufe sie sind). So kamen die
beiden Doppelvorträge zustande, die Husserl am 23. und 25.
Februar 1929 an der Sorbonne im *Amphithéâtre Descartes* unter
dem Titel ,,Einleitung in die transzendentale Phänomenologie''
hielt. Er wurde dem Publikum von Herrn Xavier Léon, dem
Direktor der *Société française de Philosophie*, vorgestellt. Husserl
bediente sich bei seinen Vorträgen der deutschen Sprache. Zum
besseren Verständnis des französischen Publikums war ein
,,Sommaire des leçons'' ausgearbeitet worden, das wir voll-
ständigkeitshalber sowohl im deutschen Urtext als auch in der
französischen Übersetzung wiedergeben (Teil ,,C'', S. 185–201).
Überdies hat der Herausgeber versucht, aus den ältesten Ent-
würfen zu den ,,Cartesianischen Meditationen'' den Text der
,,Pariser Vorlesungen'' zu rekonstruieren (Teil ,,A'', S. 1–39).
Seine Bemühungen gingen dahin, den ursprünglichen Wortlaut
des in der Sorbonne gehaltenen Vortrages von späteren Aus-
arbeitungen zu sondern. Die kritische Verantwortung für diese

Rekonstruktion findet sich zum Teil im textkritischen Anhang
(S.221–222). Was den Herausgeber zu dieser Arbeit veranlaßt
hat, war nicht nur historisches Interesse, sondern auch die Tatsache, daß die Pariser Vorträge reich an klaren, einprägsamen und
prägnanten Formulierungen sind, die festzuhalten der Mühe
wert ist. Der mit der Terminologie, der Sprache und dem Stil
Husserls weniger Vertraute wird gut daran tun, erst die Pariser
Vorträge zu lesen, bevor er sich in die möglichst vollständigen
und daher vielfach langatmigen und unübersichtlichen Satzge-
bilde der „Cartesianischen Meditationen" vertieft.

Auf der Rückreise von Paris hielt sich Husserl in Straßburg
auf. Dieser Aufenthalt ist für die erste Hälfte des Monats
März 1929 anzusetzen, da Husserl seinen eigenen Angaben zufolge
„von etwa 15. März ab" mit der Ausarbeitung seiner Meditationen
beschäftigt war; in Straßburg selbst hatte er aber anscheinend
nicht an Manuskripten gearbeitet. (Diese Tatsache wurde dem
Herausgeber von Frau Malvine Husserl mitgeteilt, die ihren
Gatten auf der Vortragsreise begleitet hatte). Auf Initiative
seines ehemaligen Schülers, Dr. Jean Héring, Professor an der
protestantisch-theologischen Fakultät der Universität Straßburg,
hielt Husserl auch in Straßburg zwei Doppelvorträge, und zwar
im Festsaal des *Roten Hauses* (*Maison Rouge*), wo er abgestiegen
war. Wie Frau Husserl zu berichten wußte, waren die Straßburger Vorlesungen inhaltlich verwandt, aber nicht identisch
mit den an der Sorbonne gehaltenen. Vor allem aber scheint das
Problem der Intersubjektivität in der zweiten Hälfte der Darstellung einen viel größeren Raum eingenommen zu haben.
Dafür spricht eine Notiz Husserls auf dem letzten Blatt der
erwähnten Entwürfe: „Über intersubjektive Reduktion nur
flüchtige mündliche Andeutungen, systematisch näher ausgeführt
in Straßburg". Diese Bemerkung ist wahrscheinlich so zu verstehen, daß Husserl die in der Tat äußerst spärlichen Andeutungen über Fremderfahrung, Einfühlung, alter ego, Intersubjektivität, Welt für Jedermann usw., wie sie sich in den
Pariser Vorlesungen finden, zuerst in Straßburg ausgestaltet
hat. Die Richtigkeit dieser Annahme wurde auch von Prof.
Dr. J. Héring bestätigt, der dem Herausgeber mitteilte, daß
Husserl im ersten Teil seiner Darlegungen die transzendental-
phänomenologische Reduktion, im zweiten das Problem der
Intersubjektivität behandelte.

Zur Ergänzung und Illustrierung des hier Angeführten fügen wir eine Beschreibung des Pariser und Straßburger Aufenthaltes Husserls bei, Beschreibung, die einem Brief von Frau Malvine Husserl an Roman Ingarden (datiert „Freiburg i.B., 24. III. 1929") entnommen ist und die als lebendiger Nachklang jener Tage gelten kann: „Von Paris und Straßburg kann ich nur sagen, daß es ein ungeahnter Erfolg war. In der Sorbonne sprach mein Mann zweimal zwei Stunden, ganz frei und bei vorzüglicher Disposition... Zur Eröffnung (der deutsche Botschafter mit seinem ersten Botschaftsrat war auch da) hielt Xavier Léon eine französische Rede auf meinen Mann; am Schlusse sagte der berühmte Germanist Andler in deutscher Sprache, daß nach der trüben philosophischen Ebbe nach Hegel mit Professor Husserl ein neuer klassischer Aufschwung der deutschen Philosophie eingetreten sei usw. Große Empfänge und sonstige Einladungen machten uns (ich schäme mich, „uns" zu sagen) zum Mittelpunkt, und den letzten Tag (wir waren 15 Tage in Paris) waren wir noch in der deutschen Botschaft zum Diner eingeladen. — Ganz anders, aber ebenso herzerfreuend und mit ebenso starkem Widerhall entwickelten sich die vier Tage in Straßburg. Hier war es keine offizielle Angelegenheit wie in Paris (mein Mann hat dies abgelehnt), sondern er hielt einen Vortrag über seine Entwicklung seit den *Logischen Untersuchungen* und *Ideen* vor etwa 50–60 von Héring eingeladenen Interessierten, worunter die beiden theologischen Fakultäten besonders stark vertreten waren. Daran schlossen sich jeden Tag die intensivsten Diskussionen, oft bis nach Mitternacht, und wieder war eine ungeheuer intensive Beteiligung zu spüren".

Angesichts des lebhaften Interesses, das seine Vorträge erregten, kam Husserl der Gedanke, seine „Einleitung in die transzendentale Phänomenologie" zu einer umfassenden Besinnung über die Grundprobleme der transzendentalen Philosophie auszugestalten, die den Titel „Cartesianische Meditationen" tragen sollte. Da ihm daran lag, das französische Publikum mit seinen Gedanken vertraut zu machen, ersuchte er Herrn Prof. Dr. J. Héring, sich nach Übersetzern umzusehen. Professor Héring wählte hierfür Dr. E. Levinas und Fräulein G. Peiffer, während Prof. A. Koyré von der Universität Montpellier die ganze Übersetzung eingehend durchsah und an manchen Stellen verbessernd eingriff.

Was in Straßburg übersetzt und im Jahre 1931 unter dem Titel „Méditations Cartésiennes" bei A. Colin in Paris herausgegeben wurde, war der Text, den Husserl, nach Freiburg zurückgekehrt, vom 15. März bis 6. April und dann etwa vom 15. April bis 16. Mai in rastlosem Schaffensdrang entworfen hatte. In seinen guten Augenblicken schrieb Husserl in einem Zuge, ohne vorher einen Plan oder eine Disposition auszuarbeiten. Er schrieb fortlaufend, in fieberhafter Eile, wie in Trance. Diesmal überarbeitete er allerdings mehrfach den so entstandenen Text. Kritische Untersuchungen (vgl. S. 222f.) ergeben, daß der erste Maschinentwurf mindestens noch dreimal geändert wurde. Die erste Umgestaltung betraf vor allem die I., II. und III. Meditation, während die IV. und vor allem die V. Meditation Gegenstand einer zweiten und dritten Umarbeitung waren. Die V. Meditation, in der die Probleme der Primordinalität, der Einfühlung, der Fremderfahrung, der Sozialität und der Intersubjektivität erörtert werden, ist in jener Zeit ganz neu ausgearbeitet worden. Bei der letzten Umgestaltung wurden soviel neue Blätter in den Text der V. Meditation eingeschoben, daß sie beinahe denselben Umfang erlangte wie die vier ersten Meditationen zusammen. Die Gliederung und Einteilung des Werkes in Paragraphen wurde erst nachträglich durchgeführt, und zwar von Prof. Dr. Eugen Fink, damals Husserls Mitarbeiter. Diese Überschriften sowie die zahlreichen Verbesserungen, die Fink von Paragraph 6 an vorgenommen hat, sind jedoch von Husserl gutgeheißen und autorisiert und müssen als zum Originaltext gehörig betrachtet werden. Am 17. Mai reiste Husserl von Freiburg ab, während Fink das fertige Manuskript nach Straßburg sandte.

Bald nach dem Erscheinen der französischen Übersetzung erhielt Husserl von seinem ehemaligen Schüler Dr. Roman Ingarden eine Reihe kritischer Bemerkungen. Husserl selbst prüfte die Tragweite dieser kritischen Glossen aufs eingehendste und maß ihnen große Bedeutung bei. Der Herausgeber hat diejenigen Anmerkungen Ingardens, auf die Husserl im Originalmanuskript der „Cartesianischen Meditationen" ausdrücklich verweist und die auf den Inhalt der Meditationen Bezug nehmen, als Beilage wiedergegeben (S. 203–218).

Warum sind die „Cartesianischen Meditationen" niemals

in deutscher Sprache erschienen? Die Frage drängt sich einem auf, um so mehr als Husserl im „Jahrbuch für Philosophie und phänomenologische Forschung" für 1929 das Erscheinen seiner „Meditationen" für den Herbst dieses Jahres aufs bestimmteste in Aussicht gestellt hatte. Es scheint, daß Husserl mit dem Text, den er nach Straßburg gesandt hatte, später nicht mehr zufrieden war. Darauf weisen zahlreiche nachträgliche Bleistiftverbesserungen sowie Wellenlinien, Fragezeichen und „Deleatur"-Zeichen am Rande des Originalmanuskripts hin. Auch fehlt es nicht an kritischen Notizen, die teils den Inhalt, teils den methodischen Aufbau betreffen. Es handelte sich also nicht nur um stilistische Ausfeilungen; vielmehr sollten die „Meditationen" für die deutsche Ausgabe weitgehend umgearbeitet werden.

Welche Bedeutung Husserl dieser Umarbeitung beimaß, geht aus folgendem am 19.März 1930 an Roman Ingarden gerichteten Schreiben hervor: „Ich ... *dürfte* ... die deutsche Bearbeitung der *Cartesianischen Meditationen* nicht aufschieben, denn das wird das Hauptwerk meines Lebens sein, ein Grundriß der mir zugewachsenen Philosophie, ein Fundamentalwerk der Methode und der philosophischen Problematik. Mindestens für *mich* Abschluß und letzte Klarheit, für die ich eintrete, mit der ich ruhig sterben kann. Aber wichtiger ist, daß ich mich berufen fühle, dadurch entscheidend in die kritische Situation einzugreifen, in der jetzt die deutsche Philosophie steht." Später (am 21. Dezember 1930) teilt er Roman Ingarden mit Bezug auf die „Cartesianischen Meditationen" folgendes mit: „Sehr betrübt bin ich, daß die *Méditations cartésiennes* noch immer nicht vollendet sind, obschon im Sommer schon der Satz (140 S.) vollendet war, nur die letzte Korrektur fehlte noch. Das Manuskript ging schon Mai 1929 nach Frankreich. Überhaupt ist es ein wahres Unglück, daß ich mit der Ausgestaltung *meiner* (so muß ich leider sagen) transzendentalen Phänomenologie im systematischen Entwurf so spät zustande gekommen bin und eine Generation da ist, die in Vorurteilen festgefahren ist und durch die Zusammenbruchspsychosen von wissenschaftlicher Philosophie abgedrängt nicht schon hören und sehen *will*. Und doch bin ich voll froher Zuversicht. Mag jetzt niemand mitgehen und meine bisherigen allzu kurzen und lückenhaften Vorzeichnungen verstehen, mag die philosophische Umwelt statt Einseitigkeiten

und einzelne Fehler zu bessern, die großen neuen Einsichten
beiseiteschieben — ich bin der Zukunft sicher ... Seit vorigem
Sommer, seit Ausgabe des letzten Buches, bin ich in leidenschaft-
lich vertieftem Studium der Anhiebe, Entwürfe, der mannigfachen Gedankenreihen, der universalen Problematik der transzendentalen Phänomenologie als universalen Philosophie, die
voll ausgebildet alle Ontologien (*alle* apriorischen Wissenschaften)
und alle Wissenschaften überhaupt — in letzter Begründung —
umspannen würde ... Die Fertigstellung wird noch erhebliche
Zeit kosten, ich hoffe aber bestimmt, mindestens eine erste Hälfte
im nächsten Jahrbuch (Herbst 1931) publizieren zu können''.

Diese das Gesamtgebiet der Philosophie in all seinen Ver-
ästelungen umfassenden Pläne Husserls hätten in den Jahren 1932
und 1933 verwirklicht werden sollen. Die politische Situation
des Jahres 1933 machte jedoch allen publizistischen Plänen
Husserls auf deutschem Boden ein Ende. Erst viel später erschien
der „Krisis''-Artikel, von dem noch die Rede sein wird, in dem
Husserl manche Gedankengänge wieder aufnahm.

Einer Mitteilung Eugen Finks zufolge wurde dieser im Jahre
1932 von Husserl beauftragt, Vorschläge für die notwendig er-
achtete Umarbeitung der „Cartesianischen Meditationen'' zu
machen. Fink entwarf damals eine ganz neue I. Meditation
(62 maschinbeschriebene Seiten), eine Reihe neuer Paragraphen
zur II. Meditation (zusammen 32 Seiten) und zur III., IV., V.
Meditation 14, bzw. 15 und 35 neue Seiten. Ferner verfaßte
er eine ganz neue VI. Meditation über die „Idee einer transzendentalen Methodenlehre''. Husserl dachte damals daran, die
neuen „Cartesianischen Meditationen'' einschließlich der VI.
Meditation Finks unter einem gemeinsamen Autorentitel zu
veröffentlichen. Wir hoffen, daß Eugen Fink nach dem Erscheinen unseres Textes die von ihm umgearbeiteten und ergänzten
neuen „Cartesianischen Meditationen'' — womöglich mit den
oft so aufschlußreichen Randbemerkungen Husserls — heraus-
geben wird. Eine derartige Veröffentlichung wäre in der Tat
außerordentlich interessant und würde manche Probleme der
Husserl-Forschung ihrer Lösung näherbringen. Zugleich würde
sie unsere Kenntnis von den geistigen Schicksalen der „Cartesianischen Meditationen'', dieses grundlegenden Dokuments
der Phänomenologie, vervollständigen und abschließen. Die

Entstehungsgeschichte der „Cartesianischen Meditationen"
deutet daraufhin, daß bei den publizistischen Plänen des älteren
und alten Husserl zwei einander widerstreitende Tendenzen
obwalteten: einerseits das Bedürfnis, den ganzen Reichtum seiner
philosophischen Erkenntnis zu einer systematischen Einheit
zusammenzufassen, andererseits die fortwährende Evolution
seiner Anschauungen, die alle großangelegten Gesamtdarstellungen alsbald wieder als überholt erscheinen ließ. Diese beständige Entwicklung dauerte bei Husserl bis in die letzten Jahre
seines Lebens; man denke an sein stolz-bescheidenes Wort,
er sei „mindestens für sich selbst im Alter zur vollkommenen
Gewißheit gekommen, sich einen *wirklichen* Anfänger nennen
zu dürfen". — Bezeichnend für Husserls Tendenz, seine philosophische Methode stets zu vervollkommnen, und sei es auch
auf Kosten endgültiger systematischer Formulierungen, ist eine
Anekdote, die Dr. E. Levinas dem Herausgeber mitgeteilt hat:
Gelegentlich seines (soeben erwähnten) Straßburger Aufenthaltes
erzählte Husserl, daß er einst als Kind ein Taschenmesser zum
Geschenk erhalten habe. Er fand jedoch, daß die Schneide nicht
scharf genug sei und schliff sie immer wieder. Nur darauf be-
dacht, das Messer zu schärfen, bemerkte der Knabe Husserl
nicht, daß die Klinge immer kleiner wurde und schwand. Levinas
versichert, daß Husserl diese Kindheitserinnerung in traurigem
Ton erzählt habe, da er ihr eine symbolische Bedeutung beimaß.

Nur dreimal im Leben des rastlosen Denkers sind die Pläne
zu einer (vermeintlich endgültigen) Systematisierung bis zur
Anfertigung eines vollständigen, mehr oder minder druckreifen
Maschinenschriftmanuskripts gediehen. Die „Logischen Untersuchungen" dürfen nicht als eine solche Synthese angesprochen
werden. Brachten sie auch manche bedeutsame Entdeckung,
so fehlte dagegen die philosophische Gesamtschau, in die sie
sich einzufügen hätten. Erst im Jahre 1913 kam es zu einer
systematischen Zusammenfassung in der Form der „Ideen zu
einer reinen Phänomenologie und phänomenologischen Philosophie", deren überaus wichtiger II. und III. Teil nicht veröffentlicht wurden und sich als Manuskripte im Husserl-Archiv zu
Löwen befinden. Den zweiten großen Ansatz zu einer Gesamtdar-
stellung bilden, wie aus dem eingangs Gesagten hervorgeht, die
„Cartesianischen Meditationen", während „Die Krisis der euro-

päischen Wissenschaften und die transzendentale Phänomenologie. Eine Einleitung in die phänomenologische Philosophie" als das letzte Wort betrachtet werden muß, das Husserl an die Zeitgenossen richtete. Auch dieses breit angelegte Werk wurde nur teilweise veröffentlicht (der I. und II. Teil erschien im Jahre 1936 in der Zeitschrift „Philosophia" zu Belgrad), während Husserl den bedeutsamen Abschnitt, den er bereits der Redaktion eingesandt hatte, wieder zurückverlangte, um ihn zu verbessern. Die Umarbeitung wurde im Jahre 1937 durch jene Erkrankung Husserls vereitelt, die dann seinen Tod herbeiführen sollte. Derzeit befindet sich auch dieses Manuskript im Besitze des Husserl-Archives. — Die drei genannten Gesamtdarstellungen der Husserl'schen Ideenwelt dem philosophisch interessierten Publikum zugänglich zu machen, wird aus nunmehr begreiflichen Gründen die wichtigste Aufgabe des Husserl-Archivs sein. Die nachstehende Veröffentlichung der „Cartesianischen Meditationen" bildet den ersten Schritt auf diesem Wege.

Die Texte, die wir hier wiedergeben, sind somit der Wortlaut der am 23. und 25. Februar 1929 in Paris gehaltenen Vorträge, die zum besseren Verständnis dieser Vorträge angefertigte Inhaltsübersicht (bzw. deren Übertragung in die französische Sprache) und vor allem derjenige Text, der am 17. Mai 1929 zum Zwecke der Übersetzung und Herausgabe nach Straßburg gesandt wurde. Die hieran später angebrachten Veränderungen bilden keine logisch und grammatikalisch zusammenhängende Fassung. Alle diese Korrekturen und Ergänzungen sind daher im Anhang, und nur dann, wenn sie für das Verständnis des Textes wichtig sind, als Fußnoten abgedruckt. Als Beilage finden sich auch, wie gesagt, die Bemerkungen Roman Ingardens. Der Herausgeber glaubte auf diese Weise der doppelten Forderung nach Lesbarkeit und Übersichtlichkeit des Textes und andererseits nach kritischer Genauigkeit und Vollständigkeit am besten Genüge zu tun.

Sehr gefördert wurde der Herausgeber bei seiner Arbeit durch die wissenschaftliche Beratung seitens des Direktors des Husserl-Archivs, Dr. H. L. Van Breda, sowie durch die freundliche Unterstützung von Herrn und Frau W. Biemel und Frau Dr. L. Gelber. Ganz besonderen Dank schuldet er überdies Frau

Geheimrat Malvine Husserl, Herrn Prof. Dr. Eugen Fink, Herrn Prof. Dr. Jean Héring und Herrn Dr. Emanuel Levinas für ihre wertvollen Auskünfte und Informationen. Herrn Prof. Dr. Roman Ingarden sei für seine großzügig erteilte Erlaubnis, seine kritischen Bemerkungen abzudrucken, gleichfalls der herzlichste Dank ausgesprochen.

Nimwegen, im November 1948. Dr. S. STRASSER

ZUR ZWEITEN AUFLAGE

Die vorliegende 2. Auflage, mit deren Vorbereitung der Leiter dieser Ausgabe im Einvernehmen mit dem verantwortlichen Herausgeber dieses Bandes den Unterzeichneten betraute, erscheint im wesentlichen unverändert. Die Texte und die Textkritischen Anmerkungen wurden nochmals an Hand der Originalmanuskripte überprüft, das Kapitel „Zur Textgestaltung" ergänzt. Druckfehler wurden korrigiert. Beigegeben wurde ein Namenregister.

Zur Überprüfung des Textes der *Cartesianischen Meditationen* wurden insbesondere die Varianten eines wahrscheinlich im Jahre 1932 in Husserls Auftrag oder doch mit seiner Billigung hergestellten Schreibmaschinenmanuskripts verglichen, dessen Existenz zur Zeit der Veröffentlichung der 1. Auflage (1950) dem Herausgeber und dem Husserl-Archiv zu Löwen unbekannt war. Es befindet sich im Besitz von Dorion Cairns (New York), der es Ende 1932 von Husserl empfangen hat, und trägt auf der ersten Seite die Aufschrift von Husserls Hand: „Cartes. Meditationen / Originaltext 1929 / E. Husserl / für Dorion Cairns" [1]).

Stephan Strasser hatte es sich bei seiner Editionsarbeit zur Aufgabe gemacht, „vor allem denjenigen Text, der am 17. Mai 1929 zum Zwecke der Übersetzung und Herausgabe nach Straßburg gesandt wurde", vorzulegen. Denn, so urteilte er: „Die hieran später angebrachten Veränderungen bilden keine logisch und grammatisch zusammenhängende Fassung. Alle diese Korrekturen und Ergänzungen sind daher im Anhang, und nur dann, wenn sie für das Verständnis des Textes wichtig sind, als

---

[1]) Vgl.: Edmund Husserl, *Cartesian Meditations. An Introduction to Phenomenology.* Translated by Dorion Cairns. The Hague, Martinus Nijhoff, 1960; insbesondere die vorangestellte „Note", S. VII, sowie die Verzeichnung der Varianten in den Fußnoten. Nach einer persönlichen Mitteilung von Dorion Cairns ist das in der „Note" angegebene Datum „1933" zu verbessern in „1932" (etwa November). – Man vergleiche im übrigen den in der vorliegenden 2. Auflage in das Kapitel „Zur Textgestaltung" eingefügten Absatz „Das ‚Typescript C'"; siehe unten, S. 224ff.

Fußnote abgedruckt" [2]). Eine weitere Bestätigung für die Richtigkeit dieses Urteils und des daraufhin von Professor Strasser für diese Ausgabe aufgestellten Prinzips kann in dem Umstand erblickt werden, daß Husserl selbst noch im Jahre 1932 – also zu einem Zeitpunkt, zu dem wohl jene nach dem 17. Mai 1929 hinzugekommenen Änderungen und Erweiterungen sämtlich oder doch größtenteils bereits in das im Löwener Husserl-Archiv erhaltene Manuskript eingetragen waren – nochmals eine Reinschrift des „Originaltextes 1929" der *Meditationen* hat herstellen lassen. Andererseits gestattete es der Vergleich dieses den Zustand des „Originaltextes 1929" noch genauer fixierenden Manuskripts, einige in etwa zweifelhaft gebliebene Textstellen in der vorliegenden Ausgabe im Sinne eben jenes bereits 1950 von Stephan Strasser festgelegten Prinzips zu verbessern.

Ich möchte Herrn Professor Stephan Strasser (Nimwegen) für sein Vertrauen, Herrn Professor Dorion Cairns (New York) für seine wertvolle Unterstützung meiner Arbeit, den Herren Professoren Eugen Fink (Freiburg), Alexandre Koyré (Paris), Ludwig Landgrebe (Köln) und Emmanuel Levinas (Paris) für neuerlich bereitwillig erteilte Auskünfte aufs lebhafteste danken.

Löwen, im Februar 1962   Rudolf Boehm

---

[1]) Siehe oben, S. XXX, und vgl. unten, S. 224.

A

DIE PARISER VORTRÄGE

An dieser ehrwürdigsten Stätte französischer Wissenschaft über die neue Phänomenologie sprechen zu dürfen, erfüllt mich aus besonderen Gründen mit Freudigkeit. Denn kein Philosoph der Vergangenheit hat auf den Sinn der Phänomenologie so
5 entscheidend gewirkt wie Frankreichs größter Denker, René Descartes. Ihn muß sie als ihren eigentlichen Erzvater verehren. Ganz direkt, ausdrücklich sei es gesagt, hat das Studium der Cartesianischen Meditationen in die Neugestaltung der werdenden Phänomenologie eingegriffen und ihr diejenige Sinnesform
10 gegeben, die sie jetzt hat und die es fast gestattet, sie einen neuen Cartesianismus zu nennen, einen Cartesianismus vom 20. Jahrhundert.

Bei dieser Sachlage darf ich wohl im voraus Ihres Anteils sicher sein, wenn ich an diejenigen Motive der *Meditationes de*
15 *prima philosophia* anknüpfe, denen, wie ich glaube, eine Ewigkeitsbedeutung zukommt, und wenn ich daran anschließend die Umbildung und Neubildung kennzeichne, in welcher das Eigentümliche der phänomenologischen Methode und Problematik entspringt.
20 Jeder Anfänger der Philosophie kennt den merkwürdigen Gedankenzug der Meditationen. Ihr Ziel ist, wie wir uns erinnern, eine völlige Reform der Philosophie, darin beschlossen die aller Wissenschaften. Denn sie sind nur unselbständige Glieder der einen universalen Wissenschaft, der Philosophie. Nur in ihrer
25 systematischen Einheit können sie zu echter Rationalität gebracht werden — die ihnen, so wie sie bisher erwachsen sind, fehlt. Es bedarf eines radikalen Neubaues, der der Idee der Philosophie als u n i v e r s a l e r   E i n h e i t   d e r   W i s s e n - s c h a f t e n in der Einheit einer a b s o l u t   r a t i o n a l e n
30 B e g r ü n d u n g   g e n u g t u t. Diese Forderung des Neubaues wirkt sich bei Descartes in einer subjektiv gewendeten Philosophie aus. Diese subjektive Wendung vollzieht sich in zwei Stufen.

Fürs erste: Jeder, der ernstlich Philosoph werden will, muß sich einmal im Leben auf sich selbst zurückziehen und in sich den Umsturz aller vorgegebenen Wissenschaften und ihren Neubau versuchen. Philosophie ist eine ganz persönliche Ange-
5 legenheit des Philosophierenden. Es handelt sich um s e i n e *sapientia universalis*, das ist um s e i n ins Universale fortstre-bendes Wissen—aber um ein echt wissenschaftliches, das er von Anfang an und in jedem Schritte absolut verantworten kann aus s e i n e n absolut einsichtigen Gründen. Ich kann zum
10 echten Philosophen nur werden durch meinen freien Entschluß, diesem Ziel entgegenleben zu wollen. Habe ich mich dazu ent-schlossen, somit den Anfang erwählt aus absoluter Armut und den Umsturz, so ist natürlich ein Erstes, mich zu besinnen, wie ich den absolut sicheren Anfang und die Methode des Fortgangs
15 finden könnte, wo mir jede Stütze vorgegebener Wissenschaft fehlt. Die Cartesianischen Meditationen wollen also nicht eine Privatangelegenheit des Philosophen Descartes sein, sondern das Urbild der notwendigen Meditationen jedes neuanfangenden Philosophen überhaupt.
20 Wenden wir uns nun dem uns Heutigen so befremdlichen Inhalt der Meditationen zu, so vollzieht sich darin alsbald ein R ü c k g a n g a u f d a s p h i l o s o p h i e r e n d e e g o in einem zweiten und tieferen Sinne. Es ist der bekannte epoche-machende Rückgang auf das ego der reinen *cogitationes*. Es ist
25 das ego, das sich als das einzig apodiktisch gewiß Seiende vor-findet, während es das Dasein der Welt, als nicht gegen möglichen Zweifel gesichert, außer Geltung setzt.
Dieses ego vollzieht nun zunächst ein ernstlich solipsistisches Philosophieren. Es sucht apodiktisch gewisse Wege, durch die
30 sich in der reinen Innerlichkeit eine objektive Äußerlichkeit erschließen läßt. Das geschieht bei Descartes in der bekannten Weise, daß zunächst Gottes Existenz und *veracitas* erschlossen wird; und dann mittels ihrer die objektive Natur, der Dualis-mus der Substanzen, kurz der objektive Boden der positiven
35 Wissenschaften und diese selbst. Alle Schlußweisen erfolgen am Leitfaden von Prinzipien, die immanent, die dem ego eingeboren sind.
So weit Descartes. Wir fragen nun: Lohnt es sich eigentlich, einer Ewigkeitsbedeutung dieser Gedanken kritisch nachzuspü-

ren? Sind sie geeignet, unserer Zeit lebendige Kräfte einzuflößen?

Bedenklich ist jedenfalls, daß die positiven Wissenschaften, die doch durch diese Meditationen eine absolut rationale Be-
5 gründung erfahren sollten, sich um sie so wenig gekümmert haben. Allerdings in unserer Zeit fühlen sie sich trotz der glänzenden Entwicklung der drei Jahrhunderte durch die Unklarheit ihrer Grundlagen sehr gehemmt. Aber es fällt ihnen doch nicht ein, bei der Neugestaltung der Grundbegrifflichkeit auf
10 die Cartesianischen Meditationen zurückzugreifen.

Andererseits wiegt es doch schwer, daß die Meditationen in der Philosophie in einem ganz einzigen Sinn Epoche gemacht haben, und zwar gerade durch ihren Rückgang auf das *ego cogito*. Descartes inauguriert in der Tat eine völlig neuartige
15 Philosophie. Diese nimmt, ihren gesamten Stil verändernd, eine radikale Wendung vom naiven Objektivismus in einen t r a n -
s z e n d e n t a l e n S u b j e k t i v i s m u s , der in immer neuen und doch immer ungenügenden Versuchen zu einer reinen Endgestalt hinstrebt. Sollte also diese fortgehende Tendenz nicht
20 einen Ewigkeitssinn in sich tragen, für uns eine große, von der Geschichte selbst uns auferlegte Aufgabe, an der mitzuarbeiten wir alle berufen sind?

Die Zersplitterung der gegenwärtigen Philosophie in ihrer ratlosen Betriebsamkeit gibt uns zu denken. Ist sie nicht darauf
25 zurückzuführen, daß in ihr die von Descartes' Meditationen ausstrahlenden Triebkräfte ihre ursprüngliche Lebendigkeit eingebüßt haben? Sollte das nicht die einzig fruchtbare Renaissance sein, die diese Meditationen wiedererweckt, nicht sie zu übernehmen, sondern den tiefsten Sinn ihres Radikalismus im
30 Rückgang auf das *ego cogito* allererst zu enthüllen und die von da entsprießenden Ewigkeitswerte?

Jedenfalls bezeichnet sich damit der Weg, der zur transzendentalen Phänomenologie geführt hat.

Diesen Weg wollen wir nun gemeinsam beschreiten. Cartesi-
35 anisch wollen wir als radikal anfangende Philosophen Meditationen vollziehen, natürlich in steter kritischer Umbildung der alt-Cartesianischen. Was in diesen bloß Keimanlage war, soll zu freier Entfaltung gebracht werden.

Wir fangen also an, jeder für sich und in sich, mit dem Ent-

schluß, alle uns vorgegebenen Wissenschaften außer Geltung zu setzen. Das Descartes leitende Ziel absoluter Wissenschaftsbegründung lassen wir nicht fahren, aber zunächst soll nicht einmal seine Möglichkeit als Präjudiz vorausgesetzt werden.
5 Wir begnügen uns damit, uns in das Tun der Wissenschaften hineinzuversetzen und daraus ihr Ideal der Wissenschaftlichkeit als das zu entnehmen, worauf sie, worauf Wissenschaft hinauswill. Ihrem Absehen nach soll nichts als wirklich wissenschaftlich gelten, was nicht durch vollkommene Evidenz be-
10 gründet ist, d.h. auszuweisen ist d u r c h R ü c k g a n g a u f
d i e S a c h e n o d e r S a c h v e r h a l t e s e l b s t i n
u r s p r ü n g l i c h e r E r f a h r u n g u n d E i n s i c h t.
Davon geleitet machen wir anfangende Philosophen uns zum Prinzip, nur in Evidenz zu urteilen und die Evidenz selbst
15 kritisch nachzuprüfen, auch das selbstverständlich wieder in der Evidenz. Haben wir am Anfang die Wissenschaften außer Geltung gesetzt, so stehen wir im vorwissenschaftlichen Leben, und darin fehlt es ja auch nicht an Evidenzen, an unmittelbaren und mittelbaren. Das und nichts anderes haben wir zunächst.
20 Von da aus ergibt sich für uns die erste Frage: Können wir nicht unmittelbare und apodiktische Evidenzen aufweisen, und zwar an sich erste, d.h. solche, die allen sonstigen Evidenzen notwendig vorangehen müssen?
Indem wir meditierend dieser Frage nachgehen, scheint sich
25 zunächst als in der Tat an sich erste aller Evidenzen und als apodiktische die von der Existenz der Welt darzubieten. Auf die Welt beziehen sich alle Wissenschaften und vor ihnen schon das handelnde Leben. A l l e m v o r a n i s t d a s D a s e i n
d e r W e l t s e l b s t v e r s t ä n d l i c h — so sehr, daß nie-
30 mand daran denken kann, es ausdrücklich in einem Satze auszusprechen. Haben wir doch die kontinuierliche Welterfahrung, in der uns diese Welt immerfort und fraglos seiend vor Augen steht. Aber ist diese Erfahrungsevidenz wirklich apodiktisch, trotz ihrer Selbstverständlichkeit, und ist sie wirklich die an sich
35 erste, allen anderen vorangehende? Beides werden wir verneinen müssen. Erweist sich nicht im einzelnen manches als Sinnenschein? Kommt es nicht vor, daß selbst der ganze, einheitlich überschaubare Erfahrungszusammenhang als bloßer Traum entwertet wird? Descartes' Versuch ‹eines› durch eine allzu

flüchtige Kritik der sinnlichen Erfahrung geführten Beweises
für die Denkbarkeit des Nicht-seins der Welt, trotzdem sie beständig erfahren sei, wollen wir nicht in Anspruch nehmen. Wir
behalten nur soviel, daß die Evidenz der Erfahrung zu Zwecken
5 einer radikalen Wissenschaftsbegründung jedenfalls erst einer
Kritik ihrer Gültigkeit und Tragweite bedürfte, daß wir sie also
nicht als fraglos und unmittelbar apodiktisch in Anspruch
nehmen dürfen. Es genügt demgemäß nicht, alle uns vorgegebenen Wissenschaften außer Geltung zu setzen, sie als Vorur-
10 teile zu behandeln, auch ihren universalen Boden, den der Welterfahrung müssen wir der naiven Geltung berauben. Das Sein
der Welt darf nicht mehr für uns selbstverständliche Tatsache
sein, sondern selbst nur ein G e l t u n g s p r o b l e m .

Bleibt uns jetzt überhaupt noch ein Seinsboden übrig, noch
15 ein Boden für irgendwelche Urteile, Evidenzen, um darauf —
und apodiktisch — eine universale Philosophie begründen zu
können? Ist nicht die Welt der Titel für das Universum des
überhaupt Seienden? Sollte sie am Ende gar nicht der an sich
erste Urteilsboden sein, vielmehr mit ihrer Existenz schon ein
20 an sich früherer Seinsboden vorausgesetzt sein?

Hier machen wir nun, ganz Descartes folgend, die große Wendung, die, recht vollzogen, zur t r a n s z e n d e n t a l e n
S u b j e k t i v i t ä t führt: die Wendung zum *ego cogito* als
dem apodiktisch gewissen und l e t z t e n U r t e i l s b o d e n ,
25 auf den jede radikale Philosophie zu gründen ist.

Überlegen wir: Als radikal meditierende Philosophen haben
wir jetzt weder eine für uns geltende Wissenschaft noch eine für
uns seiende Welt. Statt schlechthin seiend, das ist uns in natürlicher Weise im Seinsglauben der Erfahrung geltend, ist sie uns
30 nur noch ein bloßer Seinsanspruch. Das betrifft auch alle anderen
Ich, so daß wir rechtmäßig nicht eigentlich im kommunikativen
Plural sprechen dürfen. Die anderen Menschen und Tiere sind
für mich ja nur gegeben vermöge der sinnlichen Erfahrung,
deren Gültigkeit, als mit in Frage stehend, ich mich nicht bediene
35 darf. Mit den Anderen verliere ich natürlich auch die ganzen
Gebilde der Sozialität und der Kultur, kurzum die ganze konkrete Welt ist für mich statt seiend nur Seinsphänomen. Aber
wie immer es sich mit dem Wirklichkeitsanspruch dieses Seins-
phänomens verhalten mag, ob Sein oder Schein, es selbst als

mein Phänomen ist doch nicht nichts, sondern eben das, was für mich Sein und Schein überall möglich macht. Und wieder: Enthalte ich mich, wie ich es in Freiheit tun könnte und tat, jedes Erfahrungsglaubens, so daß für mich das Sein der Erfahrungs-

5 welt außer Geltung bleibt, so ist doch dieses Mich-enthalten, was es in sich ist mitsamt dem ganzen Strom des erfahrenden Lebens und all seinen Einzelphänomenen, den erscheinenden Dingen, den erscheinenden Nebenmenschen, Kulturobjekten usw. Alles bleibt, wie es war, nur daß ich es nicht einfach als seiend hin-

10 nehme, sondern mich aller Stellungnahme zu Sein und Schein enthalte. Auch meiner sonstigen Meinungen, Urteile, meiner wertenden Stellungnahmen in Bezug auf die Welt muß ich mich enthalten, als das Sein der Welt voraussetzend, und auch für sie bedeutet das Mich-enthalten nicht ihr Verschwinden, nämlich

15 als bloße Phänomene.

Also dieses universale Inhibieren aller Stellungnahmen zur objektiven Welt, das wir die p h ä n o m e n o l o g i s c h e E p o c h é nennen, wird gerade zum methodischen Mittel, wodurch ich mich als dasjenige Ich rein erfasse und dasjenige Be-

20 wußtseinsleben, in dem und durch das die gesamte objektive Welt für mich ist und ist, wie sie eben für mich ist. Alles Weltliche, alles raum-zeitliche Sein ist für mich dadurch, daß ich es erfahre, wahrnehme, mich seiner erinnere, daran irgendwie denke, es beurteile, es werte, begehre usw. Das alles bezeichnet Descar-

25 tes bekanntlich unter dem Titel *cogito*. Die Welt ist für mich überhaupt gar nichts anderes als die in solchen *cogitationes* bewußt seiende und mir geltende. I h r e n g a n z e n S i n n u n d i h r e S e i n s g e l t u n g h a t s i e a u s s c h l i e ß - l i c h a u s s o l c h e n c o g i t a t i o n e s. In ihnen verläuft

30 mein ganzes Weltleben. Ich kann in keine andere Welt hineinleben, hineinerfahren, hineindenken, hineinwerten und -handeln, die nicht in mir und aus mir selbst Sinn und Geltung hat. Stelle ich mich über dieses ganze Leben und enthalte ich mich jedes Vollzuges irgendeines Seinsglaubens, der geradehin Welt als

35 seiend nimmt — richte ich ausschließlich meinen Blick auf dieses Leben selbst als Bewußtsein v o n der Welt, so gewinne ich mich als das reine ego mit dem reinen Strom meiner cogitationes.

Ich gewinne mich nicht etwa als ein Stück der Welt, da ich doch universal die Welt außer Geltung gesetzt hatte, nicht als

den vereinzelten Menschen Ich, sondern als das Ich, in dessen
Bewußtseinsleben eben die ganze Welt und ich selbst als Welt-
objekt, als in der Welt seiender Mensch erst seinen Sinn und
seine Seinsgeltung erhält.

5 Hier stehen wir an einem gefährlichen Punkt. Es scheint so
leicht, Descartes folgend das reine ego und seine cogitationes
zu erfassen. Und doch ist es, als wären wir auf einem steilen
Felsgrat, auf dem ruhig und sicher fortzuschreiten über philosophisches Leben und philosophischen Tod entscheidet. Descar-
10 tes hatte den reinsten Willen zu radikaler Vorurteilslosigkeit.
Aber wir wissen durch neuere Forschungen und insbesondere
die schönen und tiefgründigen der Herren Gilson und Koyré, wie
viel Scholastik im Verborgenen und als ungeklärtes Vorurteil in
Descartes' Meditationen steckt. Aber nicht das allein; zunächst
15 schon die aus der Blickrichtung auf die mathematische Naturwissenschaft stammenden, für uns selbst kaum merklichen
Vorurteile müssen wir uns vom Leibe halten, als ob es sich unter
dem Titel *ego cogito* um ein apodiktisches Grundaxiom handle,
das im Verein mit anderen (davon her abzuleitenden) das Funda-
20 ment für eine deduktive Weltwissenschaft abzugeben habe, eine
Wissenschaft *ordine geometrico*. Im Zusammenhang damit darf
es keineswegs als selbstverständlich gelten, als ob wir in unserem
apodiktisch reinen ego ein kleines Endchen der Welt gerettet
hätten als das für das philosophierende Ich einzig Unfragliche
25 von der Welt, und daß es nun darauf ankomme, durch recht
geleitete Schlußfolgerungen nach den dem ego angeborenen
Prinzipien die übrige Welt hinzuzuerschließen.

Leider so geht es bei Descartes mit der unscheinbaren, aber
verhängnisvollen Wendung, die das ego zur *substantia cogitans*,
30 zum abgetrennten menschlichen *animus* macht, zum Ausgangsglied für Schlüsse nach dem Kausalprinzip, kurzum der Wendung, durch die er zum Vater des widersinnigen transzendentalen Realismus geworden ist. All das bleibt uns fern, wenn wir
dem Radikalismus der Selbstbesinnung und somit dem Prinzip
35 reiner Intuition getreu bleiben, also nichts gelten lassen, als was
wir auf dem uns durch die Epoché eröffneten Feld des *ego cogito*
wirklich und zunächst ganz unmittelbar gegeben haben, also
nichts zur Aussage bringen, was wir nicht selbst *sehen*. Darin
hat Descartes gefehlt, und so kommt es, daß er vor der größten

aller Entdeckungen steht, sie in gewisser Weise schon gemacht
hat, und doch ihren eigentlichen Sinn nicht erfaßt, den Sinn der
transzendentalen Subjektivität, und so das Eingangstor nicht
überschreitet, das in die echte transzendentale Philosophie hinein-
5 leitet.

Die freie Epoché hinsichtlich des Seins der erscheinenden und
überhaupt für mich als wirklich geltenden Welt — als wirklich
in der früheren natürlichen Einstellung — zeigt ja diese größte
und wunderbarste aller Tatsachen, nämlich daß ich und mein
10 Leben in meiner Seinsgeltung unberührt bleibt, ob nun die Welt
ist oder nicht ist oder wie immer darüber entschieden werden
mag. Sage ich im natürlichen Leben: ,,Ich bin, ich denke, ich
lebe'', so sagt das: Ich, diese menschliche Person unter andern
Menschen in der Welt, durch meinen körperlichen Leib im realen
15 Zusammenhang der Natur stehend, in den nun auch meine cogitationes, meine Wahrnehmungen, Erinnerungen, Urteile usw.
als psychophysische Tatsachen eingegliedert sind. So gefaßt, bin
ich und sind wir, Menschen und Tiere, Themen objektiver Wissenschaften, der Biologie, Anthropologie und Zoologie, auch der
20 Psychologie. Das Seelenleben, von dem alle Psychologie
spricht, ist gemeint als Seelenleben in der Welt. Die phänomenologische Epoché, die der Gang der gereinigten Cartesianischen
Meditationen von mir, dem Philosophierenden fordert, schaltet
wie die Seinsgeltung der objektiven Welt überhaupt so auch die
25 Weltwissenschaften, und selbst schon als Welttatsachen, aus meinem Urteilsfeld aus. F ü r m i c h g i b t e s a l s o k e i n
I c h u n d k e i n e p s y c h i s c h e n A k t e , p s y c h i -
s c h e n P h ä n o m e n e i m S i n n e d e r P s y c h o l o -
g i e , für mich gibt es also auch nicht mich als Menschen, ‹nicht›
30 meine eigenen cogitationes als Bestandstücke einer psychophysischen Welt. Aber dafür habe ich mich gewonnen, und jetzt
mich allein als dasjenige reine Ich mit dem reinen Leben und den
reinen Vermögen (z.B. dem evidenten Vermögen: ich kann mich
urteilend enthalten), d u r c h d a s f ü r m i c h S e i n d i e -
35 s e r W e l t und jeweiliges So-sein überhaupt Sinn und mögliche
Geltung hat. Heißt die Welt, da ihr eventuelles Nicht-sein mein
reines Sein nicht aufhebt, ja es voraussetzt, t r a n s z e n d e n t ,
so heißt dann dieses mein reines Sein oder mein reines Ich
t r a n s z e n d e n t a l . Mittels der phänomenologischen Epo-

ché reduziert sich das natürliche menschliche Ich, und zwar das meine, auf das transzendentale, und so versteht sich die Rede von der phänomenologischen Reduktion.

Doch hier bedarf es weiterer Schritte, durch die, was hier
5 herausgestellt worden ist, erst den rechten Nutzen gewinnen kann. Was ist mit dem transzendentalen ego philosophisch anzufangen? Gewiß, sein Sein geht evidentermaßen — für mich, den Philosophierenden — erkenntnismäßig allem objektiven Sein vorher. In gewissem Sinne ist es wohl der Grund und Boden,
10 auf dem sich alle objektive Erkenntnis, gute und schlechte, abspielt. Aber besagt darum dieses Vorhergehen und in aller objektiven Erkenntnis Vorausgesetztsein, daß es Erkenntnisgrund im gewöhnlichen Sinne ist für diese objektive Erkenntnis? Der Gedanke, die Versuchung liegt nahe; es ist eben die aller
15 realistischen Theorie. Aber die Versuchung verschwindet, in der transzendentalen Subjektivität Prämissen zu suchen für die Existenzsetzung der subjektiven Welt, wenn wir daran denken, daß alle Schlüsse, die wir vollziehen, rein gefaßt, selbst in der transzendentalen Subjektivität verlaufen und alle auf die Welt
20 zu beziehenden Bewährungen an der Welt selbst, als wie sie in der Erfahrung sich selbst gebend und bewährend ist, ihr Maß haben. Nicht als ob wir den großen Cartesianischen Gedanken, die tiefste Begründung objektiver Wissenschaften und des Seins objektiver Welt selbst in der transzendentalen Subjektivität zu
25 suchen, für falsch erklären wollten. Wir würden ja sonst seinen meditierenden Wegen, sei es auch unter Kritik, nicht nachfolgen. Aber vielleicht eröffnet sich mit der Cartesianischen Entdeckung des ego auch eine n e u e I d e e v o n B e g r ü n d u n g, n ä m l i c h t r a n s z e n d e n t a l e r B e g r ü n d u n g.
30 In der Tat, anstatt das *ego cogito* als einen bloßen apodiktischen Satz zu verwerten und als absolut fundierende Prämisse, lenken wir unser Augenmerk darauf, daß die phänomenologische Epoché uns (oder mir, dem Philosophierenden) mit dem allerdings apodiktischen *Ich bin* eine neuartige unendliche Seins-
35 sphäre freigelegt hat, und zwar als eine Sphäre einer neuartigen, einer t r a n s z e n d e n t a l e n E r f a h r u n g. Eben damit aber auch die Möglichkeit einer transzendentalen Erfahrungserkenntnis, ja einer transzendentalen Wissenschaft. Hier tut sich ein höchst merkwürdiger Erkenntnishorizont

auf. Die phänomenologische Epoché reduziert mich auf mein transzendentales reines Ich, und zunächst wenigstens bin ich also in gewissem Sinne *solus ipse*: nicht im gewöhnlichen, etwa in dem ‹eines› bei einem Zusammensturz aller Gestirne übrig
5 gebliebenen Menschen in der noch immer seienden Welt. Habe ich die Welt als die aus mir und in mir Seinssinn empfangende aus meinem Urteilsfeld verbannt, so bin ich, das ihr vorangehende transzendentale Ich, d a s   e i n z i g   u r t e i l s m ä ß i g S e t z b a r e   u n d   G e s e t z t e. Und nun soll ich eine Wis-
10 senschaft gewinnen, eine unerhört eigenartige, da sie, ausschließlich von meiner und in meiner transzendentalen Subjektivität geschaffen, auch nur für sie — zunächst wenigstens — gelten soll, eine transzendental-solipsistische Wissenschaft. Also nicht das *ego cogito*, sondern eine Wissenschaft vom ego, eine reine
15 E g o l o g i e   müßte das unterste Fundament der Philosophie im Cartesianischen Sinne der universalen Wissenschaft sein und müßte mindestens das Grundstück für deren absolute Begründung leisten. In der Tat ist diese Wissenschaft schon da als die unterste transzendentale Phänomenologie; die unterste,
20 also nicht die volle, zu der ja selbstverständlich der weitere Weg vom transzendentalen Solipsismus zur transzendentalen Intersubjektivität gehört.

Um dies alles verständlich zu machen, bedarf es zunächst der von Descartes versäumten Freilegung des unendlichen Feldes
25 der transzendentalen Selbsterfahrung des ego. Die Selbsterfahrung, und sogar in der Bewertung als apodiktische, spielt bekanntlich bei ihm selbst eine Rolle, aber das ego in der ganzen Konkretion seines transzendentalen Daseins und Lebens zu erschließen und als ein systematisch in seine Unendlichkeiten zu
30 verfolgendes Arbeitsfeld anzusehen, das lag ihm ferne. Für den Philosophen muß es als eine fundamentale Einsicht in den Mittelpunkt gestellt werden, daß er in der Einstellung transzendentaler Reduktion konsequent auf seine cogitationes und auf ihren rein phänomenologischen Gehalt reflektieren und dabei allseitig
35 sein transzendentales Sein in seinem transzendental-zeitlichen Leben und in seinen Vermögen enthüllen kann. Es handelt sich hier offenbar um Parallelen zu dem, was der Psychologe in seiner Weltlichkeit innere oder Selbsterfahrung nennt.

Von größter, ja entscheidender Wichtigkeit ist dann, zu be-

achten, daß man nicht flüchtig daran vorbeigehen kann — was gelegentlich auch Descartes bemerkt hat —, daß z.B. die Epoché hinsichtlich des Weltlichen nichts daran ändert, daß die Erfahrung Erfahrung von ihm ist, und so das jeweilige Bewußtsein
5 Bewußtsein von ihm ist. Der Titel *ego cogito* muß um ein Glied erweitert werden: jedes cogito hat in sich als Vermeintes sein cogitatum. Die Hauswahrnehmung, auch wenn ich mich der Betätigung des Wahrnehmungsglaubens enthalte, ist, genommen wie ich sie erlebe, eben Wahrnehmung von diesem und gerade
10 diesem, so und so erscheinenden, sich mit gerade den Bestimmungen, von der Seite, in der Nähe oder Ferne zeigenden Haus. Ebenso die klare oder vage Erinnerung Erinnerung von dem vage oder klar vorstelligen Haus, das noch so falsche Urteil Urteilsmeinung von dem und dem vermeinten Sachverhalt usw.
15 Die Grundeigenschaft der Bewußtseins- weisen, in denen ich als Ich lebe, ist die sogenannte Intentionalität, ist jeweiliges Bewußthaben von etwas. Zu diesem Was des Bewußtseins gehören auch die Seinsmodi wie daseiend, vermutlich seiend, nichtig sei-
20 end, aber auch die Modi des Schein-seiend, gut-, wert-seiend usw. Phänomenologische Erfahrung als Reflexion muß von allen konstruktiven Erfindungen ferngehalten und muß als echte genau so konkret, genau mit dem Sinnes- und Seinsgehalt genommen werden, in dem sie eben auftritt.
25 Es ist eine konstruktive Erfindung des Sensualismus, wenn man das Bewußtseins als Komplex von Sinnesdaten deutet und eventuell dann hinterher Gestaltqualitäten heranzieht und sie für die Ganzheit sorgen läßt. Das ist schon in der weltlich-psychologischen Einstellung grundfalsch, und erst recht in der
30 transzendentalen. Wenn phänomenologische Analyse in ihrem Fortgang unter dem Titel Empfindungsdaten auch etwas aufzuweisen hat, so ist es jedenfalls nicht ein Erstes in allen Fällen „äußerer Wahrnehmung", sondern bei ehrlicher rein anschaulicher Beschreibung ist das erste, das cogito, etwa die Haus-
35 wahrnehmung als solche, näher zu beschreiben nach gegenständlichem Sinn und nach Erscheinungsmodis. Und so für jede Bewußtseinsart.
Geradehin auf das Bewußtseinsobjekt gerichtet finde ich es als etwas, das mit den und den Bestimmungen erfahren oder ge-

meint ist, im Urteilen als Träger von Urteilsprädikaten, im
Werten als Träger von Wertprädikaten. Nach der anderen Seite
blickend finde ich die wechselnden Weisen des Bewußtseins, das
Wahrnehmungsmäßige, Erinnerungsmäßige, alles, was nicht Ge-
5 genstand und gegenständliche Bestimmung selbst, aber subjektiver Gegebenheitsmodus, subjektive Erscheinungsweise ist, wie
Perspektive oder Unterschiede der Vagheit und Deutlichkeit,
der Aufmerksamkeit und Unaufmerksamkeit etc.

Sich als der meditierende Philosoph, der dabei selbst zum
10 transzendentalen ego geworden ist, fortgehend über sich selbst
besinnen, das heißt also, in die offen endlose transzendentale
Erfahrung eintreten, sich nicht mit dem vagen *ego cogito* begnügen, sondern dem beständigen Fluß des cogitierenden Seins und
Lebens nachgehen, es sich nach allem, was daran zu schauen ist,
15 ansehen, explizierend eindringen, es beschreibend in Begriffe und
Urteile fassen, und rein in solche, die aus diesen anschaulichen
Beständen ganz ursprünglich geschöpft sind.

Es ist dann sogar ein dreifacher Titel als Schema der Auslegungen und Beschreibungen leitend, wie schon gesagt: *ego*
20 *cogito cogitatum.* Sehen wir zunächst vom identischen Ich ab,
obwohl es gewissermaßen in jedem cogito steckt, so hebt sich
doch leichter in der Reflexion das Unterschiedliche des cogito
selbst ab, und sofort scheiden sich deskriptive Typen, in der
Sprache sehr vage angedeutet ‹als› Wahrnehmen, Sich-erinnern,
25 nach dem Wahrnehmen Eben-noch-im-Bewußtsein-haben, Vorer-
warten, Wünschen, Wollen, prädikativ Aussagen usw. Aber
nehmen wir es, wie es die transzendentale Reflexion konkret
bietet, so kommt sofort der schon berührte Grundunterschied
zwischen gegenständlichem Sinn und Bewußtseinsweise, even-
30 tuell Erscheinungsweise, in Betracht: also die — im Typischen
betrachtete — Zweiseitigkeit, die eben die Intentionalität, das
Bewußtsein als Bewußtsein von dem und dem macht. Das gibt
immer doppelte Beschreibungsrichtungen.

Hierbei ist also zu beachten, daß die transzendentale Epoché
35 hinsichtlich der seienden Welt mit allen jeweils erfahrenen,
wahrgenommenen, erinnerten, gedachten, urteilsmäßig geglaubten Objekten nichts daran ändert, daß die Welt, daß all diese
Objekte als Erfahrungsphänomene, aber auch rein als solche,
rein als cogitata der jeweiligen cogitationes, ein Hauptthema

der phänomenologischen Deskription sein müssen. Aber was macht dann den abgrundtiefen Unterschied zwischen phänomenologischen Urteilen über die Erfahrungswelt und den natürlich-objektiven? Die Antwort kann so gegeben werden: Als phänomenologisches ego bin ich zum reinen Zuschauer meiner selbst geworden, und nichts habe ich in Geltung als was ich als von mir selbst unabtrennbar, als mein reines Leben und als von diesem selbst Unabtrennbares finde, und zwar genau so, wie ursprüngliche, anschauliche Reflexion mich für mich selbst enthüllt. Als natürlich eingestellter Mensch, wie ich vor der Epoché war, lebte ich naiv in die Welt hinein; erfahrend galt mir ohne weiteres das Erfahrene, und daraufhin vollzog ich meine weiteren Stellungnahmen. Das alles aber verlief in mir, ohne daß ich daraufhin gerichtet war; mein Erfahrenes, die Dinge, die Werte, die Zwecke, das war mein Interesse, nicht aber mein erfahrendes Leben, mein Interessiert-sein, Stellung-nehmen, mein Subjektives. Auch als natürlich lebendes Ich war ich transzendentales, aber ich wußte davon nichts. Um meines absoluten Eigenseins inne zu werden, mußte ich eben phänomenologische Epoché üben. Durch sie will ich nicht wie Descartes eine Gültigkeitskritik üben, ob ich der Erfahrung, also dem Sein der Welt apodiktisch trauen dürfte, sondern ich will lernen, daß Welt für mich, aber auch wie Welt für mich cogitatum meiner cogitationes ist. Ich will nicht nur überhaupt feststellen, daß das *ego cogito* apodiktisch dem Für-mich-sein der Welt vorhergeht, sondern mein konkretes Sein als ego voll umfassend kennen lernen und dabei sehen: Mein Sein als natürlich in die Welt Hineinerfahrender und Hineinlebender besteht in einem besonderen transzendentalen Leben, in dem ich das Erfahren naiv gläubig vollziehe, meine naiv erworbene Weltüberzeugung weiterbetätige usw. So besteht die phänomenologische Einstellung mit ihrer Epoché darin, d a ß   i c h   d e n   d e n k b a r   l e t z t e n   E r f a h r u n g s - u n d   E r k e n n t n i s s t a n d p u n k t   g e w i n n e ,   a u f d e m   i c h   z u m   u n b e t e i l i g t e n   Z u s c h a u e r   m e i - n e s   n a t ü r l i c h - w e l t l i c h e n   I c h   u n d   I c h - L e b e n s w e r d e , das dabei nur ein besonderes Stück oder eine besondere Schichte meines enthüllten transzendentalen Lebens ist. Unbeteiligt bin ich insofern, als ich aller weltlichen Interessen, die ich darum doch habe, insofern mich „enthalte", als Ich —

der Philosophierende — mich über sie stelle und ihnen zuschaue,
sie als Themen der Beschreibung nehme wie überhaupt mein
transzendentales ego.

So vollzieht sich mit der phänomenologischen Reduktion eine
5 Art Ich-Spaltung: Der transzendentale Zuschauer stellt sich
über sich selbst, sieht sich zu und sieht sich auch als dem vordem
welthingegebenen Ich zu, findet also in sich als cogitatum sich
als Menschen und findet an den zugehörigen cogitationes das
‹das› gesamte Weltliche ausmachende transzendentale Leben
10 und Sein. Hat der natürliche Mensch (darin das Ich, das letztlich zwar transzendental ist, aber davon nichts weiß) eine in
naiver Absolutheit seiende Welt und Weltwissenschaft, so hat
der seiner als transzendentales Ich bewußt gewordene transzendentale Zuschauer die Welt nur als P h ä n o m e n, das sagt als
15 cogitatum der jeweiligen cogitatio, als Erscheinendes der jeweiligen Erscheinungen, als bloßes Korrelat.

Wenn die Phänomenologie Bewußtseinsgegenstände thematisch hat, und welcher Art immer, ob reale oder ideale, so
hat sie diese nur als Gegenstände der jeweiligen Bewußtseins-
20 weisen; die Beschreibung, die die konkret-vollen Phänomene der
cogitationes erfassen will, muß beständig von der gegenständlichen Seite auf die Bewußtseinsseite zurückblicken und die hier
durchgängig bestehenden Zusammengehörigkeiten verfolgen.
Habe ich z.B. das Wahrnehmen eines Hexaeders als Thema,
25 so merke ich in der reinen Reflexion, daß das Hexaeder kontinuierlich als gegenständliche Einheit gegeben ist in einer vielgestaltigen und bestimmt zugehörigen Mannigfaltigkeit von Erscheinungsweisen. Dasselbe Hexaeder — dasselbe Erscheinende,
bald von dieser oder jener Seite, bald in diesen, bald in jenen
30 Perspektiven, bald in Naherscheinungen, bald in Fernerscheinungen, bald in großer Klarheit und Bestimmtheit, bald in geringer. Doch fassen wir irgendeine gesehene Hexaederfläche ins
Auge, irgendeine Kante oder Ecke, irgendeinen Farbfleck, kurz
irgendwelches Moment des gegenständlichen Sinnes, so merken
35 wir für ein jedes dasselbe: Es ist Einheit einer Mannigfaltigkeit
immer wieder abzuwechselnder Erscheinungsweisen, ihrer besonderen Perspektiven, besonderen Unterschiede des subjektiven Hier und Dort. Geradehin gesehen, finden wir die beständig
identische unveränderte Farbe, aber auf die Erscheinungsweisen

reflektierend, erkennen wir, daß sie nichts anderes ist, anders
gar nicht denkbar ist, denn als sich bald in den, bald in jenen
Farbenabschattungen darstellend. Immer haben wir Einheit
nur als Einheit aus Darstellung, die die Darstellung ist der Sich-
5 selbst-Darstellung von Farbe oder -Darstellung von Kante.

Das cogitatum ist nur in der besonderen Weise des cogito
möglich. Fangen wir nämlich an, das Bewußtseinsleben ganz
konkret zu nehmen und beständig nach beiden Seiten und ihren
intentionalen Zusammengehörigkeiten beschreibend zu blicken,
10 so eröffnen sich wahre Unendlichkeiten, und immer neue, nie
geahnte Tatsachen treten hervor. Dahin gehören die Strukturen
der phänomenologischen Zeitlichkeit. Schon wenn wir innerhalb
des Bewußtseinstypus, der da Dingwahrnehmung heißt, verbleiben, verhält es sich so. Jeweils ist sie lebendig als ein Dahindau-
15 ern, ein zeitliches Dahinströmen des Wahrnehmens und Wahrgenommenen. Dieses strömende Sich-fort-erstrecken, diese Zeitlichkeit ist etwas zum transzendentalen Phänomen selbst wesentlich Gehöriges. Jede Teilung, die wir hineindenken, ergibt
wieder Wahrnehmung desselben Typus, von jeder Strecke, von
20 jeder Phase sagen wir dasselbe: das Hexaeder sei wahrgenommen.
Aber diese I d e n t i t ä t ist ein immanenter deskriptiver Zug
eines solchen intentionalen Erlebnisses und seiner Phasen, es
ist ein Zug im Bewußtsein selbst. Die Stücke und Phasen der
Wahrnehmung sind nicht äußerlich aneinandergeklebt, sie sind
25 einig, wie eben Bewußtsein und wieder Bewußtsein einig ist,
und zwar einig im Bewußtsein von demselben. Nicht sind erst
Dinge und werden dann in das Bewußtsein hineingesteckt, so
daß dasselbe da und dort hineingesteckt ist, sondern Bewußtsein
und Bewußtsein, ein cogito und ein anderes verbinden sich
30 zu einem beide einigenden cogito, das als ein neues Bewußtsein
wieder Bewußtsein von etwas ist, und zwar ist es die Leistung
dieses s y n t h e t i s c h e n B e w u ß t s e i n s, daß in ihm
bewußt wird „dasselbe", das Eine als Eines.

Wir stoßen hier an einem Beispiel auf das Einzigartige der
35 Synthesis als Grundeigentümlichkeit des Bewußtseins, und mit ihr
tritt zugleich der U n t e r s c h i e d z w i s c h e n r e e l l e n
u n d i d e e l l e n, b l o ß i n t e n t i o n a l e n G e h a l t e n
d e s B e w u ß t s e i n s hervor. Der Wahrnehmungsgegenstand
ist, phänomenologisch betrachtet, nicht ein reelles Stück im Wahr-

nehmen und dessen dahinströmenden synthetisch sich einigenden
Perspektiven und sonstigen Erscheinungsmannigfaltigkeiten.Zwei
Erscheinungen, die sich mir vermöge einer Synthesis geben als
Erscheinungen von demselben, sind reell getrennt, haben als
5 getrennte reell kein Datum gemein, sie haben höchstens ähnliche und gleiche Momente. Dasselbe gesehene Hexaeder ist intentional dasselbe; das, was sich als Räumlich-Reales gibt, ist
im mannigfaltigen Wahrnehmen ein Ideal-Identisches, Identisches der Intention, den Bewußtseinsweisen, den Ich-Akten im-
10 manent nicht als reelles Datum, sondern als gegenständlicher
Sinn. *Dasselbe* Hexaeder mag mir dann auch in verschiedenen
Wiedererinnerungen, Erwartungen, klaren oder leeren Vorstellungen als dasselbe Intentionale sein, identisches Substrat für
Prädikationen, für Wertungen usw. Immer liegt diese Selbig-
15 keit im Bewußtseinsleben selbst und wird erschaut durch Synthesis. S o   g e h t   d u r c h   d a s   g a n z e   B e w u ß t s e i n s -
l e b e n   h i n d u r c h   d i e   B e w u ß t s e i n s b e z i e h u n g
a u f   G e g e n s t ä n d l i c h k e i t, und diese enthüllt sich als
eine Wesenseigenheit jedes Bewußtseins, in immer neuen Bewußt-
20 seinsweisen, und sehr verschiedenartige, synthetisch übergehen
zu können zum Einheitsbewußtsein von demselben.

Im Zusammenhang damit steht, daß kein einzelnes cogito im
ego isoliert ist, so sehr, daß sich schließlich zeigt, daß das ganze
universale Leben in seinem Fluktuieren, seinem Heraklitischen
25 Fluß, eine universale synthetische Einheit ist. Ihr ist es zutiefst
zu danken, daß das transzendentale ego nicht nur ist, sondern
für sich selbst ist, eine überschaubare konkrete Einheit, einheitlich lebend, in immer neuen Modis des Bewußtseins, und doch
einheitlich und in der Form der immanenten Zeit sich beständig
30 objektivierend.

Aber nicht nur das. Ebenso wesentlich als A k t u a l i t ä t
des Lebens ist auch P o t e n t i a l i t ä t, und diese Potentialität ist nicht eine leere Möglichkeit. Jedes cogito, z.B. eine
äußere Wahrnehmung oder eine Wiedererinnerung usw., trägt in
35 sich selbst und enthüllbar eine ihm immanente Potentialität
möglicher und auf denselben intentionalen Gegenstand bezieh-
barer und vom Ich her zu verwirklichender Erlebnisse. In jedem
finden wir, wie die Phänomenologie sagt, H o r i z o n t e, und
in verschiedenem Sinn. Die Wahrnehmung schreitet fort und

zeichnet einen Erwartungshorizont vor als einen Horizont
der Intentionalität, vorweisend auf Kommendes als Wahrgenommenes, also auf künftige Wahrnehmungsreihen. Aber jede
führt auch Potentialitäten mit sich wie das „Ich könnte statt
5 dahin dorthin blicken", könnte den Wahrnehmungsverlauf von
demselben statt so anders dirigieren. Jede Wiedererinnerung
verweist mich auf eine ganze Kette von möglichen Wiedererinnerungen bis zum aktuellen Jetzt und an jeder Stelle der immanenten Zeit auf zu enthüllende Mitgegenwärtigkeiten usw.
10 Das alles sind intentionale und von Gesetzen der Synthesis
beherrschte Strukturen. Jedes intentionale Erlebnis kann ich
befragen, und das sagt, ich kann in seine Horizonte eindringen,
sie auslegen, und damit enthülle ich einerseits Potentialitäten
meines Lebens, andererseits kläre ich in gegenständlicher Hin-
15 sicht den gemeinten Sinn.
So ist intentionale Analyse etwas total anderes als Analyse
im gewöhnlichen Sinne. Das Bewußtseinsleben — und das gilt
schon für die reine Innenpsychologie als Parallele zur transzendentalen Phänomenologie — ist nicht ein bloßer Zusammen-
20 hang von Daten, weder ein Haufen psychischer Atome, noch
ein Ganzes von Elementen, die durch Gestaltqualitäten einig
sind. Intentionale Analyse ist Enthüllung
der Aktualitäten und Potentialitäten, in
denen sich Gegenstände als Sinneseinhei-
25 ten konstituieren, und alle Sinnesanalyse selbst vollzieht sich im Übergang von den reellen Erlebnissen in die in
ihnen vorgezeichneten intentionalen Horizonte.
Diese späte Einsicht schreibt der phänomenologischen Analyse
und Deskription eine total neue Methodik vor, eine Methodik,
30 die überall in Aktion tritt, wo Gegenstand und Sinn, wo Seins-
fragen, Möglichkeitsfragen, Ursprungsfragen, Rechtsfragen ernstlich angegriffen werden sollen. Jede intentionale Analyse greift
über das momentan und reell gegebene Erlebnis der immanenten
Sphäre hinaus, und zwar so, daß sie, Potentialitäten enthüllend,
35 die jetzt reell und horizontmäßig angezeigt sind, Mannigfaltigkeiten neuer Erlebnisse herausstellt, in denen klar wird, was nur
implizite gemeint und in dieser Weise schon intentional war.
Sehe ich ein Hexaeder, so sage ich gleich: Ich sehe es wirklich
und eigentlich nur von einer Seite. Und es ist doch evident,

daß, was ich jetzt wahrnehme, mehr ist, daß die Wahrnehmung
eine Meinung, obschon eine unanschauliche, in sich schließt,
durch die die gesehene Seite als bloße Seite ihren Sinn hat.
Aber wie enthüllt sich diese Mehrmeinung, wie wird es eigentlich
5 erst evident, daß ich mehr meine? Doch durch Übergang in eine
synthetische Folge von möglichen Wahrnehmungen, wie ich
sie haben würde, wenn ich, wie ich kann, um das Ding herum-
gehen würde. Die Phänomenologie legt beständig das Meinen,
die jeweilige Intentionalität auseinander, indem sie solche sinn-
10 erfüllenden Synthesen herstellt. Die universale Struktur des
transzendentalen Bewußtseinslebens in seiner Sinnbezogenheit
und Sinnbildung auslegen, das ist die ungeheure Aufgabe, die
der Deskription gestellt ist.

Natürlich bewegt sich die Forschung in verschiedenen Stufen.
15 Sie wird nicht etwa dadurch gehindert, daß hier das Reich des
subjektiven Flusses ist und daß es ein Wahn wäre, hier in
einer Methodik der Begriffs- und Urteilsbildung verfahren zu
wollen, die für die objektiven exakten Wissenschaften die
maßgebende ist. Gewiß, das Bewußtseinsleben ist im Fluß, und
20 jedes cogito ist fließend, ohne fixierbare letzte Elemente und
letzte Relationen. Aber im Fluß herrscht eine sehr wohl ausgeprägte Typik. Wahrnehmung ist ein allgemeiner Typus, Wiedererinnerung ein anderer Typus, Leerbewußtsein, und zwar reten-
tionales, wie ich es von einem Stück der Melodie habe, das ich
25 nicht mehr höre, aber *noch* im Bewußtseinsfeld habe, in Unan-
schaulichkeit und doch dieses Melodie-Stück — dergleichen
sind allgemeine, scharf ausgeprägte Typen, die sich wieder ebenso
besondern zum Typus *Raumding-Wahrnehmung* und Typus
Wahrnehmung eines Menschen, des psychophysischen Wesens.
30   Jeden solchen Typus kann ich, allgemein beschreibend, nach
seiner Struktur befragen, und zwar seiner intentionalen Struktur, da es eben ein intentionaler Typus ist. Ich kann fragen,
wie der eine in einen anderen übergeht, wie er sich bildet, sich
abwandelt, welche Formen intentionaler Synthese in ihm not-
35 wendig liegen, welche Formen von Horizonten er notwendig in
sich schließt, welche Enthüllungsformen und Erfüllungsformen
zu ihm gehören. Das ergibt also transzendentale Theorie der
Wahrnehmung, das ist intentionale Analyse der Wahrnehmung,
transzendentale Theorie der Erinnerung und des Zusammen-

hangs der Anschauungen überhaupt, aber auch transzendentale Urteilstheorie, Willenstheorie usw. Immer kommt es darauf an, nicht wie objektive Tatsachenwissenschaften bloße Erfahrung ‹zu› betätigen und das Erfahrungsdatum reell zu analysieren,
5 sondern den Linien intentionaler Synthese nachzugehen, wie sie intentional und horizontmäßig vorgezeichnet sind, wobei die Horizonte selbst aufgewiesen, dann aber auch enthüllt werden müssen.

Da schon jedes einzelne cogitatum vermöge seiner tran-
10 szendental-immanenten Zeiterstreckung eine Identitätssynthese ist, ein Bewußtsein vom kontinuierlich selben, spielt der eine Gegenstand schon einige Rolle als transzendentaler Leitfaden für die subjektiven Mannigfaltigkeiten, die ihn konstituieren. Aber bei der Überschau über die allgemeinsten Typen
15 von cogitata und ihrer allgemeinen intentionalen Deskription ist es doch wieder gleichgültig, ob dabei diese oder jene Gegenstände die wahrgenommenen oder erinnerten und dgl. sind.

Nehmen wir aber das Phänomen der Welt, die im synthetisch-einheitlich dahinfließenden Strom der Wahrnehmungen auch
20 als Einheit bewußt ist, als Thema, bzw. diesen wundersamen Typus *universale Weltwahrnehmung*, und fragen wir, wie es intentional zu verstehen ist, daß eine Welt für uns da ist, da halten wir konsequent den synthetischen Gegenstandstypus *Welt*, natürlich als cogitatum, fest,und als L e i t f a d e n f ü r
25 d i e   E n t f a l t u n g   d e r   U n e n d l i c h k e i t s s t r u k -
t u r   d e r   E r f a h r u n g s i n t e n t i o n a l i t ä t   v o n   d e r
W e l t. Dabei haben wir einzugehen auf die Einzeltypik. Die Erfahrungswelt rein als erfahrene, immer in der phänomenologischen Reduktion, gliedert sich in identisch verharrende Objekte.
30 Wie sieht die besondere Unendlichkeit wirklicher und möglicher Wahrnehmungen aus, die zu einem Objekt gehören? Und so für jeden allgemeinen Objekttypus. Wie sieht die Horizontintentionalität aus, ohne die ein Objekt nicht Objekt sein könnte — verweisend auf den Weltzusammenhang, von dem,
35 wie die Analyse der Intentionalität selbst aufweist, kein Objekt wegdenkbar ist usw. Und so für jeden besonderen Objekt-Typus, der möglicherweise der Welt zugehört.

Die ideelle Festhaltung eines intentionalen Gegenstandstypus bedeutet, wie man bald sieht, eine Organisation oder Ordnung in den intentionalen Untersuchungen. Mit anderen Worten: Die transzendentale Subjektivität ist nicht ein Chaos von intentionalen Erlebnissen, sondern eine Einheit der Synthese, und einer vielstufigen Synthese, in der immer neue Objekttypen und 5 Einzelobjekte konstituiert sind. Jedes Objekt aber bezeichnet eine R e g e l s t r u k t u r f ü r d i e t r a n s z e n d e n t a l e S u b j e k t i v i t ä t.

Mit der Frage nach dem transzendentalen System der Intentionalität, durch das für das ego eine Natur, eine Welt beständig 10 da ist — zunächst in Erfahrung als direkt sichtbare, greifbare usw. und dann durch jederlei sonst auf Welt gerichtete Intentionalität —, mit dieser Frage stehen wir eigentlich schon in der Phänomenologie der Vernunft. Vernunft und Unvernunft, im weitesten Sinn verstanden, bezeichnen keine zufällig-fakti-15 schen Vermögen und Tatsachen, sondern gehören zur allgemeinsten Strukturform der transzendentalen Subjektivität überhaupt.

Evidenz im weitesten Sinne der Selbsterscheinung, des Alses-selbst-dastehens, als eines Inne-seins eines Sachverhaltes selbst, 20 eines Wertes selbst und dgl., das ist kein zufälliges Vorkommnis im transzendentalen Leben. Vielmehr alle Intentionalität ist entweder selbst ein Evidenzbewußtsein, das ist das cogitatum als es selbst habend, oder wesentlich und horizontmäßig auf Selbstgebung angelegt, darauf gerichtet. Schon jede Klärung ist 25 eine Evidentmachung. Jedes vage, leere, unklare Bewußtsein ist von vornherein nur Bewußtsein von dem und dem, sofern es auf einen W e g d e r K l ä r u n g v e r w e i s t, in dem das Vermeinte als Wirklichkeit oder als Möglichkeit gegeben wäre. Jedes vage Bewußtsein kann ich befragen, wie sein Gegenstand 30 aussehen müßte. Freilich gehört es auch zur Struktur der transzendentalen Subjektivität, daß sich Meinungen bilden, die im Übergang zur möglichen Evidenz, bzw. der klaren Vorstelligmachung, ebenso in wirklich fortgehender Erfahrung im wirklichen Übergang von einer Meinung zu der evidenten Sachlage 35 selbst, nicht das Gemeinte als ein mögliches Selbst herausstellen, sondern ein anderes. Statt Bestätigung, Erfüllung tritt dann oft Enttäuschung, Aufhebung, Negation ein. Aber das alles gehört als typische Art von gegensätzlichen Vorkommnissen der Erfüllung und Enttäuschung zum gesamten Bereich des Be-

wußtseinslebens. Immer und notwendig ist das ego lebend in cogitationes, und immer ist der jeweilige Gegenstand entweder anschaulich (sei es im Bewußtsein, er sei, sei es im Phantasie- bewußtsein, als ob er sei) oder auch unanschaulich, sachferne.
5 Und immer kann von ihm aus gefragt werden nach den mög- lichen Wegen, zu ihm selbst als Wirklichkeit oder als Phantasie- möglichkeit zu kommen, und nach den Wegen, in denen er konsequent sich als seiend auswiese, in einstimmiger Kon- tinuität von Evidenzen erreichbar wäre, oder in denen er sein
10 Nicht-sein herausstellen würde.

Ein Gegenstand existiert für mich, das ist, er gilt mir be- wußtseinsmäßig. Aber diese Geltung ist für mich nur so lange Geltung, als ich präsumiere, daß ich sie bestätigen könnte, daß ich für mich gangbare Wege, das ist frei tätig zu durchlaufende
15 Erfahrungen und sonstige Evidenzen, herstellen könnte, in denen ich bei ihm selbst wäre, ihn als *wirklich da* verwirklicht hätte. Das bleibt auch bestehen, wenn mein Bewußtsein von ihm Er- fahrung ist, Bewußtsein, daß er schon selbst da, selbst gesehen ist. Denn auch dieses Sehen weist fort auf weiteres Sehen, auf
20 die Möglichkeit, zu bewähren und immer wieder das schon als seiend Erworbene wieder zurückversetzen zu können in den Modus fortschreitender Bewährung.

Bedenken Sie die ungeheure Bedeutung dieser Bemerkung, nachdem wir uns auf den egologischen Boden gestellt haben.
25 Wir sehen auf diesem letzten Standpunkt, daß für uns Dasein und So-sein in Wirklichkeit und Wahrheit keinen anderen Sinn hat als Sein aus der Möglichkeit sich ausweisender Bewährung; aber auch, daß diese Bewährungswege und ihre Zugänglichkeit zu mir als transzendentaler Subjektivität selbst gehören und nur
30 als das einen Sinn haben.

W a h r h a f t S e i e n d e s , ob Reales oder Ideales, h a t a l s o B e d e u t u n g n u r a l s e i n b e s o n d e r e s K o r - r e l a t m e i n e r e i g e n e n I n t e n t i o n a l i t ä t , der aktuellen und der als potentiell vorgezeichneten. Freilich nicht
35 eines vereinzelten cogito; z.B. Sein eines realen Dinges nicht als bloßes cogito der vereinzelten Wahrnehmung, die ich jetzt habe. Aber sie selbst und ihr Gegenstand im Wie der intentio- nalen Gegebenheit verweist mich vermöge des präsumptiven Horizontes auf ein endlos offenes System m ö g l i c h e r Wahr-

nehmungen als solcher, die nicht erfunden, sondern in meinem
intentionalen Leben motiviert sind und ihre präsumptive
Geltung erst verlieren können, wenn widerstreitende Erfahrung
sie aufhebt, und notwendig mit vorausgesetzt sind als m e i n e
5 Möglichkeiten, die ich, wenn ich nicht gehemmt bin, im Hingehen,
Herumschauen etc. herstellen könnte.

Aber freilich, das ist alles sehr roh gesprochen. Höchst weitreichende und komplizierte intentionale Analysen sind notwendig,
um die Möglichkeitsstrukturen in Bezug auf die jeder Gegen-
10 standsart spezifisch zugehörigen Horizonte auszulegen und damit
den Sinn des jeweiligen Seins verständlich zu machen. Von
vornherein evident ist nur das eine und Leitende: Was ich als
Seiendes habe, gilt mir als Seiendes, und alle erdenkliche Ausweisung liegt in mir selbst, in meiner unmittelbaren und mittel-
15 baren Intentionalität beschlossen, in der also aller Seinssinn
mitbeschlossen sein muß.

Damit stehen wir schon in den großen, ja überwältigend
großen Problemen von V e r n u n f t u n d W i r k l i c h k e i t,
von Bewußtsein und wahrem Sein, wie die Phänomenologie sie
20 allgemein nennt, den k o n s t i t u t i v e n P r o b l e m e n.
Zunächst erscheinen sie als begrenzte phänomenologische Probleme, da man unter Wirklichkeit, unter Sein nur an das weltliche Sein denken wird und somit an die phänomenologische
Parallele der gewöhnlich so genannten Erkenntnistheorie oder
25 Kritik der Vernunft, die ja üblicherweise auf objektive, auf die
Realitätenerkenntnis bezogen wird. Aber in Wahrheit umspannen die konstitutiven Probleme die gesamte transzendentale
Phänomenologie und bezeichnen einen ganz allgemeinen systematischen Aspekt, unter den alle phänomenologischen Probleme
30 sich ordnen. Phänomenologische Konstitution eines Gegenstandes, das besagt: Betrachtung der Universalität des ego unter
dem Gesichtspunkt der Identität dieses Gegenstandes, nämlich
in der Frage nach der systematischen Allheit von wirklichen und
möglichen Bewußtseinserlebnissen, die als auf ihn beziehbare
35 in meinem ego vorgezeichnet sind und für mein ego eine feste
Regel möglicher Synthesen bedeuten.

Das Problem der phänomenologischen Konstitution irgendeines Typus von Gegenständen ist zunächst das Problem seiner
ideal vollkommen evidenten Gegebenheit. Zu jedem Gegen-

standstypus gehört seine typische Art möglicher Erfahrung. Wie sieht solche Erfahrung aus nach ihren wesentlichen Strukturen, und zwar wenn wir sie als den Gegenstand ideal vollkommen allseitig herausstellend denken? Daran anschließend die
5 weitere Frage: Wie kommt das ego dazu, ein solches System als verfügbaren Besitz zu haben, auch wenn keine Erfahrung von ihm aktuell ist? Schließlich, was bedeutet es für mich, daß Gegenstände für mich sind, was sie sind, ohne daß ich von ihnen weiß und wußte?
10 Jeder seiende Gegenstand ist Gegenstand eines Universums möglicher Erfahrungen, wobei wir nur den Erfahrungsbegriff weiten müssen zum breitesten Begriff, dem der richtig verstandenen Evidenz. Jedem möglichen Gegenstand entspricht ein mögliches solches System. Transzendental ist, wie schon gesagt,
15 fortschreitender Gegenstandsindex einer ganz bestimmt zugehörigen universalen Struktur des ego nach wirklichen cogitata desselben und nach Potentialitäten, nach Vermögen. Nun ist ‹es› aber das Wesen des ego, zu sein in Form wirklichen und möglichen Bewußtseins, und des möglichen nach seinen in ihm
20 selbst liegenden subjektiven Formen des *Ich kann*, des Vermögens. Das ego ist, was es ist, in Bezug auf intentionale Gegenständlichkeiten, es hat immer Seiendes und möglicherweise Seiendes, und so ist seine Wesenseigenheit die, immerfort Systeme der Intentionalität zu bilden und gebildete schon zu haben, deren
25 Index die von ihm gemeinten, gedachten, gewerteten, behandelten, phantasierten und zu phantasierenden Gegenstände sind usw.
Aber das ego selbst ist, und sein Sein ist Sein für sich selbst, auch sein Sein mit allem ihm zugehörigen Sonder-seienden ist
30 in ihm konstituiert und konstituiert sich weiter für es. Das Für-sich-selbst-sein des ego ist Sein in beständiger Selbstkonstitution, die ihrerseits das Fundament ist für. alle Konstitution von sogenanntem Transzendenten, von weltlichen Gegenständlichkeiten. So ist es das Fundament der konstitutiven Phäno-
35 menologie, in der Lehre von der Konstitution der immanenten Zeitlichkeit und der ihr eingeordneten *immanenten* Erlebnisse eine egologische Theorie zu schaffen, durch die schrittweise verständlich wird, w i e d a s F ü r - s i c h - s e l b s t - s e i n d e s ego k o n k r e t m ö g l i c h u n d v e r s t ä n d l i c h i s t.

Hierbei tritt eine Vieldeutigkeit des Themas *ego* hervor: es ist in verschiedenen Schichten der phänomenologischen Problematik ein verschiedenes. In den ersten allgemeinsten Strukturbetrachtungen finden wir als Erfolg der phänomenologischen
5 Reduktion das *ego cogito cogitata*, und zwar tritt uns entgegen die Mannigfaltigkeit der cogitata, des *Ich nehme wahr, Ich erinnere mich, Ich begehre* usw., und das erste ist, was dabei beachtet wird, daß die vielerlei Modi des cogito einen Identitätspunkt, eine Zentrierung darin haben, daß ich, dasselbe Ich, es bin, das
10 da einmal den Aktus *Ich denke* und dann den Aktus *Ich bewerte als Schein* usw. vollzieht. Eine doppelte Synthese wird merklich, eine doppelte Polarisierung. Viele, nicht alle Bewußtseinsmodi, die da ablaufen, sind synthetisch einig als Bewußtseinsweisen von demselben Gegenstand. Andererseits aber, alle cogitationes
15 und zunächst alle meine Stellungnahmen haben die strukturelle Form (ego) cogito, sie haben die Ich-Polarisierung.

Aber nun ist zu bemerken, daß das zentrierende ego nicht ein leerer Punkt oder Pol ist, sondern vermöge einer Gesetzmäßigkeit der Genesis mit jedem der von ihm ausstrahlenden Akte
20 eine bleibende Bestimmung erfährt. Habe ich mich z.B. in einem Urteilsakt für ein So-sein entschieden, so vergeht dieser flüchtige Akt, aber ich bin nun weiter das Ich, das so entschieden ist, ich finde mich selbst, und bleibend, als das Ich meiner mir bleibenden Überzeugungen. So für jede Art Entscheidungen,
25 z.B. Wert- und Willensentscheidungen.

So haben wir also das ego nicht als bloßen leeren Pol, sondern jeweils als das stehende und bleibende Ich der verharrenden Überzeugungen, der Habitualitäten, in deren Veränderung sich allererst E i n h e i t d e s p e r s o n a l e n I c h u n d s e i-
30 n e s p e r s o n a l e n C h a r a k t e r s k o n s t i t u i e r t. Aber davon wieder zu scheiden ist das ego in voller Konkretion, das konkret nur ist in der strömenden Vielfältigkeit seines intentionalen Lebens und mit den darin vermeinten und für es sich konstituierenden Gegenständen. Dafür sagen wir auch
35 ego als konkrete Monade.

Da Ich als transzendentales ego es bin, der ich mich selbst als ego in dem einen und anderen Sinn vorfinden und meines wirklichen und wahren Seins innewerden kann, so ist also auch das ‹ein konstitutives ›, und sogar das radikalste konstitutive Problem.

In Wahrheit umspannt also die konstitutive Phänomenologie die gesamte Phänomenologie, obschon sie nicht als solche anfangen kann, sondern mit einer Aufweisung der Bewußtseinstypik und ihrer intentionalen Entfaltung, die erst später den
5 Sinn der konstitutiven Problematik sichtlich macht.

Immerhin, die phänomenologischen Probleme einer Wesensanalyse der Konstitution von realen Objektivitäten für das ego und damit die einer phänomenologischen objektiven Erkenntnistheorie bilden ein großes Reich für sich.
10 Doch ehe wir diese Erkenntnistheorie mit der gewöhnlichen konfrontieren, bedarf es eines ungeheuren methodischen Fortschrittes, mit dem ich so spät komme, um zunächst die Konkretionen unbeschwerter zu Ihnen sprechen zu lassen. Jeder von uns durch phänomenologische Reduktion auf s e i n abso-
15 lutes ego zurückgeführt, fand sich in apodiktischer Gewißheit als faktisch Seiender. Umschau haltend, fand das ego mannigfache deskriptiv faßbare, intentional zu entfaltende Typen und konnte bald selbst in der intentionalen Enthüllung seines ego fortschreiten. Aber nicht zufällig entschlüpfte mir wiederholt
20 der Ausdruck *Wesen* und *wesensmäßig*, was einem bestimmten, von der Phänomenologie erst geklärten Begriff des Apriori gleichkommt. Es ist ja klar: Wenn wir einen cogitativen Typus wie Wahrnehmung — Wahrgenommenes, Retention und Retentioniertes, Wiedererinnerung und Wiedererinnertes, Aussagen
25 und Ausgesagtes, Streben und Erstrebtes usw. als Typus auslegen und beschreiben, so führt das zu Ergebnissen, die bestehen bleiben, wie immer wir vom Faktum abstrahieren. Für den Typus ist die Individualität des exemplarischen Faktums, z.B. der jetzt momentan dahinströmenden Tisch-Wahrnehmung, ganz
30 irrelevant; und selbst das Allgemeine, daß ich, dieses faktische ego, unter meinen faktischen Erlebnissen solche dieses Typus überhaupt habe, ist irrelevant, und die Beschreibung hängt gar nicht von einer Feststellung der individuellen Fakta und ihrer Existenz ab. Und so für alle egologischen Strukturen.
35 Vollziehe ich z.B. eine Analyse des Typus sinnliche, raumdingliche Erfahrung; gehe ich systematisch weiter in die konstitutive Betrachtung, wie solche Erfahrung einstimmig weiterlaufen könnte und müßte, wenn überhaupt ein und dasselbe Ding sich nach allem, was ihm als Ding zugemeint sein muß, vollkommen

zeigen würde; dann springt die große Erkenntnis hervor, daß
a priori in Wesensnotwendigkeit, was für mich als ein ego überhaupt soll wahrhaft seiendes Ding sein können, unter der Wesensform eines bestimmt zugehörigen Struktursystems mög-
5 licher Erfahrung steht, mit einer apriorischen Mannigfaltigkeit
spezifisch zugehöriger Strukturen.

Evidenterweise kann ich mein ego ganz frei umfingieren, kann
die Typen als rein ideale Möglichkeiten des nunmehr bloß möglichen ego und eines möglichen ego überhaupt (als freie Ab-
10 wandlung meines faktischen) betrachten, und erhalte so W e -
s e n s t y p e·n, a p r i o r i s c h e M ö g l i c h k e i t e n u n d
z u g e h ö r i g e W e s e n s g e s e t z e; ebenso allgemeine Wesensstrukturen meines ego als eines erdenklichen überhaupt,
ohne die ich mich überhaupt oder a priori nicht denken kann,
15 weil sie für jede freie Abwandlung meines ego evident notwendig ebenso bestehen müßten.

So erheben wir uns zu einer methodischen Einsicht, die neben
der echten Methode phänomenologischer Reduktion die wichtigste methodische der Phänomenologie ist: nämlich d a ß d a s
20 e g o, mit den Altvordern zu reden, e i n u n g e h e u r e s
e i n g e b o r e n e s A p r i o r i h a t und daß die gesamte
Phänomenologie oder die methodisch fortgeführte reine Selbstbesinnung des Philosophen Enthüllung dieses eingeborenen
Apriori ist in seiner unendlichen Vielgestaltigkeit. Das ist der
25 echte Sinn der Eingeborenheit, den der alte naive Begriff gleichsam durchspürte, aber nicht zu fassen vermochte.

Zu diesem eingeborenen Apriori des konkreten ego, mit
Leibniz zu sprechen: *meiner Monade*, gehört freilich sehr viel
mehr, als wir besprechen konnten. Es gehört dazu, was nur mit
30 e i n e m Worte angedeutet werden kann, auch das Apriori
des Ich in dem besonderen Sinne, der die allgemeine Dreifaltig-
keit des Titels *cogito* bestimmt: das Ich als Pol aller spezifischen
Stellungnahmen oder Ich-Akte und als Pol der Affektionen, die
auf das Ich von schon konstituierten Gegenständen hingehend
35 es zur aufmerkenden Hinwendung und zu jeder Stellungnahme
motivieren. Das ego hat also eine doppelte Polarisierung: die
Polarisierung nach mannigfaltigen gegenständlichen Einheiten
und die Ich-Polarisierung, eine Zentrierung, vermöge deren alle
Intentionalitäten auf den identischen Ich-Pol bezogen sind.

Doch in gewisser Weise vervielfältigt sich auch die Ich-Polarisierung im ego indirekt durch seine Einfühlungen, als in ihm vergegenwärtigungsmäßig auftretende „Spiegelungen" fremder Monaden mit fremden Ich-Polen. Das Ich ist nicht bloß Pol
5 auftretender und verschwindender Stellungnahmen; jede Stellungnahme begründet im Ich etwas Verharrendes, seine bis auf weiteres bleibende *Überzeugung*.

Die systematische Erschließung der transzendentalen Sphäre als der absoluten Seins- und Konstitutionssphäre, auf die alles
10 Erdenkliche zurückbezogen ist, macht ungeheure Schwierigkeiten, und erst im letzten Jahrzehnt haben sich die Methoden und Problemhöhenstufen klar geordnet.

Sehr spät hat sich insbesondere der Zugang zu den Problemen der universalen Wesensgesetzmäßigkeit der phänomenolo-
15 gischen Genesis erschlossen, zuunterst der p a s s i v e n G e n e-
s i s in der Bildung von immer neuen Intentionalitäten und von Apperzeptionen ohne jede aktive Beteiligung des Ich. Hier erwächst eine Phänomenologie der Assoziation, deren Begriff und Ursprung ein wesentlich neues Gesicht empfängt; vor allem
20 schon durch die zunächst befremdliche Erkenntnis, daß Assoziation ein ungeheurer Titel für eine Wesensgesetzlichkeit ist, ein eingeborenes Apriori, ohne das <das> ego als solches undenkbar ist. Andererseits die Problematik d e r h ö h e r s t u-
f i g e n G e n e s i s, in der durch Ich-Akte Geltungsgebilde
25 erwachsen und in eins damit das zentrale Ich spezifische Ich-Eigenheiten, z.B. habituelle Überzeugungen, erworbene Charaktere annimmt.

Erst durch die Phänomenologie der Genesis wird das ego als ein unendlicher Zusammenhang von synthetisch zusammen-
30 gehörigen L e i s t u n g e n verständlich, und zwar von konstitutiven, welche immer neue Stufen von seienden Gegenständen in Stufen von Relativitäten zur Geltung bringen. Es wird verständlich, wie das ego nur ist, was és ist, in einer Genesis, durch die ihm intentional immerfort, vorläufig oder dauernd, seiende
35 Welten, reale und ideale Welten zueigen werden; zueigen werden aus eigenen Sinnesschöpfungen, zueigen unter a priori möglichen und eingreifenden Korrekturen, Ausstreichungen von Nichtigkeiten, Scheinen usw., die nicht minder als typische Sinnesvorkommnisse immanent erwachsen. Von all dem ist das Faktum

irrational, aber die Form, das ungeheure Formensystem der konstituierten Gegenstände und das korrelative Formensystem ihrer intentionalen Konstitution, a priori, eine unerschöpfliche Unendlichkeit des Apriori, das unter dem Titel Phänomenologie
5 enthüllt wird und das nichts anderes ist als die Wesensform des ego als eines ego überhaupt, durch meine Selbstbesinnung enthüllt und jeweils zu enthüllen.

Zu den sinn- und seinkonstituierenden Leistungen gehören alle Stufen der Realität wie Idealität, also wenn wir zählen und
10 rechnen, wenn wir Natur und Welt beschreiben, theoretisch behandeln, Sätze bilden, Schlüsse, Beweise, Theorien, sie als Wahrheiten ausbilden usw., so schaffen wir uns damit immer neue Gebilde von Gegenständen, diesmal von idealen, die für uns sind in bleibender Geltung. Vollziehen wir radikale Selbst-
15 besinnung, also Rückgang auf unser, jeder für sich auf sein absolutes ego, so sind all das Bildungen der frei tätigen Ich-Aktivität, eingeordnet in die Stufen der egologischen Konstitution, und jedes derartige ideal Seiende ist, was es ist, als Index seiner konstitutiven Systeme. Da stehen also auch alle
20 Wissenschaften, die ich im eigenen Denken und Erkennen in mir zur Geltung bringe. Ihre naive Geltung habe ich als ego inhibiert, aber im Zusammenhang meiner transzendentalen Selbstenthüllung als unbeteiligter Zuschauer meines leistenden Lebens treten sie, wie schon die Erfahrungswelt, wieder in Geltung,
25 aber rein als konstitutives Korrelat.

Wir gehen jetzt dazu über, diese egologisch-transzendentale Theorie der Seinskonstitution, die alles für das ego je Seiende als in den synthetischen Motivationen seines eigenen intentionalen Lebens entsprungenes Gebilde passiver und aktiver Lei-
30 stung herausstellt, in Beziehung zu setzen zu der gewöhnlichen *Erkenntnistheorie* oder *Theorie der Vernunft*. Allerdings das Fehlen eines Grundstückes der phänomenologischen Theorie, das den Schein des Solipsismus überwindet, wird erst im weiteren Zusammenhang voll empfindlich werden und seine passende
35 Ergänzung wird den Anstoß beseitigen.

Das Problem der traditionellen Erkenntnistheorie ist das der T r a n s z e n d e n z. Sie will, auch wenn sie als empiristische auf der gewöhnlichen Psychologie fußt, nicht bloße Psychologie der Erkenntnis sein, sondern die prinzipielle Möglichkeit der Erkenntnis aufklären. Das Problem erwächst in der natürlichen Ein-

stellung und wird auch weiter in ihr behandelt. Ich finde mich vor
als Mensch in der Welt und zugleich als sie erfahrend und sie,
mich eingeschlossen, wissenschaftlich erkennend. Nun sage ich
mir: Alles, was für mich ist, ist es dank meinem erkennenden Be-
5 wußtsein, es ist für mich Erfahrenes meines Erfahrens, Gedachtes
meines Denkens, Theoretisiertes meines Theoretisierens, Eingesehenes meines Einsehens. Es ist für mich nur als intentionale Gegenständlichkeit meiner cogitationes. Intentionalität als Grundeigenheit meines psychischen Lebens bezeichnet eine real zu mir
10 als Menschen wie zu jedem Menschen hinsichtlich seiner rein psychischen Innerlichkeit gehörige Eigenheit, und schon Brentano
hat sie in den Mittelpunkt der empirischen Psychologie des Menschen gerückt. Wir brauchen also dazu keine phänomenologische
Reduktion, wir sind und bleiben auf dem Boden der gegebenen
15 Welt. Und so sagen wir auch verständlich: A l l e s , w a s f ü r
d e n M e n s c h e n , w a s f ü r m i c h i s t u n d g i l t , t u t
d a s i m e i g e n e n B e w u ß t s e i n s l e b e n , das in allem
Bewußt-haben einer Welt und in allem wissenschaftlichen Leisten bei sich selbst verbleibt. Alle Scheidungen, die ich mache
20 zwischen echter und trügender Erfahrung und in ihr zwischen
Sein und Schein, verlaufen in meiner Bewußtseinssphäre selbst,
ebenso wenn ich in höherer Stufe zwischen einsichtigem und nicht
einsichtigem Denken, auch zwischen a priori Notwendigem und
Widersinnigem, zwischen empirisch Richtigem und empirisch
25 Falschem unterscheide. Evident wirklich, denknotwendig, widersinnig, denkmöglich, wahrscheinlich usw., all das sind in meinem
Bewußtseinsbereich selbst auftretende Charaktere am jeweiligen
intentionalen Gegenstand. Jede Ausweisung, Begründung für
Wahrheit und Sein verläuft ganz und gar in mir, und ihr Ende
30 ist ein Charakter im cogitatum meines cogito.

Darin sieht man nun das große Problem. Daß ich in meinem
Bewußtseinsbereich, im Zusammenhang der mich bestimmenden
Motivation zu Gewißheiten, ja zu zwingenden Evidenzen komme,
das ist verständlich. Aber wie kann dieses ganz in der Immanenz
35 des Bewußtseinslebens verlaufende Spiel o b j e k t i v e Bedeutung gewinnen? Wie kann die Evidenz (die *clara et distincta per-*
ceptio) mehr beanspruchen, als ein Bewußtseinscharakter in mir
zu sein? Es ist das Cartesianische Problem, das durch die göttliche *veracitas* gelöst werden sollte.

Was hat die transzendentale Selbstbesinnung der Phänomenologie dazu zu sagen? Nichts anderes, als daß dieses ganze Problem widersinnig ist, ein Widersinn, in den Descartes nur darum
verfallen mußte, weil er den echten Sinn der transzendentalen
5 Epoché und der Reduktion auf das reine ego verfehlte. Aber noch
viel gröber ist die gewöhnliche nachcartesianische Einstellung.
Wir fragen: Wer ist denn das Ich, das transzendentale Fragen
rechtmäßig stellen kann? Kann ich das als natürlicher Mensch,
und kann ich als das ernstlich fragen, und zwar transzendental:
10 ,,Wie komme ich aus meiner Bewußtseinsinsel heraus, wie kann,
was in meinem Bewußtsein als Evidenzerlebnis auftritt, objektive
Bedeutung gewinnen?'' So wie ich mich als natürlicher Mensch apperzipiere, habe ich ja
schon im voraus die Raumwelt apperzi-
15 piert, mich im Raum gefaßt, in dem ich also ein Außer-mir
habe! Ist nicht die Gültigkeit der Weltapperzeption schon vorausgesetzt für den Sinn der Frage, während doch ihre Beantwortung erst die objektive Geltung überhaupt ergeben sollte?
Es bedarf also der bewußten Ausführung der phänomeno-
20 logischen Reduktion, um dasjenige Ich und
Bewußtseinsleben zu gewinnen, an das transzendentale Fragen als Fragen der Möglichkeit
transzendenter Erkenntnis zu stellen sind.
Sowie man aber, statt flüchtig eine phänomenologische Epoché
25 zu vollziehen, vielmehr daran geht, in systematischer Selbstbesinnung und als reines ego sein gesamtes Bewußtseinsfeld, also
sich selbst enthüllen zu wollen, erkennt man, daß alles je für es
Seiende sich in ihm selbst Konstituierendes ist; ferner, daß jede
Seinsart, darunter jede als transzendent charakterisierte, ihre
30 besondere Konstitution hat.
Transzendenz ist ein immanenter, innerhalb des ego sich konstituierender Seinscharakter. Jeder erdenkliche Sinn, jedes erdenkliche Sein,
ob es immanent oder transzendent heißt, fällt in den Bereich
35 der transzendentalen Subjektivität. Ein Außerhalb derselben
ist ein Widersinn, sie ist die universale, absolute Konkretion.
Das Universum wahren Seins als etwas außerhalb des Universums möglichen Bewußtseins, möglicher Erkenntnis, möglicher
Evidenz fassen zu wollen, beides bloß äußerlich durch ein starres

Gesetz aufeinander bezogen, ist ein Nonsens. Wesensmäßig gehört beides zusammen, und wesensmäßig Zusammengehöriges
ist auch konkret eins, eins in der absoluten Konkretion: der
t r a n s z e n d e n t a l e n S u b j e k t i v i t ä t. — Sie ist das
5 Universum möglichen Sinnes, ein Außerhalb ist dann eben
Unsinn. Aber selbst jeder Unsinn ist ein Modus des Sinnes und
hat seine Unsinnigkeit in der Einsehbarkeit. Das aber gilt nicht
für das bloß f a k t i s c h e e g o und was ihm faktisch zugänglich ist als für es Seiendes. Die phänomenologische Selbst-
10 auslegung ist eine apriorische, und so gilt alles für jedes mögliche, erdenkliche ego und jedes erdenkliche Seiende, also für
alle erdenklichen Welten.

Echte Erkenntnistheorie ist danach allein sinnvoll als transzendental-phänomenologische, die es statt mit unsinnigen Schlüssen
15 von einer vermeinten Immanenz auf eine vermeinte Transzendenz, die irgendwelcher *Dinge an sich*, vielmehr ausschließlich
zu tun hat mit der systematischen Aufklärung der Erkenntnisleistung, in der sie durch und durch verständlich wird als
intentionale Leistung. Eben damit aber wird jede Art Seiendes,
20 reales und ideales, verständlich als eben in dieser Leistung
konstituiertes Gebilde der transzendentalen Subjektivität. Diese
Art Verständlichkeit ist die höchste erdenkliche Form der Rationalität. Alle verkehrten Seinsinterpretationen stammen aus der
naiven Blindheit für die den Seinsinn mitbestimmenden Hori-
25 zonte. So führt die pure, in reiner Evidenz durchgeführte und
dabei in Konkretion durchgeführte Selbstauslegung des ego zu
einem t r a n s z e n d e n t a l e n I d e a l i s m u s, aber einem
solchen grundwesentlich n e u e n S i n n e s; nicht eines psychologischen Idealismus, nicht eines Idealismus, der aus sinn-
30 losen sinnlichen Daten eine sinnvolle Welt ableiten will, nicht
ein Kantischer Idealismus, der mindestens als Grenzbegriff die
Möglichkeit einer Welt von Dingen an sich glaubt offenhalten
zu können — sondern e i n I d e a l i s m u s, d e r n i c h t s
w e i t e r i s t a l s i n F o r m s y s t e m a t i s c h e r e g o -
35 l o g i s c h e r W i s s e n s c h a f t k o n s e q u e n t d u r c h -
g e f ü h r t e S e l b s t a u s l e g u n g jedweden Seinssinnes,
der für mich, das ego, eben soll Sinn haben können. Dieser
Idealismus ist aber nicht ein Gebilde spielerischer Argumentationen, im dialektischen Streit mit Realismen als Siegespreis

zu gewinnen. Es ist die an der (dem ego durch Erfahrung vorgegebenen) Transzendenz der Natur, der Kultur, der Welt überhaupt in wirklicher Arbeit durchgeführte Sinnesauslegung, und
das ist systematische Enthüllung der konstituierenden Inten-
5 tionalität selbst. Der Erweis dieses Idealismus ist die Durchführung der Phänomenologie selbst.

Doch nun muß das einzige wirklich beunruhigende Bedenken
zu Worte kommen. Wenn ich, das meditierende Ich, mich durch
Epoché auf mein absolutes ego reduziere und auf das darin
10 sich Konstituierende, bin ich dann nicht zum *solus ipse* geworden, und ist so diese ganze Philosophie der Selbstbesinnung nicht
ein purer, wenn auch transzendental-phänomenologischer Solipsismus?

Indessen, ehe man sich hier entscheidet und nun gar durch
15 nutzlose dialektische Argumentationen sich zu helfen sucht,
gilt es, die konkrete phänomenologische Arbeit hinreichend weit
und hinreichend systematisch durchzuführen, um zuzusehen,
wie sich im ego das *alter ego* als Erfahrungsgegebenheit bekundet und bewährt, welche Art Konstitution für sein Dasein
20 als Dasein in meinem Bewußtseinskreis und meiner Welt auf-
zukommen hat. Denn ich erfahre ja die Anderen wirklich und
erfahre sie nicht nur neben der Natur, sondern in eins verflochten
mit der Natur. Ich erfahre dabei die anderen doch in besonderer
Weise, ich erfahre sie als nicht nur im Raum im Naturzusammen-
25 hang psychologisch verflochten auftretend, sondern erfahre sie
als diese selbe Welt, die ich erfahre, auch erfahrend, desgleichen
als mich erfahrend, wie ich sie erfahre usw. Ich erfahre in mir
selbst, im Rahmen meines transzendentalen Bewußtseinslebens,
alles und jedes, und erfahre die Welt als nicht bloß meine private
30 sondern als intersubjektive, für jedermann gegebene und in
ihren Objekten zugängliche Welt, und darin die Anderen als
Andere und zugleich als für einander, für jedermann da. Wie
klärt sich das auf, da doch unangreifbar bleibt, daß alles, was
für mich ist, ‹nur› in meinem intentionalen Leben Sinn und
35 Bewährung gewinnen kann?

Hier bedarf es einer echt phänomenologischen Auslegung der
transzendentalen Leistung der *Einfühlung* und dazu, solange
sie in Frage ist, einer abstraktiven Außer-Geltung-Setzung der
Anderen und aller der Sinnesschichten meiner Umwelt, die mir

aus der Erfahrungsgeltung der Anderen zuwachsen. Eben damit
scheidet sich im Bereich des transzendentalen ego, das ist in
seinem Bewußtseinsbereich, eben das spezifisch private egologische Sein ab, meine konkrete Eigenheit als diejenige, deren
5 Analogon ich dann aus Motivationen meines ego her einfühle.
Alles eigene Bewußtseinsleben kann ich direkt und eigentlich
erfahren als *es selbst*, nicht aber das fremde: fremdes Empfinden,
Wahrnehmen, Denken, Fühlen, Wollen. Aber in mir selbst wird
es in einem sekundären Sinn, in der Weise einer eigentümlichen
10 Ähnlichkeitsapperzeption miterfahren, konsequent indiziert,
sich dabei einstimmig bewährend. Mit Leibniz zu reden: In
meiner Originalität als meiner apodiktisch gegebenen *Monade*
spiegeln sich fremde Monaden, und diese Spiegelung ist eine
sich konsequent bewährende Indikation. Was da aber indiziert
15 ist, das ist, wenn ich phänomenologische Selbstauslegung vollziehe und darin Auslegung des rechtmäßig Indizierten, eine
fremde transzendentale Subjektivität; das transzendentale ego
setzt in sich nicht willkürlich, sondern notwendig ein transzendentales *alter ego*.
20 Eben damit erweitert sich die transzendentale Subjektivität
zur Intersubjektivität, zur intersubjektiv-
transzendentalen Sozialität, die der transzendentale Boden ist für die intersubjektive Natur und Welt überhaupt und nicht min-
25 der für das intersubjektive Sein aller idealen Gegenständlichkeiten. Das erste ego, auf das die transzendentale Reduktion
führt, entbehrt noch der Unterscheidungen zwischen dem Intentionalen, das ihm ursprünglich eigen ist, und dem, was in ihm
Spiegelung des *alter ego* ist. Es bedarf erst einer weitgeführten
30 konkreten Phänomenologie, um die Intersubjektivität als transzendentale zu erreichen. Aber es zeigt sich dabei doch, daß
für den philosophierend Meditierenden sein ego das ursprüngliche ego ist und daß die Intersubjektivität dann in weiterer Folge
für jedes erdenkliche ego als *alter ego* wieder nur denkbar ist
35 als in ihm sich spiegelnde. In dieser Aufklärung der Einfühlung
zeigt es sich auch, daß ein abgrundtiefer Unterschied besteht
in der Konstitution der Natur, die schon für das abstraktiv
isolierte ego einen Seinssinn hat, aber noch keinen intersubjektiven, und der Konstitution der Geisteswelt.

So enthüllt sich der phänomenologische Idealismus als eine transzendental-phänomenologische Monadologie, die nur keine metaphysische Konstruktion ist, sondern eine systematische Aus-
5 legung des Sinnes, den für uns alle vor allem Philosophieren die Welt hat, ein Sinn, der nur philosophisch entstellt, aber nicht geändert werden kann.

Der ganze Weg, den wir durchlaufen haben, sollte ein Weg sein mit dem von uns festgehaltenen Cartesianischen Ziel einer
10 universalen Philosophie, das ist universalen Wissenschaft aus absoluter Begründung. Wir dürfen sagen, diese Absicht hat er wirklich innehalten können, und wir sehen schon, daß sie wirklich durchführbar ist.

Das tägliche praktische Leben ist naiv, es ist ein in die vor-
15 gegebene Welt Hineinerfahren, Hineindenken, Hineinwerten, Hineinhandeln. Dabei vollziehen sich all die intentionalen Leistungen des Erfahrens, wodurch die Dinge schlechthin da sind, anonym, der Erfahrende weiß von ihnen nichts; ebenso nichts vom leistenden Denken: die Zahlen, die prädikativen
20 Sachverhalte, die Werte, die Zwecke, die Werke treten dank den verborgenen Leistungen auf, Glied für Glied sich aufbauend, sie sind allein im Blick. Nicht anders in den positiven Wissenschaften. Sie sind Naivitäten höherer Stufe, Werkgebilde einer klugen theoretischen Technik, ohne daß die intentionalen Leistungen,
25 aus denen alles letztlich entspringt, ausgelegt worden wären.

Wissenschaft beansprucht zwar, ihre theoretischen Schritte rechtfertigen zu können, und beruht überall auf Kritik. Aber ihre Kritik ist nicht letzte Erkenntniskritik, das ist Studium und Kritik der ursprünglichen Lei-
30 stungen, Enthüllung aller ihrer intentionalen Horizonte, durch die allein die Tragweite der Evidenzen letztlich erfaßt und korrelativ der Seinssinn der Gegenstände, der theoretischen Gebilde, der Werte und Zwecke ausgewertet werden kann. Daher haben wir, und gerade auf der hohen Stufe der modernen
35 positiven Wissenschaften, Grundlagenprobleme, Paradoxien, Unverständlichkeiten. Die Urbegriffe, die, durch die ganze Wissenschaft hindurchgehend, den Sinn ihrer Gegenstandssphäre und ihrer Theorie bestimmen, sind naiv entsprungen; sie haben unbestimmte intentionale Horizonte,

sie sind Gebilde unbekannter, nur in roher Naivität geübter
intentionaler Leistungen. Das gilt nicht nur für die positiven
Spezialwissenschaften sondern auch für die traditionelle Logik
mit all ihren formalen Normen. Jeder Versuch, von den histo-
5 risch gewordenen Wissenschaften her zu besserer Begründung, zu
einem besseren Sich-selbst-verstehen nach Sinn und Leistung
zu kommen, ist ein Stück Selbstbesinnung des Wissenschaftlers.
Es gibt aber nur e i n e radikale Selbstbesinnung, das ist die
phänomenologische. Radikale und völlig universale Selbstbe-
10 sinnung ist aber untrennbar, und zugleich untrennbar von der
echten phänomenologischen Methode der Selbstbesinnung in
Form der Wesensallgemeinheit. Universale und wesensmäßige
Selbstauslegung besagt aber Herrschaft über alle dem ego und
einer transzendentalen Intersubjektivität *eingeborenen* idealen
15 Möglichkeiten.

Eine konsequent fortgeführte Phänomenologie konstruiert
also a priori, aber in streng intuitiver Wesensnotwendigkeit und
-allgemeinheit die F o r m e n e r d e n k l i c h e r W e l t e n,
und diese wieder im Rahmen aller erdenklichen Seinsform über-
20 haupt und ihres Stufensystems. Das aber ursprünglich, das ist
in Korrelation mit dem konstitutiven Apriori, dem der sie konstituierenden intentionalen Leistungen.

Da sie in ihrem Vorgehen keine vorgegebenen Wirklichkeiten
und Wirklichkeitsbegriffe hat, sondern ihre Begriffe von vorn-
25 herein aus der Ursprünglichkeit der Leistung, der selbst in ursprünglichen Begriffen gefaßten, schöpft und durch die Notwendigkeit, alle Horizonte zu enthüllen, auch alle Unterschiede der
Tragweite, alle abstrakten Relativitäten beherrscht, so muß
sie zu den Begriffssystemen von sich aus kommen, die den
30 Grundsinn aller wissenschaftlichen Gebilde bestimmen. Es sind
die Begriffe, welche alle formalen Demarkationen der Formidee
einer möglichen Welt überhaupt vorzeichnen und demnach die
echten Grundbegriffe aller Wissenschaften sein müssen. Für
solche Begriffe kann es keine Paradoxien geben.
35 Dasselbe gilt für alle Grundbegriffe, welche den Aufbau und die
gesamte Aufbauform der auf die verschiedenen Seinsregionen
bezogenen und zu beziehenden Wissenschaften betreffen.

Wir können nun auch sagen: In der apriorischen und transzendentalen Phänomenologie entspringen in letzter Begründung

vermöge ihrer Korrelationsforschung alle apriorischen Wissenschaften überhaupt, und in diesem Ursprung genommen, gehören sie in eine universale apriorische Phänomenologie selbst
mit hinein als ihre systematischen Verzweigungen. Dieses Sy-
5 stem des universalen Apriori ist also auch zu bezeichnen als
systematische Entfaltung des universalen, dem Wesen einer
transzendentalen Subjektivität, also auch Intersubjektivität, eingeborenen Apriori oder d e s   u n i v e r s a l e n   L o g o s   a l -
l e s   e r d e n k l i c h e n   S e i n s. Wieder dasselbe besagt:
10 Die systematisch voll entwickelte transzendentale Phänomenologie wäre eo ipso d i e   w a h r e   u n d   e c h t e   u n i v e r s a l e
O n t o l o g i e; aber nicht bloß eine leere, formale, sondern
zugleich eine solche, die alle regionalen Seinsmöglichkeiten in
sich schlösse, und nach allen zu ihnen gehörigen Korrelationen.
15   Diese universale konkrete Ontologie (oder auch universale
Logik des Seins) wäre also das an sich erste Wissenschaftsuni-
versum aus absoluter Begründung. Der Ordnung nach wäre die
an sich erste der philosophischen Disziplinen die *solipsistisch*
beschränkte Egologie, dann erst, in Erweiterung, die intersub-
20 jektive Phänomenologie, und zwar in einer Allgemeinheit, die
zunächst die universalen Fragen behandelt, um sich dann erst
in die apriorischen Wissenschaften zu verzweigen.
    Dieses universale Apriori wäre dann d a s   F u n d a m e n t
f ü r   e c h t e   T a t s a c h e n w i s s e n s c h a f t e n   und f ü r
25 e i n e   e c h t e   u n i v e r s a l e   P h i l o s o p h i e   i m   C a r -
t e s i a n i s c h e n   S i n n e,   e i n e   u n i v e r s a l e   W i s -
s e n s c h a f t   a u s   a b s o l u t e r   B e g r ü n d u n g. Alle
Rationalität des Faktums liegt ja im Apriori. Apriorische Wissenschaft ist Wissenschaft von dem Prinzipiellen, auf das Tat-
30 sachenwissenschaft rekurrieren muß, um letztlich, eben prinzipiell begründet zu werden — nur daß die apriorische Wissenschaft keine naive sein darf, sondern aus letzten transzendental-
phänomenologischen Quellen entsprungen sein muß.
    Schließlich möchte ich, um kein Mißverständnis aufkommen
35 zu lassen, darauf hinweisen, daß durch die Phänomenologie nur
jede naive und mit widersinnigen Dingen an sich operierende
Metaphysik ausgeschlossen wird, nicht aber Metaphysik überhaupt. Das an sich erste Sein, das jeder weltlichen Objektivität vorangehende und sie tragende, ist die transzendentale Inter-

subjektivität, das in verschiedenen Formen sich vergemeinschaftende All der Monaden. Aber innerhalb der faktischen monadischen Sphäre, und als ideale Wesensmöglichkeit in jeder
erdenklichen, treten alle die Probleme der zufälligen Faktizität,
5 des Todes, des Schicksals, der in einem besonderen Sinne als
sinnvoll geforderten Möglichkeit einzelsubjektiven und gemeinschaftlichen Lebens auf, also auch die Probleme des *Sinnes* der
Geschichte usw. Wir können auch sagen: es sind die ethisch-
religiösen Probleme, aber gestellt auf den Boden, in dem alles,
10 was für uns soll möglichen Sinn haben können, eben gestellt
sein muß.

So verwirklicht sich die Idee einer universalen Philosophie — ganz anders als Descartes
und sein Zeitalter es sich, geleitet von der neuen Nuturwissen-
15 schaft, dachte — nicht als ein universales System deduktiver
Theorie, als ob alles Seiende in der Einheit einer Rechnung
stünde, sondern als ein System von phänomenologischen korrelativen Disziplinen, auf dem
untersten Grund nicht des Axioms *ego cogito*, sondern einer
20 universalen Selbstbesinnung.

Mit anderen Worten, der notwendige Weg zu einer im höchsten
Sinne letztbegründeten Erkenntnis, oder, was einerlei ist, einer
philosophischen, ist der einer universalen Selbsterkenntnis, zunächst einer monadischen und dann einer inter-
25 monadischen. Das delphische Wort: γνῶθι σεαυτόν hat eine
neue Bedeutung gewonnen. Positive Wissenschaft ist Wissenschaft in der Weltverlorenheit. Man muß erst die Welt durch
Epoché verlieren, um sie in universaler Selbstbesinnung wiederzugewinnen. *Noli foras ire*, sagt Augustinus, *in te redi, in*
30 *interiore homine habitat veritas*.

B

CARTESIANISCHE MEDITATIONEN

EINE EINLEITUNG IN DIE PHÄNOMENOLOGIE

EINLEITUNG

§ 1. *Descartes' Meditationen als Urbild der philosophischen Selbstbesinnung.*

An dieser ehrwürdigsten Stätte französischer Wissenschaft über die transzendentale Phänomenologie sprechen zu dürfen, erfüllt mich aus besonderen Gründen mit Freudigkeit. Denn Frankreichs größter Denker, René Descartes, hat ihr durch seine
5 Meditationen neue Impulse gegeben, ihr Studium hat ganz direkt auf die Umgestaltung der schon im Werden begriffenen Phänomenologie zu einer neuen Form der Transzendentalphilosophie eingewirkt. Fast könnte man sie danach einen Neu-Cartesianismus nennen, wie sehr sie, und gerade durch die
10 radikale Entfaltung Cartesianischer Motive, genötigt ist, fast den ganzen bekannten Lehrgehalt der Cartesianischen Philosophie abzulehnen.

Bei dieser Sachlage darf ich wohl im voraus Ihres Anteils sicher sein, wenn ich an diejenigen Motive der *Meditationes de*
15 *prima philosophia* anknüpfe, denen, wie ich glaube, eine Ewigkeitsbedeutung zukommt, und wenn ich daran anschließend die Umbildungen und Neubildungen kennzeichne, in welchen die transzendental-phänomenologische Methode und Problematik entspringt.

20 Jeder Anfänger der Philosophie kennt den merkwürdigen Gedankenzug der *Meditationes*. Vergegenwärtigen wir uns die leitende Idee. Ihr Ziel ist eine völlige Reform der Philosophie zu einer Wissenschaft aus absoluter Begründung. Das beschließt für Descartes eine entsprechende Reform für alle Wis-
25 senschaften. Denn sie sind nach ihm nur unselbständige Glieder der einen universalen Wissenschaft, und das ist der Philosophie. Nur in ihrer systematischen Einheit können sie zu echten Wissenschaften werden. So wie sie aber historisch geworden sind, fehlt

ihnen diese Echtheit, die der durchgängigen und letzten Begründung aus absoluten Einsichten — Einsichten, hinter die nicht
zurückgegangen werden kann. Es bedarf daher eines radikalen
Neubaues, der der Idee der Philosophie — als universaler Ein-
5 heit der Wissenschaften in der Einheit solcher absoluter Begründung — genugtut. Diese Forderung des Neubaus wirkt
sich bei Descartes in einer subjektiv gewendeten Philosophie
aus. In zwei bedeutsamen Stufen vollzieht sich diese subjektive Wendung. Fürs erste: Jeder, der ernstlich Philosoph werden
10 will, muß sich „einmal im Leben" auf sich selbst zurückziehen
und in sich den Umsturz aller ihm bisher geltenden Wissenschaften und ihren Neubau versuchen. Philosophie — Weisheit
(*sagesse*) — ist eine ganz persönliche Angelegenheit des Philosophierenden. Sie soll als *seine* Weisheit werden, als sein selbst-
15 erworbenes, universal fortstrebendes Wissen, das er von Anfang
an und in jedem Schritte verantworten kann aus seinen absoluten Einsichten. Habe ich den Entschluß gefaßt, diesem Ziele
entgegenzuleben, also den Entschluß, der allein mich zum
philosophischen Werden bringen kann, so habe ich damit den
20 Anfang der absoluten Erkenntnisarmut erwählt. In ihm ist es
offenbar ein erstes, mich zu besinnen, wie ich eine Methode des
Fortgangs finden könnte, der zu echtem Wissen führen könnte.
Die Cartesianischen Meditationen wollen also nicht eine bloß
private Angelegenheit des Philosophen Descartes sein, geschweige
25 denn eine bloße eindrucksvolle literarische Form für eine Darstellung erster philosophischer Begründungen. Sie zeichnen vielmehr das Urbild der notwendigen Meditationen eines jeden
anfangenden Philosophen, aus denen allein eine Philosophie
ursprünglich erwachsen kann [1][2]).
30 Wenden wir uns dem uns Heutigen so befremdlichen Inhalt
der Meditationen zu, so vollzieht sich darin ein Rückgang auf

---

[1]) Zur Bestätigung dieser Interpretation vgl. die *Lettre de l'auteur* an den Überset-
zer der *Principia* (Descartes, Werke).

[2]) <Randbemerkung:> Einlage. <Der Text der Einlage lautet:> ad 4. Wendet man
ein, daß doch Wissenschaft, Philosophie, in Zusammenarbeit der wissenschaftlichen
Gemeinschaft der Philosophierenden erwächst und in jeder Stufe da allein ihre
Vollkommenheit gewinnt, so wäre darauf wohl Descartes' Antwort: den anderen
mag ich, der einsam oder einzeln Philosophierende, vieles verdanken, aber was
ihnen als wahr gilt, was sie mir als angeblich von ihnen einsichtig begründet darbieten, ist für mich zunächst nur eine Zumutung. Soll ich es übernehmen, so muß
ich es aus eigener vollkommener Einsicht rechtfertigen. Darin besteht meine theoretische Autonomie — meine und eines jeden echten Wissenschaftlers.

das philosophierende ego in einem zweiten und tieferen Sinne,
auf das ego der reinen cogitationes. Diesen Rückgang vollzieht
der Meditierende in der bekannten, sehr merkwürdigen Zweifels-
methode. Er versagt sich, in radikaler Konsequenz auf das Ziel
5 absoluter Erkenntnis gerichtet, etwas als seiend gelten zu
lassen, das nicht vor jeder erdenklichen Möglichkeit, daß es
zweifelhaft werde, bewahrt bleibt. Er vollzieht daher eine
methodische Kritik des im natürlichen Erfahrungs- und Denk-
leben Gewissen in Hinsicht auf seine Zweifelsmöglichkeit und
10 sucht durch Ausschluß von allem, was Möglichkeiten des Zweifels
offen läßt, einen ev. Bestand von absolut Evidentem zu gewinnen. In dieser Methode hält die sinnliche Erfahrungsgewiß-
heit, in der die Welt im natürlichen Leben gegeben ist, der
Kritik nicht stand, demgemäß muß das Sein der Welt in diesem
15 Stadium des Anfangs außer Geltung bleiben. Nur sich selbst,
als reines ego seiner *cogitationes*, behält der Meditierende als
absolut zweifellos seiend, als unaufhebbar, auch wenn diese Welt
nicht wäre. Das so reduzierte ego vollzieht nun eine Art solipsistischen Philosophierens. Es sucht apodiktisch gewisse Wege,
20 durch die sich in seiner reinen Innerlichkeit eine objektive
Äußerlichkeit erschließen kann. Das geschieht in der bekannten
Weise, daß zunächst Gottes Existenz und *veracitas* erschlossen
wird und dann mittels ihrer die objektive Natur, der Dualismus
der endlichen Substanzen, kurz der objektive Boden der Meta-
25 physik und der positiven Wissenschaften und diese selbst. Alle
Schlußweisen erfolgen, wie sie es müssen, am Leitfaden von
Prinzipien, die dem reinen ego immanent, ihm *eingeboren* sind.

§ 2. *Notwendigkeit eines radikalen Neubeginns der Philosophie.*

So weit Descartes. Wir fragen nun: Lohnt es sich eigentlich,
einer Ewigkeitsbedeutung dieser Gedanken nachzuspüren, sind
30 sie noch geeignet, unserer Zeit lebendige Kräfte einzuflößen?
Bedenklich ist jedenfalls, daß die positiven Wissenschaften,
die doch durch diese Meditationen eine absolut rationale Begründung erfahren sollten, sich so wenig um sie gekümmert
haben. Allerdings in unserer Zeit fühlen sie sich nach einer
35 glänzenden Entwicklung von drei Jahrhunderten durch Un-
klarheiten ihrer Grundlagen sehr gehemmt. Aber es fällt ihnen
nicht ein, bei den versuchten Neugestaltungen ihrer Grundlagen

auf die Cartesianischen Meditationen zurückzugreifen. Andererseits wiegt es doch schwer, daß die Meditationen in einem ganz einzigen Sinne in der Philosophie Epoche gemacht haben, und zwar gerade durch ihren Rückgang auf das reine *ego cogito*.
5 In der Tat, Descartes inauguriert eine völlig neuartige Philosophie: ihren gesamten Stil ändernd, nimmt sie eine radikale Wendung vom naiven Objektivismus zum transzendentalen Subjektivismus, der in immer neuen und doch immer unzulänglichen Versuchen auf eine notwendige Endgestalt hinzustreben scheint.
10 Sollte also diese fortgehende Tendenz nicht einen Ewigkeitssinn in sich tragen, für uns eine große, von der Geschichte selbst uns auferlegte Aufgabe, an der mitzuarbeiten wir alle berufen sind?

Die Zersplitterung der gegenwärtigen Philosophie in ihrer
15 ratlosen Betriebsamkeit gibt uns zu denken. Seit der Mitte des vorigen Jahrhunderts ist, wenn wir die abendländische unter dem Gesichtspunkt der Einheit einer Wissenschaft zu betrachten suchen, gegenüber den vorangehenden Zeiten der Verfall unverkennbar. In der Zielstellung, in der Problematik
20 und Methode ist diese Einheit verloren gegangen. Als mit Anfang der Neuzeit der religiöse Glaube sich immer mehr in unlebendige Konvention veräußerlichte, erhob sich die intellektuelle Menschheit an dem neuen großen Glauben, dem an eine autonome Philosophie und Wissenschaft. Die gesamte
25 Menschheitskultur sollte von wissenschaftlichen Einsichten geführt und durchleuchtet und dadurch zu einer neuen autonomen Kultur reformiert werden.

Aber inzwischen ist auch dieser Glaube in Unechtheit und Verkümmerung hineingeraten. Nicht ohne Grund. Statt einer
30 einheitlich-lebendigen Philosophie haben wir eine ins Uferlose wachsende, aber fast zusammenhangslose philosophische Literatur; statt einer ernsten Auseinandersetzung widerstreitender Theorien, die doch im Streit ihre innere Zusammengehörigkeit bekunden, ihre Gemeinsamkeit in den Grundüberzeugungen und
35 einen unbeirrbaren Glauben an eine wahre Philosophie, haben wir ein Schein-Referieren und Schein-Kritisieren, bloßen Schein ernstlichen Miteinander- und Füreinanderphilosophierens. Es bezeugt sich darin nichts weniger als ein verantwortungsbewußtes wechselseitiges Studium im Geiste einer ernsten Zusam-

menarbeit und eines Absehens auf objektiv gültige Resultate. Objektiv gültige, — das besagt doch nichts anderes als durch wechselseitige Kritik geläuterte und jeder Kritik standhaltende Resultate. Aber wie wäre auch wirkliches Studium und wirk-
5 liche Zusammenarbeit möglich, wo es so viele Philosophen und fast ebenso viele Philosophien gibt? Wir haben zwar noch philosophische Kongresse — die Philosophen kommen zusammen, aber leider nicht die Philosophien. Ihnen fehlt die Einheit eines geistigen Raumes, in dem sie füreinander sein, aufeinander
10 wirken könnten. Mag sein, daß es innerhalb einzelner *Schulen* oder *Richtungen* besser steht; aber bei ihrem Sein in Form der Vereinzelung und in Ansehung der gesamten philosophischen Gegenwart bleibt es doch im wesentlichen bei unserer Charakteristik.
15   Sind wir in dieser unseligen Gegenwart nicht in einer ähnlichen Situation, als welche Descartes in seiner Jugend vorgefunden hat? Ist es also nicht an der Zeit, seinen Radikalismus des anfangenden Philosophen zu erneuern, also auch die unübersehbare philosophische Literatur mit ihrem Durcheinander von
20 großen Traditionen, von ernsteren Neuanhieben, von modischem literarischen Betrieb (der auf Eindruck rechnet, aber nicht auf Studium) einem cartesianischen Umsturz zu unterwerfen und mit neuen *Meditationes de prima philosophia* zu beginnen? Ist nicht am Ende die Trostlosigkeit unserer philosophischen Lage
25 darauf zurückzuführen, daß die von jenen Meditationen ausstrahlenden Triebkräfte ihre ursprüngliche Lebendigkeit eingebüßt haben, und zwar eingebüßt, weil der Geist des Radikalismus philosophischer Selbstverantwortlichkeit verloren gegangen ist? Sollte die vermeintlich überspannte Forderung
30 einer auf letzte erdenkliche Vorurteilslosigkeit abgestellten Philosophie, einer in wirklicher Autonomie aus letzten selbst erzeugten Evidenzen sich gestaltenden und sich von daher absolut selbst-verantwortenden Philosophie nicht vielmehr zum Grundsinn echter Philophie gehören? Die Sehnsucht nach einer
35 lebensvollen Philosophie hat in der neuesten Zeit zu mancherlei Renaissancen geführt. Sollte nicht die einzig fruchtbare Renaissance eben die sein, die die Cartesianischen Meditationen wiedererweckt: nicht sie zu übernehmen, sondern den tiefsten Sinn ihres Radikalismus im Rückgang auf das *ego cogito* allererst

zu enthüllen und in weiterer Folge die von da entsprießenden
Ewigkeitswerte?

Jedenfalls bezeichnet sich damit der Weg, der zur transzendentalen Phänomenologie geführt hat.

5   Diesen Weg wollen wir nun gemeinsam beschreiten, Cartesianisch wollen wir als radikal anfangende Philosophen Meditationen
vollziehen, natürlich in äußerster kritischer Vorsicht und zu jeder
notwendigen Umbildung der alt-Cartesianischen bereit. Ver-
führerische Verirrungen, in die Descartes und die Folgezeit
10 verfallen sind, müssen wir dabei aufklären und vermeiden.

I. MEDITATION

DER WEG ZUM TRANSZENDENTALEN EGO

§ 3. *Der Cartesianische Umsturz und die leitende Zweckidee einer
absoluten Begründung der Wissenschaft.*

Wir fangen also neu an, jeder für sich und in sich, mit dem
Entschluß radikal anfangender Philosophen, alle uns bisher
geltenden Überzeugungen und darunter auch alle unsere Wissenschaften zunächst außer Spiel zu setzen. Die unsere Medi-
15 tationen leitende Idee sei wie für Descartes die einer in radikaler
Echtheit zu begründenden Wissenschaft und letztlich einer
universalen Wissenschaft. Aber wie steht es, nachdem wir über
keine vorgegebene Wissenschaft als Exempel derart echter[1] ver-
fügen — keine steht ja für uns in Geltung — mit der Zweifel-
20 losigkeit dieser Idee selbst, der Idee einer absolut zu begründenden Wissenschaft? Bezeichnet sie eine rechtmäßige Zweckidee,
ein mögliches Ziel einer möglichen Praxis? Offenbar dürfen wir
auch das nicht voraussetzen, geschweige denn, daß wir im voraus irgendwelche Normen solcher Möglichkeiten für ausgemacht
25 halten oder gar eine vermeintlich selbstverständliche Stilform,
die echter Wissenschaft als solcher eignen müßte. Denn schließlich hieße das, eine ganze Logik als Wissenschaftstheorie voraussetzen, während doch auch sie in den Umsturz aller Wissenschaft einbegriffen sein muß. Descartes selbst hatte im voraus
30 ein Wissenschaftsideal, das der Geometrie, bzw. der mathematischen Naturwissenschaft. Es bestimmt als ein verhängnisvolles

---

[1] ‹Hier scheint ein Wort zu fehlen.›

Vorurteil die Jahrhunderte und bestimmt auch, kritisch uner-
wogen, die Meditationen selbst. Es war für Descartes vorweg
eine Selbstverständlichkeit, daß die universale Wissenschaft die
Gestalt eines deduktiven Systems habe, bei dem der ganze
5 Bau auf einem die Deduktion begründenden axiomatischen
Fundament ruhen muß. Eine ähnliche Rolle wie in der Geometrie
die geometrischen Axiome hat für Descartes in Hinsicht auf die
Universalwissenschaft das Axiom der absoluten Selbstgewißheit
des ego mit den diesem ego eingeborenen axiomatischen Prin-
10 zipien — nur daß dieses axiomatische Fundament noch tiefer
liegt als das der Geometrie und dazu berufen ist, auch an ihrer
letzten Begründung mitzuwirken.

Das alles darf uns nicht bestimmen. Wir haben als Anfangende noch kein normatives Wissenschaftsideal in Geltung;
15 und nur soweit wir es uns neu schaffen, können wir es haben [1]).

Aber das allgemeine Ziel absoluter Wissenschaftsbegründung
lassen wir darum nicht fahren. Es soll ja den Gang unserer, wie
den der Cartesianischen Meditationen beständig motivieren und
in ihnen sich schrittweise zur konkreten Bestimmtheit gestalten.
20 Nur müssen wir in der Weise, wie wir es als Ziel stellen, vorsichtig
sein — wir dürfen zunächst nicht einmal seine Möglichkeit prä-
judizieren. Aber wie ist nun diese Weise der Zielstellung klar-
zumachen und damit zu sichern?

Die allgemeine Idee der Wissenschaft haben wir natürlich
25 von den faktisch gegebenen Wissenschaften her. Sind sie in
unserer radikalen kritischen Einstellung zu bloß vermeinten
Wissenschaften geworden, so muß auch ihre allgemeine Zweckidee in gleichem Sinne zu einer bloß vermeinten werden. Wir
wissen also noch nicht, ob sie überhaupt zu verwirklichen sei.
30 Immerhin, in dieser Form der vermeinten und in einer unbestimmten, flüssigen Allgemeinheit haben wir sie doch, also auch die
Idee einer Philosophie, nämlich als einer, unbekannt ob und wie,
zu verwirklichenden. Wir nehmen sie als eine vorläufige Präsumption, der wir uns versuchsweise hingeben, von der wir uns
35 versuchsweise in unseren Meditationen leiten lassen. Besinnlich
erwägen wir, wie sie als Möglichkeit auszudenken und dann, wie
sie zur Verwirklichung zu bringen wäre. Wir geraten freilich
in zunächst befremdliche Umständlichkeiten — aber wie wären

---

[1]) ‹Vgl. die Bemerkung R. Ingardens S. 205f.›

sie zu vermeiden, wenn unser Radikalismus nicht eine leere
Geste bleiben, sondern zur Tat werden soll? Schreiten wir also
geduldig weiter.

§ 4. *Enthüllung des Zwecksinnes der Wissenschaft durch Einleben in sie als noematisches Phänomen.*

Offenbar wird es jetzt ein erstes sein müssen, die uns zu Anfang
5 in vager Allgemeinheit vorschwebende Leitidee zu verdeutlichen.
Natürlich handelt es sich nicht um die Bildung des Begriffs
Wissenschaft durch vergleichende Abstraktion auf Grund der
tatsächlichen Wissenschaften. Im Sinne unserer ganzen Betrachtung liegt ja, daß Wissenschaften als Tatsächlichkeit der Kultur
10 und Wissenschaften im wahren und echten Sinne nicht einerlei
sind, oder daß jene über ihre Tatsächlichkeit hinaus in sich
eine Prätention tragen, die eben nicht in der bloßen Tatsächlichkeit sich als schon erfüllte Prätention bezeugt. Eben in dieser
Prätention *liegt* die Wissenschaft als Idee — als Idee echter
15 Wissenschaft.
Wie ist diese zu enthüllen und zu fassen? Mag uns auch hinsichtlich der Geltung der faktischen Wissenschaften (die sie
prätendieren), also der Echtheit ihrer Theorien, korrelativ
der Tragfähigkeit ihrer theoretisierenden Methode, jede Stel-
20 lungnahme versagt sein, nichts steht doch im Wege, uns in
ihr wissenschaftliches Streben und Handeln *einzuleben* und somit
uns auch klar und deutlich zu machen, worauf es damit eigentlich hinauswill. Tun wir so, in fortschreitender Vertiefung in die
Intention wissenschaftlichen Strebens, so entfalten sich uns die
25 für die allgemeine Zweckidee echter Wissenschaft konstitutiven
Momente, und zunächst in einer ersten Differenzierung.
Hierher gehört vor allem eine erste Klärung des urteilenden
Tuns und des Urteils selbst mit der Unterscheidung u n m i t-
t e l b a r e r u n d m i t t e l b a r e r U r t e i l e: in den mit-
30 telbaren Urteilen liegt eine Sinnbezogenheit auf andere Urteile,
derart, daß ihr urteilender Glaube den dieser anderen *voraussetzt*
— in der Weise eines Glaubens um eines schon Geglaubten
willen; ferner die Klärung des Strebens nach begründeten Urteilen, bzw. des begründenden Tuns, worin sich die Richtigkeit,
35 *Wahrheit* des Urteils — oder im Falle eines Mißlingens die

Unrichtigkeit, die Falschheit — ausweisen soll. Diese Ausweisung
ist bei mittelbaren Urteilen selbst eine mittelbare, auf derjenigen
der im Urteilssinn beschlossenen unmittelbaren Urteile fußend und
konkret deren Begründung auch mitbefassend. Auf eine einmal
5 vollzogene Begründung bzw. auf die in ihr ausgewiesene Wahrheit kann man nach Belieben *wieder zurückkommen*. Vermöge
dieser Freiheit der Wiederverwirklichung der dabei als die eine
und selbe bewußten Wahrheit ist sie ein bleibender Erwerb oder
Besitz und heißt als das eine Erkenntnis.
10   Gehen wir in dieser Weise (hier natürlich nur in Andeutungen)
weiter fort, so kommen wir alsbald bei der genaueren Auslegung
des Sinnes einer Begründung bzw. einer Erkenntnis auf die Idee
der E v i d e n z. In der echten Begründung erweisen Urteile sich
als *richtig*, als stimmend, d. h. sie ist die Übereinstimmung des
15 Urteils mit dem Urteilsverhalt (Sache bzw. Sachverhalt) selbst.
Genauer gesprochen: Urteilen ist ein Meinen und im allgemeinen
ein bloßes Vermeinen, es sei das und das; das Urteil (das, was
geurteilt ist) ist dann bloß vermeinte Sache bzw. vermeinter
Sachverhalt oder: Sachmeinung, Sachverhaltsmeinung. Aber
20 dem steht eventuell gegenüber ein ausgezeichnetes urteilendes
Meinen (urteilend das und das Bewußthaben). Es heißt Evidenz.
Statt in der Weise des bloß sachfernen Meinens ist in der Evidenz
die Sache als *sie selbst*, der Sachverhalt als er selbst gegenwärtig,
der Urteilende also seiner selbst inne. Ein bloß vermeinendes
25 Urteilen richtet sich durch bewußtseinsmäßige Überführung in
die entsprechende Evidenz nach den Sachen, den Sachverhalten
selbst. Diese Überführung trägt in sich den Charakter der Erfüllung der bloßen Meinung, den einer Synthesis der stimmenden
Deckung, sie ist evidentes Innesein der Richtigkeit jener vordem
30 sachfernen Meinung.
Tun wir so, dann treten sofort Grundstücke der alles wissenschaftliche Tun regierenden Zweckidee hervor. Z. B. der Wissenschaftler will nicht bloß urteilen, sondern seine Urteile begründen. Genauer gesprochen, er will kein Urteil als *wissenschaftliche*
35 *Erkenntnis* vor sich und anderen gelten lassen, das er nicht
vollkommen begründet hat und danach durch freimöglichen
Rückgang auf die zu wiederholende Begründung jederzeit und
bis ins letzte rechtfertigen kann. Das mag de facto in bloßer
Prätention stecken bleiben, jedenfalls liegt darin ein ideales Ziel.

Doch noch eines ist ergänzend hervorzuheben: Urteil (im weitesten Sinn einer Seinsmeinung) und Evidenz müssen wir unterscheiden von vorprädikativem Urteil, vorprädikativer Evidenz. Prädikative Evidenz schließt vorprädikative ein. Das
5 Gemeinte bzw. evident Erschaute kommt zum Ausdruck, und Wissenschaft will überhaupt ausdrücklich urteilen und das Urteil, die Wahrheit, als ausdrückliche fixiert halten. Aber der Ausdruck als solcher hat seine eigene bessere oder schlechtere Anpassung an das Gemeinte und Selbstgegebene, also seine
10 eigene, in die Prädikation mit eingehende Evidenz oder Nichtevidenz; damit aber auch mitbestimmend die Idee wissenschaftlicher Wahrheit, als letztbegründeter und zu begründender prädikativer Verhalte.

§ 5. *Evidenz und die Idee der echten Wissenschaft.*

In dieser Art und Richtung fortmeditierend erkennen wir
15 anfangende Philosophen, daß die Cartesianische Idee einer Wissenschaft und schließlich einer Universalwissenschaft aus absoluter Begründung und Rechtfertigung nichts anderes ist als die Idee, welche in allen Wissenschaften und in ihrem Streben nach Universalität die ständig leitende ist — wie immer es mit
20 ihrer tatsächlichen Verwirklichung stehen mag [1]).
Evidenz ist in einem allerweitesten Sinne eine *Erfahrung* von Seiendem und So-Seiendem, eben ein Es-selbst-geistig-zu-Gesicht-bekommen. Widerstreit mit dem, was sie, was Erfahrung zeigt, ergibt das Negativum der Evidenz (oder die negative
25 Evidenz) und als seinen Inhalt die evidente Falschheit. Evidenz, wohin in der Tat alle Erfahrung im gewöhnlichen engeren Sinne gehört, kann vollkommener und weniger vollkommen sein. Vollkommene Evidenz und ihr Korrelat, reine und echte Wahrheit, ist gegeben als eine dem Streben nach Erkenntnis, nach Er-
30 füllung der meinenden Intention innewohnende bzw. durch Einleben in solches Streben zu entnehmende Idee. Wahrheit und Falschheit, Kritik und kritische Adäquation an evidente Gegebenheiten sind alltägliches Thema, schon .im vorwissenschaftlichen Leben ihre beständige Rolle spielend. Für dieses
35 Leben des Alltags mit seinen wechselnden und relativen Zwecken genügen relative Evidenzen und Wahrheiten. Wissenschaft aber

---

[1]) ‹Vgl. die Bemerkung R. Ingardens S. 206f.›

sucht Wahrheiten, die ein für allemal und für jedermann gültig sind und gültig bleiben, und demgemäß neuartige und bis ins letzte durchgeführte Bewährungen. Wenn sie, wie schließlich sie selbst einsehen muß, de facto nicht zur Verwirklichung eines
5 Systems absoluter Wahrheiten durchdringt und genötigt ist, ihre *Wahrheiten* immer wieder zu modifizieren, so folgt sie eben doch der Idee der absoluten oder wissenschaftlich echten Wahrheit und lebt demgemäß hinein in einen unendlichen Horizont auf sie hinstrebender Approximationen. Mit diesen meint sie,
10 das Alltagserkennen und sich selbst in infinitum übersteigen zu können; das aber auch durch ihr Absehen auf systematische Universalität der Erkenntnis, sei es bezogen auf ein jeweilig geschlossenes Wissenschaftsgebiet, sei es auf eine vorausgesetzte All-Einheit des Seienden überhaupt, wenn eine Philosophie
15 möglich und in Frage ist. Der Intention nach gehört also zur Idee der Wissenschaft und Philosophie eine E r k e n n t n i s - o r d n u n g   v o n   a n   s i c h   f r ü h e r e n   z u   a n   s i c h s p ä t e r e n   E r k e n n t n i s s e n ; letzlich also nicht ein willkürlich zu wählender, sondern in der Natur der Sachen
20 selbst begründeter Anfang und Fortgang.

In dieser Art also enthüllen sich uns durch besinnliches Einleben in das Allgemeine des wissenschaftlichen Strebens Grundstücke der es zunächst vage beherrschenden Zweckidee der echten Wissenschaft, ohne daß wir darum im voraus für ihre
25 Möglichkeit oder für ein vermeintlich selbstverständliches Wissenschaftsideal präjudiziert hätten.

Man darf hier nicht sagen: Wozu sich mit dergleichen Untersuchungen und Feststellungen behelligen? Sie gehören offenbar zur allgemeinen Wissenschaftslehre oder Logik, die hier wie
30 auch weiterhin selbstverständlich anzuwenden sei. Aber gerade vor dieser Selbstverständlichkeit müssen wir uns hüten. Wir betonen, was wir schon Descartes gegenüber gesagt haben: Wie alle vorgegebenen Wissenschaften, so ist auch die Logik durch den allgemeinen Umsturz außer Geltung gesetzt. Wir müssen
35 uns alles, was an philosophischen Anfängen geworden ist, allererst selbst erwerben. Ob späterhin eine echte Wissenschaft von der Art der traditionellen Logik sich uns ergeben wird, darüber können wir jetzt nichts wissen.

Wir haben durch die soeben — mehr ungefähr angedeutete

als explizit ausgeführte — Vorarbeit soviel an Klarheit gewonnen, daß wir für unser ganzes weiteres Vorgehen ein e r s t e s
m e t h o d i s c h e s   P r i n z i p fixieren können. Es ist offenbar, daß ich als philosophisch Anfangender in Konsequenz davon,
5 daß ich auf das präsumptive Ziel echter Wissenschaft hinstrebe,
kein Urteil fällen oder in Geltung lassen darf, das ich nicht aus
der Evidenz geschöpft habe, aus *Erfahrungen*, in denen mir die
betreffenden Sachen und Sachverhalte als *sie selbst* gegenwärtig
sind. Freilich muß ich auch dann jederzeit auf die jeweilige
10 Evidenz reflektieren, ihre Tragweite erwägen und mir evident
machen, wie weit sie, wie weit ihre Vollkommenheit, die wirkliche Selbstgebung der Sachen reicht. Wo sie noch fehlt, darf
ich keine Endgültigkeit beanspruchen und das Urteil besten-
falls als ein mögliches Zwischenstadium auf dem Wege zu ihr
15 hin in Rechnung stellen.

Da die Wissenschaften auf Prädikationen hinauswollen, die
das vorprädikativ Erschaute vollständig und in evidenter Anpassung ausdrücken, so ist selbstverständlich auch für diese
Seite der wissenschaftlichen Evidenz zu sorgen. Bei der Flüssig-
20 keit, Vieldeutigkeit und der hinsichtlich der Vollständigkeit des
Ausdrucks allzugroßen Genügsamkeit der allgemeinen Sprache
bedarf es, selbst wo ihre Ausdrucksmittel benützt werden, einer
Neubegründung der Bedeutungen durch ursprüngliche Orientierung an den wissenschaftlich erwachsenen Einsichten und
25 ihrer Festmachung in diesen Bedeutungen. Auch das rechnen
wir in unser von nun ab konsequent normierendes methodisches
Prinzip der Evidenz.

Aber was hülfe uns dieses Prinzip und die ganze bisherige
Meditation, wenn sie uns keine Handhaben böte, einen wirk-
30 lichen Anfang zu machen, nämlich die Idee der echten Wissenschaft in den Gang der Verwirklichung zu bringen. Da zu dieser
Idee die Form einer systematischen Ordnung von Erkenntnissen
— echten Erkenntnissen — gehört, so ergibt <sich> als F r a g e
d e s   A n f a n g s die nach den an sich ersten Erkenntnissen,
35 die den ganzen Stufenbau universaler Erkenntnis tragen sollen,
tragen können. Für uns Meditierende in unserer völligen wissenschaftlichen Erkenntnisarmut müssen danach, wenn unser prä-
sumptives Ziel soll ein praktisch mögliches sein können, Evidenzen zugänglich sein, die schon den Stempel solchen Berufes an

sich tragen, sofern sie nämlich erkennbar sind als allen sonst erdenklichen Evidenzen vorangehende. Sie müssen aber auch hinsichtlich dieser Evidenz des Vorangehens eine gewisse Vollkommenheit, eine absolute Sicherheit mit sich führen, wenn
5 von ihnen aus Fortgang und Aufbau einer Wissenschaft unter der Idee eines endgültigen Erkenntnissystems — bei der zu dieser Idee präsumptiv mitgehörigen Unendlichkeit — soll einen Sinn haben können.

§ 6. *Differenzierungen der Evidenz. Die philosophische Forderung einer apodiktischen und an sich ersten Evidenz.*

Doch hier an diesem entscheidenden Punkte des Anfangs müs-
10 sen wir meditierend tiefer eindringen. Die Rede von a b s o l u-
t e r   S i c h e r h e i t   oder, was gleich gilt, a b s o l u t e r
Z w e i f e l l o s i g k e i t   bedarf der Klärung. Sie macht uns aufmerksam, daß die ideal geforderte Vollkommenheit der Evidenz bei genauerer Auslegung sich differenziere. Wir haben in
15 der jetzigen Eingangsstufe philosophischer Meditation die uferlose Endlosigkeit der vorwissenschaftlichen *Erfahrungen*, Evidenzen: mehr oder minder vollkommener. Unvollkommenheit besagt dabei in der Regel Unvollständigkeit, Einseitigkeit, relative Unklarheit, Undeutlichkeit in der Selbstgegebenheit der Sachen
20 oder Sachverhalte, also Behaftung der Erfahrung mit K o m p o-
n e n t e n   u n e r f ü l l t e r   V o r m e i n u n g e n   u n d   M i t-
m e i n u n g e n. Vervollkommnung vollzieht sich dann als synthetischer Fortgang einstimmiger Erfahrungen, in der diese Mitmeinungen zur erfüllenden wirklichen Erfahrung kommen. Die
25 entsprechende Idee der Vollkommenheit wäre die der *adäquaten Evidenz*, wobei es offen bleiben mag, ob sie nicht prinzipiell im Unendlichen liegt.

Obschon diese Idee das Absehen des Wissenschaftlers auch beständig leitet, so hat für ihn doch (wie wir durch jenes Einleben
30 in dasselbe erfassen) eine andersartige Vollkommenheit der Evidenz eine höhere Dignität, nämlich die der A p o d i k t i z i t ä t;
sie kann eventuell auch an inadäquaten Evidenzen auftreten. Es ist eine absolute Zweifellosigkeit in einem ganz bestimmten und eigentümlichen Sinn, diejenige, die der Wissenschaftler allen
35 *Prinzipien* zumutet und deren überlegener Wert sich in seinem Bestreben bekundet, an und für sich schon evidente Begründun-

gen durch Rückgang auf Prinzipien nochmals und in höherer
Stufe zu begründen und ihnen dadurch die höchste Dignität der
Apodiktizität zu verschaffen. Der Grundcharakter derselben ist
so zu charakterisieren:

5   Jede Evidenz ist Selbsterfassung eines Seienden oder So-
seienden in dem Modus „es selbst" in völliger Gewißheit
dieses Seins, die also jeden Zweifel ausschließt. Nicht schließt
sie darum aus die Möglichkeit, daß das Evidente nachher
zweifelhaft werden könnte, das Sein als Schein sich heraus-
10 stellen könnte, wofür ja die sinnliche Erfahrung uns Beispiele
liefert. Diese offene Möglichkeit des Zweifelhaftwerdens bzw.
des möglichen Nichtseins t r o t z d e r E v i d e n z ist durch
eine kritische Reflexion auf ihre Leistung auch jederzeit im voraus zu erkennen. Eine apodiktische Evidenz aber hat die ausge-
15 zeichnete Eigenheit, daß sie nicht bloß überhaupt Seinsgewißheit
der in ihr evidenten Sachen oder Sachverhalte ist, sondern sich
durch eine kritische Reflexion zugleich als schlechthinnige Unausdenkbarkeit des Nichtseins derselben enthüllt; daß sie also im
voraus jeden vorstellbaren Zweifel als gegenstandslos ausschließt.
20 Dabei ist die Evidenz jener kritischen Reflexion, also auch die
vom Sein dieser Unausdenkbarkeit des Nichtseins ‹des› in evidenter Gewißheit Vorliegenden, abermals von dieser apodiktischen Dignität, und so in jeder kritischen Reflexion höherer
Stufe.

25   Wir erinnern uns nun an das Cartesianische Prinzip der absoluten Zweifellosigkeit, mit dem jeder erdenkliche und selbst jeder
de facto grundlose Zweifel ausgeschlossen sein sollte als Prinzip
für den Aufbau echter Wissenschaft. Ist es uns durch unsere
Meditation in geklärter Form zugewachsen, so fragt es sich nun,
30 ob es und wie es nun zu einem wirklichen Anfang uns verhelfen
könnte. Gemäß dem vorhin schon Gesagten formt sich als eine
erste bestimmte Frage anfangender Philosophie die, ob für uns
Evidenzen aufweisbar seien, die, wie wir nun sagen müssen, apodiktisch die Einsicht mit sich führen, daß sie als *an sich erste* allen
35 erdenklichen Evidenzen vorangehen, und für die sich zugleich
einsehen läßt, daß sie selbst apodiktisch sind; sollten sie inadä-
quat sein, so müßten sie mindestens einen erkennbaren apodiktischen Gehalt haben, einen Seinsgehalt, der vermöge der Apodiktizität ein für allemal oder absolut fest gesichert ist. Wie frei-

lich und ob weiter zu kommen ist zu einem apodiktisch gesicherten Weiterbau einer Philosophie, das muß eine *cura posterior* bleiben.

§ 7. Die Evidenz für das Dasein der Welt nicht apodiktisch; ihre Einbeziehung in den Cartesianischen Umsturz.

Die Frage nach an sich ersten Evidenzen scheint sich ohne
5 Mühe zu erledigen. Bietet sich als eine solche nicht ohne weiteres die Existenz einer W e l t ? Auf die Welt bezieht sich das alltäglich handelnde Leben, auf sie auch beziehen sich alle Wissenschaften, unmittelbar die Tatsachenwissenschaften, mittelbar, als Instrumente der Methode, die apriorischen. Allem voran ist das Sein der
10 Welt selbstverständlich — so sehr, daß niemand daran denken wird, es ausdrücklich in einem Satz auszusprechen. Haben wir doch die kontinuierliche Erfahrung, in der uns diese Welt immerfort als fraglos seiende vor Augen steht. Aber so sehr diese Evidenz an sich früher ist als alle Evidenzen des weltzugewandten Lebens
15 und aller Weltwissenschaften — deren tragender Grund sie beständig ist —, so werden wir doch bald bedenklich, wiefern sie in dieser Funktion apodiktischen Charakter beanspruchen kann. Und wenn wir diesem Bedenken nachgehen, zeigt sich, daß sie auch nicht den Vorzug der absolut ersten Evidenz beanspruchen
20 kann. Was das eine anbelangt, so ist die universale sinnliche Erfahrung, in deren Evidenz uns die Welt beständig vorgegeben ist, offenbar nicht so ohne weiteres als eine apodiktische Evidenz in Anspruch zu nehmen, die also die Möglichkeit eines Zweifelhaftwerdens, ob die Welt wirklich sei, bzw. die ihres Nichtseins abso-
25 lut ausschließen würde. Nicht nur daß Einzelerfahrenes die Entwertung als Sinnenschein erleiden kann, auch der jeweils ganze, einheitlich überschaubare Erfahrungszusammenhang kann sich als Schein erweisen, unter dem Titel *zusammenhängender Traum*. Den Hinweis auf diese möglichen und vorkommenden Umschläge
30 der Evidenz brauchen wir nicht schon als eine hinreichende Kritik der Evidenz in Anspruch zu nehmen und darin einen vollen Beweis für die Denkmöglichkeit eines Nichtseins der Welt trotz ihres beständigen Erfahrenseins zu sehen. Wir behalten nur so viel, daß die Evidenz der Welterfahrung zu Zwecken einer radi-
35 kalen Wissenschaftsbegründung jedenfalls erst einer Kritik ihrer Gültigkeit und Tragweite bedürfte, daß wir sie also nicht fraglos

als unmittelbar apodiktisch in Anspruch nehmen dürfen. Es genügt demgemäß nicht, alle uns vorgegebenen Wissenschaften
außer Geltung zu setzen, sie als für uns unzulässige Vor-Urteile
zu behandeln. Auch ihren universalen Boden, den der Erfahrungs-
5 welt, müssen wir der naiven Geltung berauben. Das Sein der
Welt auf Grund der natürlichen Erfahrungsevidenz darf nicht
mehr für uns selbstverständliche Tatsache sein, sondern selbst
nur ein Geltungsphänomen.

Bleibt uns, wenn wir dabei bleiben, überhaupt noch ein Seins-
10 boden übrig für irgendwelche Urteile, geschweige denn für Evidenzen, um darauf, und zudem apodiktisch, eine universale Philosophie begründen zu können? Ist nicht die Welt der Titel für
das Universum des überhaupt Seienden? Ist es also zu vermeiden,
die vorhin nur angedeutete Kritik der Welterfahrung nun doch
15 in extenso und als erste Aufgabe in Angriff zu nehmen? Wäre
danach, wenn das im voraus vermutete Ergebnis der Kritik sich
bestätigte, unser ganzes philosophisches Absehen gescheitert?
Wie aber, wenn die Welt am Ende gar nicht der schlechthin erste
Urteilsboden wäre und mit ihrer Existenz schon ein an sich frü-
20 herer Seinsboden vorausgesetzt wäre?

§ 8. Das „ego cogito" als transzendentale Subjektivität.

Hier machen wir nun, Descartes folgend, die große Umwendung, die, in rechter Weise vollzogen, zur transzendentalen Subjektivität führt: die Wendung zum ego cogito als dem apodiktisch gewissen und letzten Urteilsboden, auf den jede radikale
25 Philosophie zu begründen ist.

Überlegen wir. Als radikal meditierende Philosophen haben
wir weder jetzt eine für uns geltende Wissenschaft, noch eine für
uns seiende Welt. Statt schlechthin seiend, das ist uns in natürlicher Weise im Seinsglauben der Erfahrung geltend, ist sie uns
30 nur ein bloßer Seinsanspruch. Das betrifft auch die innerweltliche
Existenz aller anderen Ich, so daß wir rechtmäßig eigentlich
nicht mehr im kommunikativen Plural sprechen dürfen. Die anderen Menschen und die Tiere sind für mich ja nur Erfahrungsgegebenheiten vermöge der sinnlichen Erfahrung ihrer körper-
35 lichen Leiber, deren Gültigkeit, als mit in Frage stehend, ich
mich nicht bedienen darf [1]). Mit den Anderen verliere ich natür-

---

[1]) ‹Vgl. die Bemerkung R. Ingardens S. 207.›

lich auch die ganzen Gebilde der Sozialität und der Kultur. Kurzum, nicht nur die körperliche Natur, sondern die ganze konkrete Lebensumwelt ist nunmehr für mich statt seiend nur Seinsphänomen. Aber wie immer es sich mit dem Wirklichkeitsanspruch dieses Phänomens verhalten und wie immer ich einmal für Sein oder Schein kritisch entscheiden mag, es selbst als mein Phänomen ist doch nicht nichts, sondern eben das, was für mich solche kritische Entscheidung überall möglich macht, also auch möglich macht, was je für mich als *wahres* Sein — endgültig entschiedenes oder zu entscheidendes — Sinn und Geltung hat. Und wieder: Enthalte ich mich, wie ich es in Freiheit tun könnte und tat, jedes Erfahrungsglaubens, so daß für mich das Sein der Erfahrungswelt außer Geltung bleibt, so ist doch dieses Mich-Enthalten, was es ist, und es ist mitsamt dem ganzen Strom des erfahrenden Lebens [1]). Und zwar ist es f ü r m i c h beständig da, beständig ist es nach einem Gegenwartsfelde wahrnehmungsmäßig bewußt in ursprünglichster Originalität, es als es selbst; erinnerungsmäßig werden bald diese, bald jene Vergangenheiten desselben *wieder* bewußt und darin liegt: als die *Vergangenheiten selbst*. Jederzeit kann ich reflektierend besondere aufmerkende Blicke auf dieses ursprüngliche Leben richten, Gegenwärtiges als Gegenwärtiges, Vergangenes als Vergangenes, als wie es selbst ist, erfassen. So tue ich nun als philosophierendes und jene Enthaltung übendes Ich.

Die in diesem reflektierenden Leben erfahrene Welt bleibt dabei in gewisser Weise für mich weiter und genau mit dem ihr jeweilig zugehörigen Gehalt erfahrene wie vorher. Sie erscheint weiter, wie sie vordem erschien, nur daß ich als philosophisch Reflektierender nicht mehr den natürlichen Seinsglauben der Erfahrung in Vollzug, in Geltung halte, indes er doch noch mit da ist und vom aufmerkenden Blick mit erfaßt ist. Ebenso verhält es sich mit allen sonstigen Meinungen, die über die erfahrenden hinaus meinem Lebensstrom zugehören, mit meinen unanschaulichen Vorstellungen, Urteilen, Werthaltungen, Entschließungen, Zweck- und Mittelsetzungen usw. und insbesondere den in ihnen in der natürlichen, unreflektierten, unphilosophischen Einstellung des Lebens notwendig betätigten Stellungnahmen — sofern eben diese die Welt überall voraussetzen, also einen Seinsglauben hinsichtlich der Welt in sich beschließen. Auch hier bedeutet das

---

[1]) ‹Vgl. die Bemerkung R. Ingardens S. 207f.›

Sichenthalten, Außergeltungsetzen der Stellungnahmen von seiten des philosophisch reflektierenden Ich nicht ihr Verschwinden
aus seinem Erfahrungsfeld. Die betreffenden konkreten Erlebnisse sind ja, sagen wir wieder, das, worauf der aufmerkende
5 Blick gerichtet ist, nur daß das aufmerkende Ich als philosophisches in Bezug auf das Angeschaute Enthaltung übt. Auch alles,
was in dergleichen Erlebnissen als Gemeintes im Geltungsbe-
wußtsein war, das betreffende Urteil, die betreffende Theorie, die
betreffenden Werte, Zwecke usw., bleibt ganz und gar erhalten —
10 nur in der Geltungsmodifikation *bloße Phänomene*.

Dieses universale Außergeltungsetzen (,,Inhibieren'', ,,Außer-
spielsetzen'') aller Stellungnahmen zur vorgegebenen objektiven
Welt, und so zunächst der Seinsstellungnahmen (betreffend Sein,
Schein, Möglicherweise-sein, Vermutlich-, Wahrscheinlich-sein
15 u. dgl.) — oder, wie auch gesagt zu werden pflegt, diese *phänomenologische* ἐποχή oder dieses *Einklammern* der objektiven Welt —
stellt uns also nicht einem Nichts gegenüber. Was uns vielmehr,
und gerade dadurch, zueigen wird, oder deutlicher: was mir, dem
Meditierenden, dadurch zueigen wird, ist mein reines Leben mit
20 all seinen reinen Erlebnissen und all seinen reinen Gemeintheiten,
das Universum der *Phänomene* im Sinn der Phänomenologie. Die
ἐποχή ist, so kann auch gesagt werden, die radikale und universale Methode, wodurch ich mich als Ich rein fasse, und mit dem
eigenen reinen Bewußtseinsleben, in dem und durch das die
25 gesamte objektive Welt für mich ist, und so, wie sie eben für mich
ist. Alles Weltliche, alles raum-zeitliche Sein ist für mich — das
heißt gilt für mich, und zwar dadurch, daß ich es erfahre, wahrnehme, mich seiner erinnere, daran irgendwie denke, es beurteile,
es werte, begehre usw. Das alles bezeichnet Descartes bekanntlich
30 unter dem Titel *cogito*. Die Welt ist für mich überhaupt gar nichts
anderes als die in solchem *cogito* bewußt seiende und mir geltende.
Ihren ganzen, ihren universalen und spezialen Sinn und ihre
Seinsgeltung hat sie ausschließlich aus solchen *cogitationes* [1]). In
ihnen verläuft mein ganzes Weltleben, wohin auch mein wissen-
35 schaftlich forschendes und begründendes Leben gehört. Ich kann
in keine andere Welt hineinleben, hineinerfahren, hineindenken,
hineinwerten und -handeln als die in mir und aus mir selbst Sinn
und Geltung hat [1]). Stelle ich mich über dieses ganze Leben und

---

[1]) ‹Vgl. die Bemerkungen R. Ingardens S. 208f.›

enthalte ich mich jedes Vollzuges irgendeines Seinsglaubens, der geradehin *die Welt* als seiende nimmt — richte ich ausschließlich meinen Blick auf dieses Leben selbst, als Bewußtsein von *der* Welt, so gewinne ich mich als das reine ego mit dem reinen Strom
5 meiner *cogitationes.*

So geht also in der Tat dem natürlichen Sein der Welt — derjenigen, von der ich je rede und reden kann — voran als an sich früheres Sein das des reinen ego und seiner *cogitationes.* Der natürliche Seinsboden ist in seiner Seinsgeltung sekundär, er setzt
10 beständig den transzendentalen voraus. Die phänomenologische Fundamentalmethode der transzendentalen ἐποχή, sofern sie auf ihn zurückleitet, heißt daher transzendental-phänomenologische Reduktion.[1])

§ 9. *Tragweite der apodiktischen Evidenz des „Ich bin".*

Die nächste Frage ist, ob diese Reduktion eine a p o d i k t i-
15 s c h e Evidenz vom Sein der transzendentalen Subjektivität ermögliche. Nur wenn die transzendentale Selbsterfahrung apodiktisch ist, kann sie als Untergrund für apodiktische Urteile dienen, nur dann ist also Aussicht vorhanden für eine Philosophie, für einen systematischen Bau apodiktischer Erkenntnisse von dem
20 an sich ersten Erfahrungs- und Urteilsfeld aus. Daß das *ego sum* bzw. *sum cogitans* apodiktisch auszusprechen ist, daß wir also einen ersten apodiktischen Seinsboden unter die Füße bekommen, das hat bekanntlich schon Descartes gesehen, er betont ja die Zweifellosigkeit des Satzes und daß selbst ein *Ich zweifle* schon das
25 *Ich bin* voraussetzen würde. Dabei handelt es sich auch bei ihm um dasjenige Ich, das seiner selbst inne ist, nachdem es die Erfahrungswelt als möglicherweise zu bezweifelnde außer Geltung gesetzt hat. Es ist nach unseren präzisierenden Ausführungen klar, daß der Sinn der Zweifellosigkeit, in der das ego durch die
30 transzendentale Reduktion zur Gegebenheit kommt, wirklich dem von uns früher ausgelegten Begriff der Apodiktizität entspricht. Freilich ist damit das Problem der Apodiktizität und damit des ˙ersten Grundes und Bodens für eine Philosophie noch nicht erledigt. Es regen sich ja sofort Zweifel. Gehört z. B. zu der transzen-
35 dentalen Subjektivität nicht untrennbar ihre jeweilige Vergangenheit, die bloß durch Erinnerung zugänglich ist? Kann aber

---

[1]) ‹Hierauf bezieht sich R. Ingardens Bemerkung S. 209f. ›

für diese eine apodiktische Evidenz beansprucht werden? Zwar
wäre es verkehrt, darum die Apodiktizität des *Ich bin* leugnen zu
wollen, was doch nur möglich ist, wenn man äußerlich argumen-
tierend über sie hinwegredet, also über sie hinwegsieht. Aber statt-
5 dessen muß nun das Problem der Tragweite unserer apodiktischen
Evidenz brennend werden.

Wir erinnern uns hier einer früheren Bemerkung, daß A d ä -
q u a t i o n u n d A p o d i k t i z i t ä t einer Evidenz n i c h t
Hand in Hand gehen müssen — vielleicht war diese Bemerkung
10 gerade auf den Fall der transzendentalen Selbsterfahrung ge-
münzt. In ihr ist das ego sich selbst ursprünglich zugänglich. Aber
nur einen Kern von eigentlich adäquat Erfahrenem bietet jeweils
diese Erfahrung: nämlich die lebendige Selbstgegenwart, die der
grammatische Sinn des Satzes *ego cogito* ausdrückt, während dar-
15 über hinaus nur ein unbestimmt allgemeiner, präsumptiver Horizont reicht, ein Horizont von eigentlich Nicht-Erfahrenem, aber
notwendig Mitgemeintem. Ihm gehört zu die zumeist völlig dunk-
le Selbstvergangenheit, aber auch die dem Ich zugehörigen transzendentalen Vermögen und die jeweiligen habituellen Eigenhei-
20 ten. Auch die äußere Wahrnehmung (die allerdings nicht apodiktisch ist) ist zwar Selbsterfahrung des Dinges — *es selbst steht da*
— aber in diesem Selbstdastehen hat es für den Erfahrenden
einen offenen endlosen, unbestimmt allgemeinen Horizont von
eigentlich Nicht-selbst-Wahrgenommenem, und zwar als einen —
25 das liegt darin als Präsumption — durch mögliche Erfahrung auf-
zuschließenden. Ähnlich also betrifft die apodiktische Gewißheit
der transzendentalen Erfahrung mein transzendentales *Ich bin*
in der ihm anhaftenden unbestimmten Allgemeinheit eines offenen Horizontes. Das Wirklichsein des an sich ersten Erkenntnis-
30 bodens steht demnach zwar absolut fest, nicht aber ohne weiteres das, was sein Sein näher bestimmt und was während der lebendigen Evidenz des *Ich bin* noch nicht selbst gegeben sondern
nur präsumiert ist. Diese in der apodiktischen Evidenz mit im-
plizierte Präsumption untersteht also hinsichtlich der Möglich-
35 keiten ihrer Erfüllung der Kritik ihrer ev. apodiktisch zu begren-
zenden Tragweite. Wie weit kann das transzendentale Ich sich
über sich selbst täuschen und wie weit reichen die absolut zweifel-
losen Bestände trotz dieser möglichen Täuschung? Mit der Statuierung des transzendentalen ego stehen wir überhaupt an

einem gefährlichen Punkt, selbst wenn wir die schwierigen Fragen
der Apodiktizität zunächst außer Betracht lassen.

§ 10. *Exkurs. Descartes' Verfehlen der transzendentalen Wendung.*

Es scheint so leicht, Descartes folgend, das reine Ich und seine
cogitationes zu fassen. Und doch ist es, als wären wir auf einem
5 steilen Felsgrat, auf dem ruhig und sicher fortzuschreiten über
philosophisches Leben und philosophischen Tod entscheidet. Descartes hatte den ernsten Willen zu radikaler Vorurteilslosigkeit.
Aber wir wissen durch neuere Forschungen, und insbesondere
die schönen und tiefgründigen der Herren Gilson und Koyré, wie-
10 viel Scholastik im verborgenen und als ungeklärtes Vorurteil in
Descartes' Meditationen steckt. Aber nicht das allein; zunächst
schon jenes oben bereits erwähnte, aus der Bewunderung der mathematischen Naturwissenschaft herstammende und uns selbst
als alte Erbschaft bestimmende Vorurteil müssen wir uns vom
15 Leibe halten, als ob es sich unter dem Titel *ego cogito* um ein apodiktisches Axiom handle, das im Verein mit aufzuweisenden anderen und dazu ev. induktiv begründeten Hypothesen das Fundament für eine deduktiv erklärende Weltwissenschaft abzugeben
habe, eine nomologische Wissenschaft, eine Wissenschaft *ordine*
20 *geometrico*, eben ähnlich wie die mathematische Naturwissenschaft. Im Zusammenhang damit darf es auch keineswegs als
selbstverständlich gelten, als ob wir in unserem apodiktischen
reinen ego ein kleines E n d c h e n d e r W e l t g e r e t t e t
hätten, als das für das philosophierende Ich einzig Unfragliche
25 von der Welt, und daß es nun darauf ankomme, durch recht geleitete Schlußfolgerungen nach den dem ego eingeborenen Prinzipien die übrige Welt hinzuzuerschließen.
Leider geht es so bei Descartes, mit der unscheinbaren, aber
verhängnisvollen Wendung, die das ego zur *substantia cogitans*,
30 zur abgetrennten menschlichen *mens sive animus* macht und zum
Ausgangsglied für Schlüsse nach dem Kausalprinzip, kurzum der
Wendung, durch die er zum Vater des (wie hier noch nicht sichtlich werden kann) widersinnigen transzendentalen Realismus geworden ist. All das bleibt uns fern, wenn wir dem Radikalismus
35 der Selbstbesinnung und somit dem Prinzip reiner Intuition oder
Evidenz getreu bleiben, also hier nichts gelten lassen, als was wir

auf dem uns durch die ἐποχή eröffneten Felde des *ego cogito* wirklich und zunächst ganz unmittelbar gegeben haben, also nichts zur Aussage bringen, was wir nicht selbst *sehen*. Darin hat Descartes gefehlt, und so kommt es, daß er vor der größten
5 aller Entdeckungen steht, sie in gewisser Weise schon gemacht hat, und doch ihren eigentlichen Sinn nicht erfaßt, also den Sinn der transzendentalen Subjektivität, und so das Eingangstor nicht überschreitet, das in die echte Transzendentalphilosophie hineinleitet.

§ 11. *Das psychologische und das transzendentale Ich. Die Transzendenz der Welt.*

10   Halte ich rein, was mir, dem Meditierenden, durch freie ἐποχή hinsichtlich des Seins der Erfahrungswelt in den Blick tritt, so ist es die bedeutungsvolle Tatsache, daß ich und mein Leben in meiner Seinsgeltung unberührt bleiben, wie immer es mit Sein und Nichtsein der Welt stehen, wie immer ich je darüber entscheiden
15 mag. Dieses mir vermöge solcher ἐποχή notwendig verbleibende Ich und sein Ich-Leben ist nicht ein Stück der Welt, und sagt es: „Ich bin, ego cogito", so heißt das nicht mehr: Ich, dieser Mensch, bin. Nicht mehr bin ich der sich in der natürlichen Selbsterfahrung als Mensch vorfindende und, in der abstraktiven Einschrän-
20 kung auf die puren Bestände der *inneren*, der rein psychologischen Selbsterfahrung, der seine eigene reine *mens sive animus sive intellectus* vorfindende Mensch bzw. die für sich herausgefaßte Seele selbst. In dieser natürlichen Weise apperzipiert, bin ich und sind alle sonstigen Menschen Themen der im gewöhnlichen
25 Sinne objektiven oder positiven Wissenschaften, der Biologie, Anthropologie, darin beschlossen auch der Psychologie. Das Seelenleben, von dem die Psychologie spricht, ist ja allzeit gemeint gewesen und gemeint als Seelenleben in der Welt. Das gilt offenbar auch von dem eigenen, das in der rein inneren Erfahrung er-
30 faßt und betrachtet wird. Aber die phänomenologische ἐποχή, die der Gang der gereinigten Cartesianischen Meditationen von dem Philosophierenden fordert, inhibiert die Seinsgeltung der objektiven Welt und schaltet sie damit ganz und gar aus dem Urteilsfelde aus, und somit auch die Seinsgeltung, wie aller objektiv ap-
35 perzipierten Tatsachen, so auch derjenigen der inneren Erfahrung. Für mich, das meditierende Ich, das, in der ἐποχή stehend

und verbleibend, sich ausschließlich a l s G e l t u n g s g r u n d
aller objektiven Geltungen und Gründe setzt, gibt es also kein
psychologisches Ich, keine psychischen Phänomene im Sinne der
Psychologie, das ist als Bestandstücke psychophysischer Men-
5 schen.

Durch die phänomenologische ἐποχή reduziere ich mein natür-
liches menschliches Ich und mein Seelenleben — das Reich meiner p s y c h o l o g i s c h e n S e l b s t e r f a h r u n g — auf
mein transzendental-phänomenologisches Ich, das Reich der
10 t r a n s z e n d e n t a l-p h ä n o m e n o·l o g i s c h e n S e l b s t-
e r f a h r u n g. Die objektive Welt, die für mich ist, die für mich
je war und sein wird, je sein kann mit allen ihren Objekten,
schöpft, sagte ich, ihren ganzen Sinn und ihre Seinsgeltung, die sie
jeweils für mich hat, aus mir selbst, aus mir als dem transzenden-
15 talen Ich, dem erst mit der transzendental-phänomenologischen
ἐποχή hervortretenden.

Dieser Begriff des Transzendentalen und sein Korrelatbegriff,
der des Transzendenten, muß ausschließlich aus unserer philosophisch meditierenden Situation geschöpft werden. Es ist hierbei
20 zu beachten: So wie das reduzierte Ich kein Stück der Welt ist, so
ist umgekehrt die Welt und jedes weltliche Objekt nicht Stück
meines Ich, nicht in meinem Bewußtseinsleben als dessen reeller
Teil, als Komplex von Empfindungsdaten oder Akten reell vorfindlich. Zum eigenen Sinn alles Weltlichen gehört diese *Tran-*
25 *szendenz* [1]), obschon es den gesamten es bestimmenden Sinn, und
mit seiner Seinsgeltung, nur aus meinem Erfahren, meinem jeweiligen Vorstellen, Denken, Werten, Tun gewinnt und gewinnen
kann — auch den eines ev. evident gültigen Seins, eben aus meinen
eigenen Evidenzen, aus meinen begründenden Akten. Gehört zum
30 eigenen Sinn der Welt diese *Transzendenz* irreellen Beschlossen-
seins, so heißt dann das Ich selbst, das sie als geltenden Sinn in
sich trägt und von diesem seinerseits notwendig vorausgesetzt ist,
im phänomenologischen Sinne *transzendental*; die aus dieser Korrelation erwachsenden philosophischen Probleme heißen dementsprechend transzendental-philosophische.

---

[1]) ‹Hierauf bezieht sich R. Ingardens Bemerkung S. 210f.›

II. MEDITATION

FREILEGUNG DES TRANSZENDENTALEN ERFAHRUNGSFELDES NACH
SEINEN UNIVERSALEN STRUKTUREN.

§ 12. *Idee einer transzendentalen Erkenntnisbegründung.*

Unsere Meditation bedarf nun einer weiteren Fortbildung, in
der, was bisher herausgestellt wurde, erst den rechten Nutzen
bringen kann. Was kann ich (der cartesianisch Meditierende) mit
dem transzendentalen ego philosophisch anfangen? Gewiß, sein
5 Sein geht für mich erkenntnismäßig allem objektiven Sein vorher: In gewissem Sinne ist es der Grund und Boden, auf dem sich
alle objektive Erkenntnis abspielt. Aber darf dieses Vorhergehen
besagen, daß es im gewöhnlichen Sinne Erkenntnisgrund für alle
objektive Erkenntnis ist? Nicht als ob wir den großen Cartesia-
10 nischen Gedanken, die tiefste Begründung aller Wissenschaften
und selbst des Seins einer objektiven Welt in der transzendentalen
Subjektivität zu suchen, preisgeben wollten. Wir würden ja
sonst seinen meditierenden Wegen, sei es auch unter kritischen
Abwandlungen, nicht nachgehen. Aber vielleicht eröffnet sich mit
15 der Cartesianischen Entdeckung des transzendentalen ego auch
e i n e   n e u e   I d e e   v o n   E r k e n n t n i s b e g r ü n d u n g,
nämlich als transzendentaler Begründung. In der Tat, anstatt
das *ego cogito* als apodiktisch evidente Prämisse für vermeintlich
zu führende Schlüsse auf eine transzendente Subjektivität ver-
20 werten zu wollen, lenken wir unser Augenmerk darauf, daß die
phänomenologische ἐποχή (mir, dem meditierenden Philosophen)
eine neuartige unendliche Seinssphäre freilegt als Sphäre einer
neuartigen, der transzendentalen Erfahrung. Berücksichtigen wir,
daß zu jeder Art wirklicher Erfahrung und ihren allgemeinen
25 Abwandlungsmodis: Wahrnehmung, Retention, Wiedererinnerung usw. auch eine entsprechende reine Phantasie, eine *Erfahrung als ob* mit parallelen Modis (Wahrnehmung als ob, Retention
als ob, Wiedererinnerung als ob usw.) gehört, so erwarten wir auch,
daß es eine im Reich der reinen Möglichkeit (reinen Vorstellbar-
30 keit, Phantasierbarkeit) sich haltende apriorische Wissenschaft
gibt, die statt über transzendentale Seinswirklichkeiten vielmehr
über apriorische Möglichkeiten urteilt, und damit zugleich den
Wirklichkeiten Regeln a priori vorzeichnet.

Doch so, wie wir in dieser Art unsere Gedanken vorauseilen lassen zur Konzeption einer phänomenologischen Wissenschaft, die Philosophie werden soll, kommen wir freilich mit der methodischen Grundforderung apodiktischer Evidenz des ego alsbald
5 in die früher schon berührten Schwierigkeiten. Denn so absolut diese Evidenz des Seins des ego für es selbst ist, so fällt sie doch nicht ohne weiteres zusammen mit der Evidenz für das Sein der mannigfaltigen Gegebenheiten der transzendentalen Erfahrung. Sind nun auch die *cogitationes*, die in der Einstellung der transzen-
10 dentalen Reduktion als wahrgenommene, wiedererinnerte usw. gegeben sind, keineswegs schon als absolut zweifellos seiende, gewesen seiende usw. in Anspruch zu nehmen, so wird es sich doch vielleicht zeigen lassen, daß die absolute Evidenz des *ego sum* notwendig auch hineinreiche in die Mannigfaltigkeiten der Selbst-
15 erfahrung vom transzendentalen Leben und den habituellen Eigenheiten des ego, obschon nur in gewissen, die Tragweite solcher Evidenzen (derjenigen der Wiedererinnerung, der Retention usw.) bestimmenden Umgrenzungen. Noch genauer angedeutet, es ist folgendes vielleicht zu zeigen: Nicht die bloße Iden-
20 tität des „Ich bin" ist der absolut zweifellose Bestand der transzendentalen Selbsterfahrung, sondern es erstreckt sich durch alle besonderen Gegebenheiten der wirklichen und möglichen Selbsterfahrung hindurch — obschon sie im einzelnen nicht absolut zweifellos sind — eine u n i v e r s a l e a p o d i k t i s c h e
25 E r f a h r u n g s s t r u k t u r des Ich (z.B. die immanente Zeitform des Erlebnisstromes). Mit ihr hängt es zusammen und zu ihr selbst gehört es auch mit, daß das Ich für sich selbst apodiktisch vorgezeichnet ist als konkretes, mit einem individuellen Gehalt an Erlebnissen, Vermögen, Dispositionen seiendes, horizont-
30 mäßig vorgezeichnet als ein durch mögliche, in infinitum zu vervollkommnende und eventuell zu bereichernde Selbsterfahrung zugänglicher Erfahrungsgegenstand.

§ 13. *Notwendigkeit, die Probleme der Tragweite transzendentaler Erkenntnis zunächst auszuschalten.*

Das wirklich herauszustellen, wäre die große A u f g a b e e i n e r K r i t i k d e r t r a n s z e n d e n t a l e n S e l b s t-
35 e r f a h r u n g nach ihren sich miteinander verflechtenden Ein-

zelformen und ihrer durch die universale Verflechtung sich vollziehenden Gesamtleistung. Offenbar wäre das eine Aufgabe höherer Stufe, die schon voraussetzte, daß wir, zunächst der in gewisser Weise naiv fungierenden Evidenz der einstimmig fortschrei-
5 tenden transzendentalen Erfahrung folgend, uns in ihren Gegebenheiten umgetan, sie nach ihren Allgemeinheiten umschrieben
hätten.

Die soeben vollzogene Erweiterung der Cartesianischen Meditationen wird unser weiteres Vorgehen in Absicht auf eine Philo-
10 sophie (in dem oben beschriebenen Cartesianischen Sinne) entsprechend motivieren. In zwei Stufen müssen, das sehen wir voraus, die wissenschaftlichen Arbeiten verlaufen, für die sich der
Gesamttitel der transzendentalen Phänomenologie dargeboten
hat.

15 In der ersten wird das, wie sich alsbald zeigt, ungeheure
R e i c h   d e r   t r a n s z e n d e n t a l e n   S e l b s t e r f a h -
r u n g   durchwandert werden müssen, und zunächst in bloßer
Hingabe an die ihr im einstimmigen Verlauf innewohnende Evidenz, also unter Zurückstellung der Fragen einer letzten, auf apo-
20 diktische Prinzipien der Tragweite bedachten Kritik. Wir verfahren also in dieser noch   n i c h t   i m   v o l l e n   S i n n e   p h i -
l o s o p h i s c h e n   S t u f e   ähnlich wie der Naturforscher in
seiner Hingabe an die Evidenz der naturalen Erfahrung, wobei
für ihn als Naturwissenschaftler Fragen einer prinzipiellen Er-
25 fahrungskritik überhaupt außerhalb seines Themas verbleiben.

Die zweite Stufe phänomenologischer Forschung beträfe dann
eben die   K r i t i k   d e r   t r a n s z e n d e n t a l e n   E r f a h -
r u n g   und daraufhin der   t r a n z d e n s e n t a l e n   E r -
k e n n t n i s   ü b e r h a u p t [1]).

30 Eine unerhört eigenartige Wissenschaft tritt in unseren Ge-
sichtskreis, eine Wissenschaft von der konkreten transzendentalen Subjektivität als in wirklicher und möglicher transzendentaler Erfahrung gegebenen, die den   ä u ß e r s t e n   G e g e n s a t z
b i l d e t   z u   d e n   W i s s e n s c h a f t e n   i m   b i s h e r i g e n
35 S i n n e, den *objektiven* Wissenschaften. Unter diesen findet sich
zwar auch eine Wissenschaft von der Subjektivität, aber von der
objektiven, animalischen, der Welt zugehörigen Subjektivität.

---

[1]) ‹Auf das Ende von § 12 und den Beginn von § 13 bezieht sich R. Ingardens
Bemerkung S. 211f. ›

Jetzt aber handelt es sich um eine sozusagen absolut subjektive Wissenschaft, eine Wissenschaft, deren Gegenstand in seinem Sein von der Entscheidung über Nichtsein oder Sein der Welt unabhängig ist. Aber noch mehr. Es scheint so wie ihr erster, so
5 ihr einziger Gegenstand mein, des Philosophierenden, transzendentales ego zu sein und nur sein zu können. Sicherlich liegt im Sinne der transzendentalen Reduktion, daß sie zu Anfang als seiend nichts anderes setzen kann als das ego und was in ihm selbst beschlossen ist, und zwar mit einem Horizont unbestimmter
10 Bestimmbarkeit. Sicherlich fängt sie also als reine Egologie an, und als eine Wissenschaft, die uns, wie es scheint, zu einem, obschon transzendentalen, Solipsismus verurteilt. Es ist ja noch gar nicht abzusehen, wie in der Einstellung der Reduktion andere ego — nicht als bloß weltliche Phänomene, sondern als andere tran-
15 szendentale ego — als seiend sollen setzbar werden können, und damit zu mitberechtigten Themen einer phänomenologischen Egologie.

Wir dürfen uns durch solche Bedenken als anfangende Philosophen nicht schrecken lassen. Vielleicht, daß die Reduktion auf
20 das transzendentale ego nur den Schein einer bleibend solipsistischen Wissenschaft mit sich führt, während ihre konsequente Durchführung gemäß ihrem eigenen Sinne zu einer Phänomenologie der transzendentalen Intersubjektivität überleitet, und mittelst ihrer sich entfaltend zu einer Transzendentalphilosophie
25 überhaupt. In der Tat wird sich zeigen, daß ein transzendentaler Solipsismus nur eine philosophische Unterstufe ist und als solche in methodischer Absicht abgegrenzt werden muß, um die Problematik der transzendentalen Intersubjektivität als eine fundierte, also höherstufige in rechter Weise ins Spiel setzen zu können.
30 Doch darüber ist an der jetzigen Stelle unserer Meditationen nichts Bestimmtes auszumachen, wie denn überhaupt die gegebenen Vordeutungen erst in ihrer Fortführung ihre volle Bedeutung erweisen können.

Bestimmt bezeichnet ist jedenfalls eine wesentliche Abweichung
35 vom Cartesianischen Gang, die hinfort für unser ganzes weiteres Meditieren entscheidend sein wird. Im Gegensatz zu Descartes vertiefen wir uns in die Aufgabe der F r e i l e g u n g d e s u n - e n d l i c h e n F e l d e s t r a n s z e n d e n t a l e r E r f a h - r u n g. Die Cartesianische Evidenz, die des Satzes „*Ego cogito, ego sum*", bleibt ohne Frucht, weil er es nicht nur versäumt, den

reinen methodischen Sinn der transzendentalen ἐποχή abzu-
klären, sondern auch versäumt, das Augenmerk darauf zu lenken, daß das ego sich selbst ins Unendliche und systematisch
durch transzendentale Erfahrung auslegen kann und somit als
5 ein mögliches Arbeitsfeld bereit liegt, ein völlig eigenartiges und
abgesondertes, sofern es sich zwar auf alle Welt und alle objektiven Wissenschaften mitbezieht,und doch ihre Seinsgeltung nicht
voraussetzt, und sofern es damit von allen diesen Wissenschaften
gesondert ist,und doch an sie in keiner Weise angrenzt.

§ 14. *Der Strom der cogitationes. Cogito und cogitatum.*

10 Das Schwergewicht der transzendentalen Evidenz des *ego cogi-*
to (dieses Wort im weitesten Cartesianischen Sinne genommen)
verlegen wir jetzt (während wir die Fragen der Tragweite der
Apodiktizität dieser Evidenz zurückgestellt denken) vom identischen ego auf die mannigfaltigen *cogitationes*, also auf das strö-
15 mende Bewußtseinsleben, in dem das identische Ich (meines, des
Meditierenden) lebt, was immer diesen letzteren Ausdruck näher
bestimmen mag. Auf dieses Leben, z.B. auf sein sinnlich wahr-
nehmendes und vorstellendes oder auf sein aussagendes, werten-
des, wollendes, kann es jederzeit seinen reflektierenden Blick
20 richten, es betrachten und nach seinen Gehalten auslegen und beschreiben.
Man wird vielleicht sagen, dieser Forschungsrichtung folgen,
sei nichts anderes als psychologische Deskription auf dem Grunde
rein innerer Erfahrung, der Erfahrung von seinem eigenen Be-
25 wußtseinsleben,vollziehen, wobei die Reinheit solcher Beschreibung es natürlich fordere, daß alles Psychophysische außer Betracht bleibe. Indessen eine rein deskriptive Bewußtseinspsychologie,so sehr ihr echter methodischer Sinn sich erst mit der neuen
Phänomenologie erschlossen hat, ist n i c h t   s e l b s t tran-
30 szendentale Phänomenologie in dem Sinne, wie wir sie als solche
durch die transzendental-phänomenologische Reduktion bestimmt haben. Zwar ist reine Bewußtseinspsychologie eine genaue Parallele zur transzendentalen Bewußtseinsphänomenologie,
aber gleichwohl muß beides streng auseinandergehalten werden,
35 während die Vermengung den transzendentalen Psychologismus
charakterisiert, der eine echte Philosophie unmöglich macht. Es
handelt sich hier um eine jener scheinbar geringfügigen Nuancen,

die philosophische Wege und Abwege entscheidend bestimmen. Es ist immerfort zu beachten, daß die gesamte transzendental-phänomenologische Forschung an die unverbrüchliche Innehaltung der transzendentalen Reduktion gebunden ist, die nicht
5 verwechselt werden darf mit der abstraktiven Beschränkung anthropologischer Forschung auf das bloße Seelenleben. Demgemäß ist der Sinn psychologischer und transzendental-phänomenologischer Bewußtseinsforschung abgrundtief unterschieden, obschon die beiderseits zu beschreibenden Gehalte übereinstimmen kön-
10 nen. Einmal haben wir Daten der als seiend vorausgesetzten Welt, nämlich aufgefaßt als seelische Bestände des Menschen, das andere Mal ist für die parallelen, inhaltlich gleichen Daten davon keine Rede, da die Welt überhaupt in phänomenologischer Einstellung nicht in Geltung ist als Wirklichkeit, sondern nur als
15 Wirklichkeitsphänomen.

Bleibt diese psychologistische Vermengung vermieden, so ist nun noch ein anderer Punkt von entscheidender Wichtigkeit (der übrigens in entsprechender Einstellungsänderung es auch auf dem natürlichen Erfahrungsboden ist, für eine echte Bewußt-
20 seinspsychologie). Es darf nicht übersehen werden, daß die ἐποχή hinsichtlich alles weltlichen Seins daran nichts ändert, daß die mannigfaltigen cogitationes, die sich auf Weltliches beziehen, in sich selbst diese Beziehung tragen, daß z.B. die Wahrnehmung von diesem Tisch nach wie vor eben Wahrnehmung von ihm ist.
25 So ist überhaupt jedes Bewußtseinserlebnis in sich selbst Bewußtsein v o n dem und dem, wie immer es mit der rechtmäßigen Wirklichkeitsgeltung dieses Gegenständlichen stehen mag und wie immer ich als transzendental Eingestellter dieser wie jeder meiner natürlichen Geltungen mich enthalten mag. Der
30 transzendentale Titel *ego cogito* muß also um ein Glied erweitert werden: jedes *cogito*, jedes Bewußtseinserlebnis, so sagen wir auch, meint irgend etwas und trägt in dieser Weise des Gemeinten in sich selbst sein jeweiliges *cogitatum*, und jedes tut das in seiner Weise. Die Hauswahrnehmung meint ein Haus, genauer als dieses
35 individuelle Haus, und meint es in der Weise der Wahrnehmung, eine Hauserinnerung in der Weise der Erinnerung, eine Hausphantasie in der Weise der Phantasie; ein prädikatives Urteilen über das Haus, das etwa wahrnehmungsmäßig *dasteht*, meint es eben in der Weise des Urteilens, wieder in neuer Weise ein hin-

zutretendes Werten usw. Bewußtseinserlebnisse nennt man auch
i n t e n t i o n a l e, wobei aber das Wort Intentionalität dann
nichts anderes als diese allgemeine Grundeigenschaft des Bewußtseins, Bewußtsein v o n etwas zu sein, als *cogito* sein *cogi-*
5 *tatum* in sich zu tragen, bedeutet.

§ 15. *Natürliche und transzendentale Reflexion.*

Zu weiterer Klärung ist aber beizufügen, daß wir unterscheiden
müssen das *geradehin* vollzogene erfassende Wahrnehmen, Sich-
erinnern, Prädizieren, Werten, Zwecksetzen usw. von den Reflexionen, durch die sich, als erfassende Akte einer neuen Stufe,
10 uns eben die Akte geradehin erst erschließen. Geradehin wahrnehmend, erfassen wir etwa das Haus, und nicht etwa das Wahrnehmen. In der Reflexion erst *richten* wir uns auf dieses selbst und
sein wahrnehmungsmäßiges Gerichtet-sein auf das Haus. In
der n a t ü r l i c h e n R e f l e x i o n des Alltagslebens, aber
15 auch der psychologischen Wissenschaft (also der psychologischen
Erfahrung von den eigenen psychischen Erlebnissen), stehen wir
auf dem Boden der als seiend vorgegebenen Welt; wie wenn wir
im alltäglichen Leben aussagen: ,,Ich sehe dort ein Haus'' oder
,,Ich erinnere mich, diese Melodie gehört zu haben'' usw. In der
20 t r a n s z e n d e n t a l - p h ä n o m e n o l o g i s c h e n R e-
f l e x i o n entheben wir uns dieses Bodens durch die universale
ἐποχή hinsichtlich des Seins oder Nichtseins der Welt. Die so mo-
difizierte, die transzendentale Erfahrung besteht dann, können
wir sagen, darin, daß wir uns das jeweilige transzendental redu-
25 zierte *cogito* ansehen und es beschreiben, aber ohne als reflektie-
rende Subjekte die natürliche Seinssetzung mitzuvollziehen, die
die ursprünglich geradehin vollzogene Wahrnehmung oder das
sonstige *cogito* in sich enthält bzw. die das geradehin in die Welt
hineinlebende Ich wirklich vollzogen hatte. Damit tritt aller-
30 dings an Stelle des ursprünglichen Erlebnisses ein wesentlich
anderes; insofern ist also zu sagen, die Reflexion verändere das
ursprüngliche Erlebnis. Aber das gilt für jede, auch für die natürliche Reflexion. Sie verändert ganz wesentlich das vordem naive
Erlebnis; es verliert ja den ursprünglichen Modus des *geradehin* —
35 eben dadurch, daß sie zum Gegenstand macht, was vordem Erlebnis, aber nicht gegenständlich war. Aber die Aufgabe der Reflexion ist ja nicht, das ursprüngliche Erlebnis zu wiederholen,

sondern es zu betrachten, und auszulegen, was in ihm vorfindlich
ist. Natürlich liefert der Übergang in dieses Betrachten ein
neues intentionales Erlebnis, das in seiner intentionalen Eigenheit *Rückbeziehung auf das frühere Erlebnis* eben dieses selbst,
5 und nicht ein anderes, bewußt und eventuell evident bewußt
macht. Eben dadurch wird ein Erfahrungswissen, zunächst ein
deskriptives, möglich, dasjenige, dem wir alle erdenkliche Kenntnis und Erkenntnis von unserem intentionalen Leben verdanken.
Das bleibt also auch bestehen für die transzendental-phänome-
10 nologische Reflexion. Das Nicht-mitmachen der Seinsstellung-
nahme der geraden Hauswahrnehmung von seiten des reflektierenden Ich ändert nichts daran, daß sein reflektierendes Erfahren eben erfahrendes der Hauswahrnehmung ist, mit allen ihren
vordem ihr zugehörigen und sich fortgestaltenden Momenten.
15 Und dazu gehören in unserem Beispiel die Momente der Wahrnehmung selbst als des strömenden Erlebens und die des wahrgenommenen Hauses rein als solchen. Es fehlt dabei auf der einen
Seite nicht die dem (normalen) Wahrnehmen eigene Seinssetzung
(der Wahrnehmungsglaube) im Modus der Gewißheit wie auf sei-
20 ten des erscheinenden Hauses der Charakter des schlichten *Daseins.* Das *Nicht-mitmachen,* Sich-enthalten des phänomenologisch eingestellten Ich ist s e i n e Sache, und nicht die des von
ihm reflektiv betrachteten Wahrnehmens. Im übrigen ist es
selbst einer entsprechenden Reflexion zugänglich, und nur durch
25 sie wissen wir etwas davon.

Wir können, was hier vorliegt, auch so beschreiben: Nennen
wir das natürlich in *die Welt* hineinerfahrende und sonstwie hineinlebende Ich an der Welt *interessiert,* so besteht die phänomenologisch geänderte und beständig so festgehaltene Einstellung
30 darin, daß sich eine Ichspaltung vollzieht, in dem sich über dem
naiv interessierten Ich das phänomenologische als *uninteres-
sierter Zuschauer* etabliert. Daß dies statt hat, ist dann selbst
durch eine neue Reflexion zugänglich, die als transzendentale
abermals den Vollzug eben dieser Haltung des *uninteressierten*
35 Zuschauens fordert — mit dem ihm einzig verbleibenden Interesse, zu sehen und adäquat zu beschreiben.

So werden also alle Vorkommnisse des weltzugewandten Lebens mit all ihren schlichten und fundierten Seinssetzungen und
den ihnen korrelativen Seinsmodis — wie in Gewißheit seiend,

möglich-, wahrscheinlich-seiend, ferner schön- und gut-seiend, nützlich-seiend usw. — rein von allen Mitmeinungen und Vormeinungen des Betrachters der Beschreibung zugänglich. Erst in dieser Reinheit können sie ja zu Themen einer universalen
5 Bewußtseinskritik werden, wie sie unser Absehen auf eine Philosophie notwendig fordert. Wir erinnern uns an den Radikalismus der Cartesianischen Idee der Philosophie als der der universalen, bis ins letzte apodiktisch begründeten Wissenschaft. Als solche fordert sie eine absolute universale Kritik, die sich ihrer-
10 seits zunächst durch Enthaltung von allen irgendein Seiendes vorgebenden Stellungnahmen ein U n i v e r s u m a b s o l u t e r V o r u r t e i l s l o s i g k e i t schaffen muß. Das leistet die Universalität der transzendentalen Erfahrung und Deskription dadurch, daß sie das durch alle Natürlichkeit unmerklich hindurch-
15 gehende universale *Vorurteil* der Welterfahrung (den stetig durch sie hindurchgehenden Weltglauben) inhibiert und nun in der absoluten, unbetroffen bleibenden egologischen Seinssphäre als der Sphäre der auf reine Vorurteilslosigkeit reduzierten Meinungen eine universale Deskription anstrebt. Diese ist nun dazu berufen,
20 die Unterlage einer radikalen und universalen Kritik zu sein. Natürlich kommt alles darauf an, die absolute *Vorurteilslosigkeit* dieser Deskription streng zu wahren und damit dem oben vorweg aufgestellten Prinzip der reinen Evidenz genugzutun. Das besagt Bindung an die puren Gegebenheiten der transzendentalen Re-
25 flexion, die also genau so, wie sie sich in der schlichten Evidenz rein intuitiv geben, genommen werden und von allen Hineindeutungen über das rein Geschaute freigehalten bleiben müssen.

Folgen wir diesem methodischen Prinzip hinsichtlich des Doppeltitels *cogito-cogitatum* (*qua cogitatum*), so eröffnen sich zu-
30 nächst die allgemeinen, jeweils an einzelnen solchen *cogitationes* in den korrelativen Richtungen zu vollziehenden Deskriptionen. Also einerseits solche des intentionalen Gegenstandes als solchen, hinsichtlich der ihm in den betreffenden Bewußtseinsweisen zugemeinten Bestimmungen, und zugemeint in zugehörigen, in der
35 Blickrichtung auf sie hervortretenden Modis (so den Seinsmodis wie gewiß-seiend, möglich- oder vermutlich-seiend usw. oder den subjektiv-zeitlichen Modis: gegenwärtig, vergangen, künftig-seiend). Diese deskriptive Richtung heißt die *noematische*. Ihr gegenüber steht die *noetische*. Sie betrifft die Weisen des *cogito*

selbst, die Bewußtseinsweisen z.B. der Wahrnehmung, der Wiedererinnerung, der Retention, mit den ihnen einwohnenden modalen Unterschieden, wie der Klarheit und Deutlichkeit.

Wir verstehen nun, daß wir in der Tat durch die universal be-
5 tätigte ἐποχή hinsichtlich des Seins oder Nichtseins der Welt diese
für die Phänomenologie nicht einfach verloren haben; wir behalten sie ja *qua cogitatum*. Und nicht nur hinsichtlich der jeweiligen
einzelnen Realitäten, die, und so wie sie, in den oder jenen Sonder-
akten des Bewußtseins gemeinte oder, deutlicher gesagt, heraus-
10 gemeinte sind. Denn ihre Vereinzelung ist die innerhalb eines einheitlichen Universums, das uns, auch wo wir erfassend auf das
einzelne gerichtet sind, immerzu einheitlich *erscheint*. Mit anderen
Worten, es ist stets mitbewußt in der Einheit eines Bewußtseins,
das selbst zu einem erfassenden werden kann und oft genug auch
15 wird. Dabei wird das Weltganze bewußt in der ihm eigenen Form
raumzeitlicher Endlosigkeit. In allem Wandel des Bewußtseins
verbleibt das in seinen erfahrenen und sonstwie herausgemeinten
Einzelheiten wandelbare, und dabei doch eine, einzige Universum
als seiender Hintergrund des ganzen natürlichen Lebens. Also
20 im konsequenten Vollzug der phänomenologischen Reduktion
verbleibt uns noetisch das offen endlose reine Bewußtseinsleben,
und auf seiten seines noematischen Korrelats die vermeinte Welt
rein als solche. So kann das phänomenologisch meditierende Ich
nicht nur in Einzelheiten, sondern in Universalität *unbeteiligter*
25 *Zuschauer* seiner selbst werden, und darin beschlossen aller Objektivität, die für es *ist*, und so wie sie für es ist. Offenbar kann
gesagt werden: Ich als natürlich eingestelltes Ich bin auch und
immer transzendentales Ich, aber ich weiß darum erst durch
Vollzug der phänomenologischen Reduktion [1]). Durch diese neue
30 Einstellung sehe ich erst, daß das Weltall, und so überhaupt alles
natürlich Seiende, für mich nur ist als mir mit seinem jeweiligen
Sinne geltendes, als *cogitatum* meiner wechselnden und im Wechsel miteinander verbundenen *cogitationes*, und nur als das halte
ich es in Geltung. Demnach habe ich, der transzendentale Phä-
35 nomenologe, als Thema meiner universalen deskriptiven Feststellungen einzeln wie nach universalen Verbänden ausschließlich nur Gegenstände als intentionale Korrelate ihrer Bewußtseinsweisen.

---

[1]) <Auf diesen Satz bezieht sich R. Ingardens Bemerkung S. 212ff.>

§ 16. *Exkurs. Notwendiger Anfang, wie der transzendentalen, so auch
‹der› „rein psychologischen" Reflexion beim „ego cogito"*

Das transzendentale *ego cogito* bezeichnet nach diesen Ausführungen in der Allgemeinheit seines Lebens eine offen unendliche Mannigfaltigkeit von einzelnen konkreten Erlebnissen, die nach ihren
wechselnden Strukturen zu enthüllen und deskriptiv zu fassen,
5 einen ersten großen Aufgabenbereich bezeichnet; ebenso andererseits hinsichtlich ihrer Weisen der *Verbindung,*bis hinauf zur Einheit des konkreten ego selbst. Dieses ist natürlich konkret nur in
der offen endlosen Universalität seines verbunden-einheitlichen
intentionalen Lebens und der in diesem als cogitata implizierten,
10 ihrerseits zu ganzheitlichen Universalitäten vereinigten Korrelate,
darunter die erscheinende Welt als solche. Das konkrete ego selbst
ist das universale Thema der Deskription. Oder deutlicher gesprochen: Ich, der meditierende Phänomenologe, stelle mir die
universale Aufgabe der E n t h ü l l u n g   m e i n e r   s e l b s t
15 als transzendentales ego in meiner   v o l l e n   K o n k r e t i o n,
also mit allen darin beschlossenen intentionalen Korrelaten. Wie
schon berührt, ist die Parallele dieser transzendentalen die psychologische Selbstenthüllung meiner selbst, nämlich der meines
rein seelischen Seins in meinem Seelenleben, das dabei in na-
20 türlicher Weise apperzipiert ist als Bestandstück meiner psychophysischen (animalischen) Realität und so als Bestandstück der
mir natürlich geltenden Welt.
Offenbar ist, wie für eine transzendental-deskriptive Egologie, so für eine (als psychologische Fundamentaldisziplin not-
25 wendig durchzuführende) *reine Innenpsychologie,* deskriptiv
(und wirklich ganz ausschließlich) aus innerer Erfahrung geschöpft, kein anderer Anfang als der mit dem *ego cogito.* Bei dem
Versagen aller neuzeitlichen Versuche, psychologische und philosophische Bewußtseinslehre zu unterscheiden, ist diese Bemer-
30 kung von größter Wichtigkeit. Es heißt sich also den Zugang zu
beiden versperren, wenn man,von der noch allherrschenden Tradition des Sensualismus mißleitet, den Anfang mit einer Emp-
findungslehre macht. Darin liegt: Man deutet vorweg das Bewußtseinsleben in vermeintlicher Selbstverständlichkeit als eine
35 Komplexion von Daten *äußerer* und (günstigstenfalls) auch *innerer Sinnlichkeit,* für deren Verbindung zu Ganzheiten man dann

die Gestaltqualitäten sorgen läßt. Um den *Atomismus* abzutun, fügt man noch die Lehre bei, daß in diesen Daten die Gestalten notwendig fundiert, also die Ganzen den Teilen gegenüber das an sich frühere sind. Aber die radikal anfangende deskriptive Be-
5 wußtseinslehre hat nicht solche Daten und Ganze vor sich, es sei denn als Vorurteile. Der Anfang ist die reine und sozusagen noch stumme Erfahrung, die nun erst zur reinen Aussprache ihres eigenen Sinnes zu bringen ist. Die wirklich erste Aussprache ist aber die Cartesianische des *ego cogito*, z.B.: Ich nehme wahr —
10 dieses Haus wahr, ich erinnere mich — eines gewissen Straßen-auflaufs usw.; und das erste Allgemeine der Beschreibung ist die Scheidung zwischen *cogito* und *cogitatum qua cogitatum*. In welchen Fällen und in welchen unterschiedenen Bedeutungen dann eventuell Empfindungsdaten rechtmäßig als Bestandstücke auf-
15 zuweisen sind, das ist ein spezielles Produkt einer enthüllenden und deskriptiven Arbeit — deren sich die traditionelle Bewußt-seinslehre zu ihrem Schaden völlig enthoben hat. Vermöge ihrer Unklarheit über das Prinzipielle der Methode ging ihr die unge-heure Thematik der Deskription der *cogitata qua cogitata* ganz ver-
20 loren, aber auch der eigentliche Sinn und die besonderen Auf-gaben der *cogitationes* selbst als Bewußtseinsweisen.

§ 17. *Die Zweiseitigkeit der Bewußtseinsforschung als eine korrelative Problematik. Richtungen der Deskription. Synthesis als. Urform des Bewußtseins.*

Sind uns aber der Anfang und die Aufgabenrichtung von vorn-herein klar, so ergeben sich uns, und zwar in unserer transzenden-talen Einstellung, wichtige Leitgedanken für die weitere Proble-
25 matik. Die Zweiseitigkeit der Bewußtseinsforschung (die Frage nach dem identischen Ich lassen wir jetzt noch unberücksich-tigt) ist deskriptiv als eine untrennbare Zusammengehörigkeit zu charakterisieren, die Verbindungsweise, die Bewußtsein mit Be-wußtsein einigt, als die dem Bewußtsein ausschließlich eigene der
30 *Synthesis*. Nehme ich z.B. das Wahrnehmen dieses Würfels zum Thema der Beschreibung, so sehe ich in der reinen Reflexion, daß *dieser* Würfel kontinuierlich als gegenständliche Einheit ge-geben ist in einer vielgestaltigen wandelbaren Mannigfaltigkeit bestimmt zugehöriger Erscheinungsweisen. Diese sind in ihrem
35 Ablauf nicht ein zusammenhangloses Nacheinander von Erleb-

nissen. Sie verlaufen vielmehr in der Einheit einer Synthesis, dergemäß in ihnen ein und dasselbe als Erscheinendes. bewußt wird. Der Würfel, der eine und selbe, erscheint bald in Naherscheinungen, bald in Fernerscheinungen, in den wechselnden 5 Modis des *Da* und *Dort* gegenüber einem, obschon unbeachtet, stets mitbewußten *absoluten Hier* (im miterscheinenden eigenen Leibe). Jede festgehaltene Erscheinungsweise eines solchen Modus, etwa *Würfel hier in der Nahsphäre*, zeigt sich aber selbst wieder als synthetische Einheit einer Mannigfaltigkeit zugehöriger 10 Erscheinungweisen. Nämlich das Nahding als dasselbe erscheint bald von dieser, bald von jener *Seite*, und es wechseln die ,,visuellen Perspektiven'', aber auch die ,,taktuellen'', die ,,akustischen'' und sonstigen ,,Erscheinungsweisen'', wie wir bei entsprechender Richtung der Aufmerksamkeit beobachten können. Achten wir 15 dann besonders auf irgendein Merkmal des Würfels, das sich in der Würfelwahrnehmung zeigt, z.B. auf die Gestalt oder Färbung des Würfels oder auf eine Würfelfläche für sich, oder auch auf deren Quadratgestalt, auf deren Farbe für sich usw., so wiederholt sich dasselbe. Wir finden stets das betreffende Merkmal als *Einheit* 20 dahinströmender *Mannigfaltigkeiten*. Geradehin gesehen, haben wir etwa die eine unverändert bleibende Gestalt oder Farbe, in reflektiver Einstellung die zugehörigen Erscheinungsweisen, die in kontinuierlicher Folge sich aneinanderschließenden der Orientierung, der Perspektive usw. Dabei ist jede solche Erscheinungswei- 25 se in sich selbst, z.B. die Gestalt oder Farbenabschattung in sich selbst Darstellung von ihrer Gestalt, ihrer Farbe usw. So hat also das jeweilige *cogito* nicht in unterschiedsloser Leere sein *cogitatum* bewußt, sondern in einer deskriptiven Mannigfaltigkeitsstruktur von einem ganz bestimmten, gerade diesem identischen 30 *cogitatum* wesensmäßig zugehörigen noetisch-noematischen Aufbau.

Parallele, wie sich in der Ausführung zeigt, überaus weitreichende Beschreibungen wie für die sinnliche Wahrnehmung können wir für alle Anschauungen, also auch die der anderen Anschau- 35 ungsmodi (die der nachveranschaulichenden Wiedererinnerung und vorveranschaulichenden Erwartung) durchführen; z.B. auch das erinnerte Ding erscheint in wechselnden Seiten, Perspektiven usw. Um aber den Unterschieden der Modi der Anschauung genugzutun, z.B. dem, was Erinnerungsgegebenheit unterscheidet

von Wahrnehmungsgegebenheit, kämen neue Beschreibungsdimensionen in Frage. Ein Allgemeinstes bleibt aber für jederlei Bewußtsein überhaupt als Bewußtsein von etwas. Dieses Etwas, der in ihm jeweils *intentionale Gegenstand als solcher* ist bewußt
5 als identische Einheit noetisch-noematisch wechselnder Bewußtseinsweisen, ob nun anschaulicher oder unanschaulicher.

Haben wir uns einmal der phänomenologischen Aufgabe der konkreten Bewußtseinsdeskription bemächtigt, so eröffnen sich uns wahre Unendlichkeiten — vor der Phänomenologie — nie
10 erforschter Tatsachen, die alle auch als Tatsachen der synthetischen Struktur bezeichnet werden können, die den einzelnen *cogitationes* (als konkreten synthetischen Ganzheiten), und auch in Bezug auf andere, noetisch-noematische Einheit geben. Erst die Aufhellung der Eigenheit der Synthesis macht die Aufweisung
15 des cogito, des intentionalen Erlebnisses, als Bewußtsein-von, macht also die bedeutsame Entdeckung F r a n z B r e n t a - n o s , daß die Intentionalität der deskriptive Grundcharakter der *psychischen Phänomene* sei, fruchtbar und legt die Methode einer deskriptiven — wie transzendental-philosophischen, so na-
20 türlich auch psychologischen — Bewußtseinslehre wirklich frei.

§ 18. *Identifikation als eine Grundform der Synthesis. Universale Synthesis der transzendentalen Zeit.*

Betrachten wir die Grundform der Synthesis, nämlich die der I d e n t i f i k a t i o n , so tritt sie uns zunächst als allwaltende, passiv verlaufende Synthesis gegenüber in der Form des kontinuierlichen inneren Zeitbewußtseins. Jedes Erlebnis hat seine
25 Erlebniszeitlichkeit. Ist es ein Bewußtseinserlebnis, in dem als *cogitatum* (wie in der Würfelwahrnehmung) ein weltliches Objekt erscheint, so haben wir zu unterscheiden die objektive Zeitlichkeit, die erscheint, z.B. dieses Würfels, von der *inneren* Zeitlichkeit des Erscheinens (z.B. der des Würfelwahrnehmens). Dieses
30 *strömt* dahin in seinen Zeitstrecken und -phasen, die ihrerseits kontinuierlich sich wandelnde Erscheinungen sind v o n d e m einen und selben Würfel. Ihre Einheit ist Einheit der Synthesis, nicht überhaupt eine kontinuierliche Verbundenheit von *cogitationes* (gewissermaßen ein äußerliches Aneinandergeklebtsein),
35 sondern Verbundenheit zu Einem Bewußtsein, in dem sich Einheit einer intentionalen Gegenständlichkeit a l s derselben man-

nigfaltiger Erscheinungsweisen *konstituiert.* Die Existenz einer
Welt, und so dieses Würfels hier, ist vermöge der ἐποχή *einge-*
klammert, aber der eine und selbe erscheinende Würfel ist dem
strömenden Bewußtsein kontinuierlich immanent, deskriptiv in
5 ihm, wie auch deskriptiv in ihm ist das *ein und dasselbe.* Dieses
In-Bewußtsein ist ein völlig eigenartiges Darinsein, nämlich nicht
Darinsein als reelles Bestandstück, sondern als intentionales, als
erscheinendes Ideell-darin-sein oder, was dasselbe besagt, Darinsein als sein immanenter *gegenständlicher Sinn.* Der Gegenstand
10 des Bewußtseins in seiner Identität mit sich selbst während des
strömenden Erlebens kommt nicht von außen her in dasselbe
hinein, sondern liegt in ihm selbst als Sinn beschlossen, und das
ist als *intentionale Leistung* der Bewußtseinssynthesis.
    Nun kann derselbe Würfel — bewußtseinsmäßig derselbe —
15 auch zugleich oder nacheinander in getrennten, sehr verschiedenartigen Bewußtseinsweisen bewußt sein, z.B. in gesonderten Wahrnehmungen, Wiedererinnerungen, Erwartungen,
Wertungen usw. Wieder ist es eine Synthesis, welche das Bewußtsein der Identität als einheitliches, diese gesonderten Er-
20 lebnisse übergreifendes Bewußtsein herstellt und damit jedes
Wissen von Identität möglich macht.
    Aber schließlich ist auch jedes Bewußtsein, in dem Nicht-iden-
tisches einheitlich bewußt wird, jedes Mehrheitsbewußtsein, Re-
lationsbewußtsein usw., in diesem Sinne eine S y n t h e s i s, ihr
25 eigentümliches cogitatum (Mehrheit, Relation usw.) synthetisch
oder, wie hier auch gesagt wird, syntaktisch konstituierend, mag
übrigens diese syntaktische Leistung als eine pure Passivität des
Ich oder als dessen Aktivität zu charakterisieren sein. Selbst
Widersprüche, Unverträglichkeiten sind Gebilde von freilich wie-
30 der andersartigen *Synthesen.*
    Synthesis liegt aber nicht nur in allen einzelnen Bewußtseins-
erlebnissen und verbindet nicht nur gelegentlich einzelne mit einzelnen; vielmehr ist das g e s a m t e   B e w u ß t s e i n s l e -
b e n, wie wir schon vorweg gesagt haben, s y n t h e t i s c h
35 v e r e i n h e i t l i c h t. Es ist also ein universales, alle je sich
abhebenden einzelnen Bewußtseinserlebnisse synthetisch in sich
fassendes *cogito* mit seinem universalen cogitatum, in verschiedenen Stufen fundiert in den mannigfaltigen Sonder-cogitata. Doch
besagt diese Fundierung nicht einen Aufbau im zeitlichen Nach-

einander einer Genesis, da vielmehr jedes erdenkliche Einzel-
erlebnis nur Abgehobenheit in einem immer schon einheitlich
vorausgesetzten Gesamtbewußtsein ist. Das universale cogitatum
ist das universale Leben selbst in seiner offen unendlichen Ein-
5 heit und Ganzheit. Nur weil es immer schon als Gesamteinheit erscheint, kann es auch in der ausgezeichneten Weise aufmerkend-
erfassender Akte betrachtet und zum Thema einer universellen
Erkenntnis gemacht werden. Die Grundform dieser universalen
Synthesis, die alle sonstigen Bewußtseinssynthesen möglich
10 macht, ist das allumspannende innere Zeitbewußtsein. Sein Korrelat ist die immanente Zeitlichkeit selbst, dergemäß alle je reflektiv vorzufindenden Erlebnisse des ego als zeitlich geordnet,
als zeitlich anfangende und endende, als gleichzeitig und nacheinander sich darbieten müssen — innerhalb des ständigen un-
15 endlichen Horizontes *der* immanenten Zeit. Die Unterscheidung
zwischen Zeitbewußtsein und Zeit selbst kann auch ausgedrückt
werden als zwischen innerzeitlichem Erlebnis, bzw. seiner Zeitform, und seinen temporalen Erscheinungsweisen als den entsprechenden *Mannigfaltigkeiten.* Da diese Erscheinungsweisen
20 des inneren Zeitbewußtseins selbst *intentionale Erlebnisse* sind
und in der Reflexion wieder notwendig als Zeitlichkeiten gegeben
sein müssen, so stoßen wir auf eine paradoxe Grundeigenheit des
Bewußtseinslebens, das so auch mit einem unendlichen Regreß
behaftet zu sein scheint. Die verstehende Aufklärung dieser Tat-
25 sache bereitet außerordentliche Schwierigkeiten. Aber wie immer,
sie ist, und sogar apodiktisch, evident und bezeichnet eine Seite
des wundersamen Für-sich-selbst-seins des ego, nämlich hier zunächst des Seins seines Bewußtseinslebens in Form des Auf-sich-
selbst-intentional-zurückbezogen-seins.

§ 19. *Aktualität und Potentialität des intentionalen Lebens.*

30 Die Vielfältigkeit der Intentionalität, die zu jedem cogito gehört, zu jedem weltlich bezogenen cogito schon dadurch, daß es
nicht nur Weltliches bewußt hat, sondern selbst, als cogito, im
inneren Zeitbewußtsein bewußt ist, ist nicht thematisch erschöpft
in der bloßen Betrachtung der cogitata als aktueller Erlebnisse.
35 Vielmehr i m p l i z i e r t j e d e A k t u a l i t ä t i h r e P o -
t e n t i a l i t ä t e n, die keine leeren Möglichkeiten sind, sondern inhaltlich, und zwar im jeweiligen aktuellen Erlebnis selbst,

intentional vorgezeichnete, und zudem ausgestattet mit dem Charakter vom Ich zu verwirklichender. Damit ist ein weiterer
Grundzug der Intentionalität angezeigt. Jedes Erlebnis hat einen
im Wandel seines Bewußtseinszusammenhanges und im Wandel
5 seiner eigenen Stromphasen wechselnden *Horizont* — einen intentionalen Horizont der Verweisung auf ihm selbst zugehörige
Potentialitäten des Bewußtseins. Z.B. zu jeder äußeren Wahrnehmung gehört die Verweisung von den *eigentlich wahrgenommenen* Seiten des Wahrnehmungsgegenstandes auf die *mitgemein-
10 ten*, noch nicht wahrgenommenen, sondern nur erwartungsmäßig und zunächst in unanschaulicher Leere antizipierten Seiten — als die nunmehr wahrnehmungsmäßig *kommenden*, eine
stetige *Protention*, die mit jeder Wahrnehmungsphase neuen Sinn
hat. Zudem hat die Wahrnehmung Horizonte von anderen Mög-
15 lichkeiten der Wahrnehmung als solchen, die wir haben k ö n n-
t e n, wenn wir tätig den Zug der Wahrnehmung anders dirigieren, die Augen etwa, statt so, vielmehr anders bewegen, oder
wenn wir vorwärts oder zur Seite treten würden usw. In der entsprechenden Erinnerung kehrt das modifiziert wieder, etwa im
20 Bewußtsein, ich hätte damals statt faktisch sichtlich gewesener
auch andere Seiten wahrnehmen können, natürlich, wenn ich entsprechend meine Wahrnehmungstätigkeit anders dirigiert hätte.
Zudem gehört, um das nachzuholen, zu jeder Wahrnehmung
stets ein Vergangenheitshorizont als Potentialität zu erweckender
25 Wiedererinnerungen und zu jeder Wiedererinnerung als Horizont
die kontinuierliche mittelbare Intentionalität möglicher (von mir
aus tätig zu verwirklichender) Wiedererinnerungen bis zum jeweils aktuellen Wahrnehmungsjetzt hin. Hier überall spielt in
diese Möglichkeiten hinein ein *Ich kann* und *Ich tue* bzw. *Ich
30 kann anders als ich tue* — im übrigen unbeschadet der stets offen
möglichen Hemmungen dieser wie jeder Freiheit. Die Horizonte
sind vorgezeichnete Potentialitäten. Wir sagen auch, man kann
jeden Horizont nach dem, was in ihm liegt, befragen, ihn auslegen, die jeweiligen Potentialitäten des Bewußtseinslebens *ent-
35 hüllen*. Eben damit enthüllen wir aber den im aktuellen cogito
stets nur in einem Grade der Andeutung implicite gemeinten gegenständlichen Sinn. Dieser, das *cogitatum qua cogitatum*, ist nie
als ein fertig Gegebenes vorstellig; er *klärt* sich erst durch diese
Auslegung des Horizontes und der stetig neu geweckten Horizon-

te. Die Vorzeichung selbst ist zwar allzeit unvollkommen, aber in ihrer *Unbestimmtheit* doch von einer *Struktur der Bestimmtheit.* Z.B. der Würfel läßt nach den unsichtigen Seiten noch vielerlei offen, und doch ist er schon als Würfel, und dann in Sonderheit
5 als farbig, rauh und dgl., im voraus *aufgefaßt,* wobei aber jede dieser Bestimmungen stets noch Besonderheiten offen läßt. Dieses Offenlassen ist vor den wirklichen Näherbestimmungen, die vielleicht nie erfolgen, ein im jeweiligen Bewußtsein selbst beschlossenes Moment, eben das, was den *Horizont* ausmacht. Durch
10 wirklich fortgehende Wahrnehmung — gegenüber der bloßen Klärung durch antizipierende *Vorstellungen* — erfolgt *erfüllende* Näherbestimmung und ev. Andersbestimmung, aber mit neuen Horizonten der Offenheit.

So gehört zu jedem Bewußtsein als Bewußtsein von etwas die
15 Wesenseigenheit, nicht nur überhaupt in immer neue Bewußtseinsweisen übergehen zu können als Bewußtsein von demselben Gegenstand, der in der Einheit der Synthesis ihnen intentional einwohnt als identischer gegenständlicher Sinn; sondern es zu können, ja es nur zu können in der Weise jener H o r i z o n t i n -
20 t e n t i o n a l i t ä t. Der Gegenstand ist sozusagen ein Identitätspol, stets mit einem vorgemeinten und zu verwirklichenden Sinn bewußt, in jedem Bewußtseinsmoment Index einer ihm sinngemäß zugehörigen noetischen Intentionalität, nach der gefragt, die expliziert werden kann. Das alles ist der Forschung kon-
25 kret zugänglich.

§ 20. *Die Eigenart der intentionalen Analyse.*

Es zeigt sich, daß Bewußtseins-*Analyse* als intentionale etwas total anderes ist als Analyse im gewöhnlichen und natürlichen Sinne. Das Bewußtseinsleben, so sagten wir schon einmal, ist kein bloßes Ganzes von Bewußtseins-*Daten,* und demnach bloß
30 *anlysierbar* — in einem weitesten Sinne teilbar — in seine selbständigen oder unselbständigen Elemente, wobei dann die Einheitsformen (die *Gestaltqualitäten*) den unselbständigen zuzurechnen seien. Intentionale Analyse führt zwar, und insoweit kann das Wort noch dienen, in gewissen thematischen Blickrichtungen
35 a u c h auf Teilungen, aber ihre überall eigentümliche Leistung ist Enthüllung der in den Bewußtseinsaktualitäten *implizierten* Potentialitäten, wodurch sich in noematischer Hinsicht *Ausle-*

gung, Verdeutlichung und ev. *Klärung* des bewußtseinsmäßig Vermeinten, des gegenständlichen Sinnes vollzieht. Intentionale Analyse ist geleitet von der Grunderkenntnis, daß jedes cogito als
Bewußtsein zwar im weitesten Sinne Meinung seines Gemeinten
5 ist, aber daß dieses Vermeinte in jedem Momente mehr ist (mit
einem Mehr Vermeintes), als was im jeweiligen Moment als *explizit* Gemeintes vorliegt. In unserem Beispiel war jede Wahrnehmungsphase bloße Seite des Gegenstandes als wahrnehmungsmäßig vermeinten. Dieses in jedem Bewußtsein liegende Über-
10 sich-hinaus-meinen muß als Wesensmoment desselben betrachtet
werden. Daß es aber *Mehrmeinung* von demselben heißt und
heißen muß, das zeigt erst die Evidenz möglicher Verdeutlichung,
und schließlich anschaulicher Enthüllung in Form wirklichen und
möglichen Fort- wahrnehmens oder möglichen Wiedererinnerns
15 als von mir aus zu betätigendem. Der Phänomenologe betätigt
sich aber nicht in einer bloß naiven Hingabe an den intentionalen
Gegenstand rein als solchen, er vollzieht nicht ein bloßes Betrachten desselben geradehin, ein Auslegen seiner gemeinten Merkmale,
seiner gemeinten Teile und Eigenschaften. Denn dann bliebe die
20 das Anschaulich-oder-unanschaulich-bewußthaben und das auslegende Betrachten selbst ausmachende Intentionalität *anonym.* Mit anderen Worten, es blieben verborgen die noetischen
Mannigfaltigkeiten des Bewußtseins und deren synthetische Einheit, vermöge deren wir, und als ihre wesensmäßige Einheitslei-
25 stung, überhaupt einen intentionalen Gegenstand, und jeweils diesen bestimmten, kontinuierlich gemeint haben, ihn gleichsam vor
uns haben als so und so gemeinten; und etwa die verborgenen
konstitutiven Leistungen, durch die wir (wenn Betrachtung sich
alsbald als Auslegung fortsetzt) so etwas wie Merkmal, Eigen-
30 schaft, Teil als Explikate des Gemeinten geradehin vorfinden
bzw. implizite meinen und dann anschaulich herausstellen können. Indem der Phänomenologe alles Gegenständliche und das
darin Vorfindliche ausschließlich als *Bewußtseinskorrelat* erforscht, betrachtet und beschreibt er es nicht nur geradehin und
35 auch nicht bloß überhaupt zurückbezogen auf das entsprechende
Ich, auf das *ego cogito,* dessen *cogitatum* es ist, vielmehr dringt er
enthüllend mit seinem reflektierenden Blick in das anonyme co-
gitierende Leben ein, er enthüllt die bestimmten synthetischen
Verläufe der mannigfaltigen Bewußtseinsweisen und die noch

weiter zurückliegenden Modi des ichlichen Verhaltens, die das
Für-das-Ich-schlechthin-vermeint-sein, das anschauliche oder unanschauliche, des Gegenständlichen verständlich machen; oder
es verständlich machen, wie Bewußtsein in sich selbst, und ver-
5 möge seiner jeweiligen intentionalen Struktur, es notwendig
macht, daß in ihm dergleichen *seiendes* und *soseiendes* Objekt
bewußt werden, als solcher Sinn auftreten kann. So erforscht er
z.B. im Falle raumdinglicher Wahrnehmung (zunächst unter Abstraktion von allen Prädikaten der Bedeutung sich rein an die
10 *res extensa* haltend) die wechselnden *Sehdinge* und sonstigen *Sin-
nendinge*, wie sie in sich den Charakter der Erscheinungen v o n
dieser selben *res extensa* haben. Er erforscht für eine jede ihre
wechselnden Perspektiven, ferner hinsichtlich ihrer zeitlichen
Gegebenheitsweisen die Abwandlungen ihres Noch-bewußtseins
15 im retentionalen Herabsinken, in ichlicher Hinsicht die Modi der
Aufmerksamkeit usw. Dabei ist zu beachten, daß die phänom-
nologische Auslegung des Wahrgenommenen als solchen nicht an
die im Fortgang der Wahrnehmung sich vollziehende wahrnehmungsmäßige Explikation desselben nach seinen Merkmalen ge-
20 bunden ist, sondern sie macht das im Sinn des *cogitatum* Beschlossene und bloß unanschaulich Mitgemeinte (wie die *Rückseite*)
klar durch Vergegenwärtigung der potentiellen Wahrnehmungen,
die das Unsichtliche sichtlich machen würden. Das gilt allgemein
für jede intentionale Analyse. Als solche greift sie über die ver-
25 einzelten und zu analysierenden Erlebnisse hinaus: indem sie deren korrelative Horizonte auslegt, stellt sie die sehr mannigfaltigen
anonymen Erlebnisse in das thematische Feld derjenigen, die für
den gegenständlichen Sinn des betreffenden cogitatum *konstitutiv*
fungieren: also nicht nur die aktuellen, sondern auch die poten-
30 tiellen, als welche in der sinnleistenden Intentionalität der aktuellen Erlebnisse *impliziert, vorgezeichnet* sind, und die, herausgestellt,
den evidenten Charakter haben der den impliziten Sinn auslegenden. Nur auf diese Weise kann der Phänomenologe sich verständlich machen, wie in der Immanenz des Bewußtseinslebens,
35 und in wie beschaffenen Bewußtseinsweisen dieses unaufhörlichen
Bewußtseinsflusses, so etwas wie stehende und bleibende gegenständliche Einheiten bewußt werden können, und im besonderen,
wie diese wunderbare Leistung der *Konstitution* von identischen
Gegenständen für jede Gegenstandskategorie zustandekommt,

d.h. wie das konstituierende Bewußtseinsleben für eine jede aussieht und aussehen muß nach den korrelativen noetischen und noematischen Abwandlungen von demselben Gegenstand. Die H o r i z o n t s t r u k t u r aller Intentionalität schreibt also der
5 phänomenologischen Analyse und Deskription eine total neuartige Methodik vor — eine Methodik, die überall in Aktion tritt, wo Bewußtsein und Gegenstand, wo Meinung und Sinn, reale und ideale Wirklichkeit, Möglichkeit, Notwendigkeit, Schein, Wahrheit, aber auch Erfahrung, Urteil, Evidenz usw. als Titel für
10 transzendentale (in der Parallele für rein psychologische) Probleme auftreten und als echte Probleme des subjektiven „Ursprungs" in Arbeit genommen werden sollen 1).

Zunächst scheint freilich die Möglichkeit einer reinen Bewußtseinsphänomenologie recht fraglich, nämlich mit Rücksicht auf
15 die Tatsache, daß das Reich der Bewußtseinsphänomene so recht das Reich Heraklitischen Flusses ist. Es wäre in der Tat hoffnungslos, hier in einer Methodik der Begriffs- und Urteilsbildung verfahren zu wollen, wie sie für die objektiven Wissenschaften die maßgebende ist. Ein Bewußtseinserlebnis als identischen
20 Gegenstand auf Grund der Erfahrung so bestimmen zu wollen wie ein Naturobjekt — also schließlich unter der idealen Präsumption einer möglichen Explikation in identische und durch feste Begriffe faßbare Elemente — wäre freilich ein Wahn. Bewußtseinserlebnisse haben nicht nur vermöge unserer unvollkommenen
25 Erkenntniskraft für derartige Gegenstände, sondern a priori keine letzten *Elemente* und Relationen, die sich der Idee fester begrifflicher Bestimmbarkeiten fügten, für die also die Aufgabe approximativer Bestimmung unter festen Begriffen vernünftig zu stellen wäre. Darum besteht aber doch die Idee einer *intentionalen*
30 *Analyse* zu Recht. Denn im Fluß intentionaler Synthesis, die in allem Bewußtsein Einheit schafft und Einheit gegenständlichen Sinnes noetisch und noematisch konstituiert, herrscht eine wesensmäßige, in strenge Begriffe faßbare Typik.

---

1) Mutatis mutandis gilt offenbar dasselbe für eine *Innenpsychologie*, oder eine *rein intentionale*, die wir andeutungsweise als Parallele der konstitutiven und zugleich transzendentalen Phänomenologie herausgestellt haben. Die einzig radikale Reform der Psychologie liegt in der reinen Ausbildung einer intentionalen Psychologie. Schon Brentano hat sie gefordert, aber leider noch nicht den Grundsinn einer intentionalen Analyse, also der Methode erkannt, die eine solche Psychologie allererst möglich macht, wie sie denn durch sie erst ihre echte, wahrhaft unendliche Problematik erschließt.

§ 21. Der intentionale Gegenstand als „transzendentaler Leitfaden"

Die allgemeinste Typik, in der als Form alles Besondere beschlossen ist, wird bezeichnet durch unser allgemeines Schema *ego-cogito-cogitatum*. Auf sie beziehen sich die allgemeinsten Beschreibungen, die wir über Intentionalität, über die ihr zuge-
5 hörige Synthesis usw. versucht haben. In der Besonderung dieser Typik und ihrer Deskription spielt aus leicht verständlichen Gründen der auf seiten des cogitatum stehende intentionale Gegenstand die Rolle des t r a n s z e n d e n t a l e n L e i t f a -
d e n s für die Erschließung der typischen Mannigfaltigkeit von
10 cogitationes, die in möglicher Synthesis ihn als denselben vermeinten bewußtseinsmäßig in sich tragen. Der Ausgang ist ja notwendig der jeweils geradehin gegebene Gegenstand, von dem aus die Reflexion zurückgeht auf die jeweilige Bewußtseinsweise und auf die in dieser horizontmäßig beschlossenen potentiellen
15 Bewußtseinsweisen, dann auf diejenigen, in denen er sonst als derselbe bewußt sein könnte in der Einheit eines möglichen Bewußtseinslebens. Halten wir uns noch im Rahmen der formalen Allgemeinheit, denken wir einen Gegenstand überhaupt in inhaltlich ungebundener Beliebigkeit als *cogitatum* und nehmen ihn in
20 dieser Allgemeinheit als Leitfaden, so sondert sich die Mannigfaltigkeit möglicher Bewußtseinsweisen von demselben — der formale Gesamttypus — in eine Reihe scharf unterschiedener noetisch-noematischer S o n d e r t y p e n. Mögliche Wahrnehmung, Retention, Wiedererinnerung, Vorerwartung, Signifikation, ana-
25 logisierende Veranschaulichung sind z.B. solche Typen der Intentionalität, die zu jedem erdenklichen Gegenstand gehören, wie denn auch die zu ihnen gehörigen Typen synthetischer Verflechtung. Alle diese Typen besondern sich wieder in ihrem ganzen noetisch-noematischen Aufbau, sobald wir die leer gehaltene All-
30 gemeinheit des intentionalen Gegenstandes besondern. Die Besonderungen können zunächst formal-logische (formal-ontologische) sein: also Modi des Etwas überhaupt, wie Einzelnes und letzlich Individuelles, Allgemeines, Mehrheit, Ganzes, Sachverhalt, Relation usw. Hier tritt auch der radikale Unterschied
35 zwischen realen Gegenständlichkeiten (in einem weiten Sinn) und kategorialen auf, die letzteren zurückweisend auf einen Ursprung aus *Operationen*, aus einer schrittweise erzeugend-aufbauenden

Ich-Aktivität, die ersteren aus Leistungen einer bloß passiven
Synthesis [1]). Anderseits haben wir die material-ontologischen
Besonderungen, anknüpfend an den Begriff des realen Individuums, der sich in seine realen Regionen scheidet, z.B. (bloßes)
5 Raumding, animalisches Wesen usw., entsprechende Besonderungen für die zugehörigen formal-logischen Abwandlungen
(reale Eigenschaft, reale Mehrheit, reale Relation usw.) nach sich
ziehend.

Jeder sich nach diesen Leitfäden ergebende Typus ist nach sei-
10 ner noetisch-noematischen Struktur zu befragen, ist systematisch
auszulegen und zu begründen nach seinen Weisen des intentionalen Flusses und nach seinen typischen Horizonten und deren
Implikaten usw. Hält man einen beliebigen Gegenstand in seiner
Form oder Kategorie fest, und hält man beständig in Evidenz die
15 Identität desselben im Wandel seiner Bewußtseinsweisen, so zeigt
sich, daß sie, wie fließend sie auch sein mögen und wie unfaßbar
nach letzten Elementen, sie doch keineswegs beliebige sind. Sie
bleiben stets g e b u n d e n   a n   e i n e   S t r u k t u r t y p i k,
die unzerbrechlich dieselbe ist, solange eben die Gegenständlich-
20 keit gerade als diese und als so geartete bewußt bleibt und solange sie im Wandel der Bewußtseinsweisen in der Evidenz der
Identität soll verharren können.

Eben diese Strukturtypik systematisch auszulegen, ist die Aufgabe der transzendentalen Theorie, die, wenn sie sich an eine ge-
25 genständliche Allgemeinheit als Leitfaden hält, Theorie der transzendentalen Konstitution des Gegenstandes überhaupt als Gegenstandes der betreffenden Form oder Kategorie, zuhöchst Re-
gion, heißt. So erwachsen, zunächst unterschieden, vielerlei transzendentale Theorien, eine Theorie der Wahrnehmung und der
30 sonstigen Typen von Anschauungen, eine Theorie der Signifikation, eine Urteilstheorie, eine Willenstheorie usf. Sie schließen
sich aber einheitlich zusammen, nämlich mit Beziehung auf die
übergreifenden synthetischen Zusammenhänge, sie sind funk-
tionell zusammengehörig zu der formal-allgemeinen konstituti-
35 ven Theorie eines G e g e n s t a n d e s   ü b e r h a u p t, bzw.
eines offenen Horizontes möglicher Gegenstände überhaupt als
Gegenstände möglichen Bewußtseins.

In weiterer Folge erwachsen dann konstitutive transzendentale

---

[1]) ‹Auf diesen Satz bezieht sich R. Ingardens Bemerkung S. 214f. ›

Theorien, die sich, nun nicht mehr als formale, z.B. auf Raumdinge
überhaupt, einzeln und im universalen Zusammenhang einer Natur, auf psychophysische Wesen, auf Menschen, auf soziale Gemeinschaften, auf Kulturobjekte, schließlich auf eine objektive
5 Welt überhaupt — rein als Welt möglichen Bewußtseins, und
transzendental als eine rein im transzendentalen ego sich bewußtseinsmäßig konstituierende Welt — beziehen. Das alles natürlich in der konsequent durchgeführten transzendentalen ἐποχή.
Doch dürfen wir nicht übersehen, daß nicht nur die Typen der als
10 objektiv bewußten realen und idealen Gegenstände Leitfäden für
konstitutive Untersuchungen sind, das ist in Fragestellung nach
der universalen Typik ihrer möglichen Bewußtseinsmodi, sondern
auch die Typen der bloß subjektiven Gegenstände, wie aller immanenten Erlebnisse selbst, sofern sie als Gegenstände des inne-
15 ren Zeitbewußtseins einzeln und universal ihre Konstitution haben. In jeder Hinsicht heben sich Probleme einzeln für sich be-
trachteter Gegenstandsarten ab und Probleme der Universalität.
Die letzteren betreffen das ego in der Universalität seines Seins
und Lebens und in Beziehung auf die korrelative Universalität
20 seiner gegenständlichen Korrelate. Nehmen wir die einheitliche
objektive Welt als transzendentalen Leitfaden, so weist sie zurück auf die durch die Einheit des ganzen Lebens durchreichende
Synthesis der objektiven Wahrnehmungen und sonst auftretenden objektiven Anschauungen, vermöge welcher Synthesis sie
25 jederzeit als Einheit bewußt ist und thematisch werden kann.
Danach ist die Welt ein egologisches Universalproblem, desgleichen in rein immanenter Blickrichtung das gesamte Bewußtseinsleben in seiner immanenten Zeitlichkeit.

§ 22. *Idee der universalen Einheit aller Gegenstände und die Aufgabe*
ihrer konstitutiven Aufklärung.

Gegenstandstypen — in der phänomenologischen Reduktion
30 rein als cogitata gefaßt und nicht in *Vorurteilen* einer im voraus
geltenden wissenschaftlichen Begrifflichkeit — fanden wir als
Leitfäden für thematisch zusammengehörige transzendentale Untersuchungen. Die konstituierenden Bewußtseinsmannigfaltig-
keiten — die in Wirklichkeit oder Möglichkeit zur Einheit der
35 Synthesis im Selben zu bringenden — sind eben nicht zufällig,
sondern aus Wesensgründen in Hinsicht auf die Möglichkeit sol-

cher Synthesis zusammengehörig. Sie stehen also unter Prinzipien, vermöge deren die phänomenologischen Untersuchungen
sich nicht in zusammenhangslose Beschreibungen verlieren, sondern sich aus Wesensgründen organisieren. Jedes Objekt, j e -
5 d e r G e g e n s t a n d ü b e r h a u p t (auch jeder immanente) bezeichnet e i n e R e g e l s t r u k t u r d e s t r a n -
s z e n d e n t a l e n e g o. Als sein Vorgestelltes, wie immer Be-
wußtes bezeichnet es sofort eine universale Regel möglichen sonstigen Bewußtseins von demselben, möglich in einer wesens-
10 mäßig vorgezeichneten Typik; und so natürlich schon jedes *Erdenkliche*, als vorgestellt Denkbare. Die transzendentale Subjektivität ist nicht ein Chaos intentionaler Erlebnisse. Sie ist aber
auch nicht ein Chaos von konstitutiven Typen, deren jeder in
sich organisiert ist durch Beziehung auf eine Art oder Form in-
15 tentionaler Gegenstände. Mit anderen Worten: die Allheit der für
mich, und transzendental gesprochen, der für mich als transzendentales ego erdenklichen Gegenstände und Gegenstandstypen
ist kein Chaos, und korrelativ ist das auch nicht die Allheit der
den Gegenstandstypen entsprechenden Typen der unendlichen
20 Mannigfaltigkeiten, die jeweils ihrer möglichen Synthesis ‹nach›
noetisch und noematisch zusammengehören.

Das deutet vor auf eine universale konstitutive Synthesis, in
der alle Synthesen in bestimmt geordneter Weise zusammen fungieren und in der also alle wirklichen und möglichen Gegenständ-
25 lichkeiten als solche für das transzendentale ego und korrelativ
alle ihre wirklichen und möglichen Bewußtseinsweisen umspannt
sind. Wir können auch sagen: es deutet sich eine ungeheure Aufgabe an, welche die der gesamten transzendentalen Phänomenologie ist, die Aufgabe, in der Einheit einer systematischen und
30 allumspannenden Ordnung am beweglichen Leitfaden eines stu-
fenweise herauszuarbeitenden Systems aller Gegenstände möglichen Bewußtseins, und darin des Systems ihrer formalen und
materialen Kategorien, a l l e p h ä n o m e n o l o g i s c h e n
U n t e r s u c h u n g e n a l s e n t s p r e c h e n d e k o n s t i-
35 t u t i v e d u r c h z u f ü h r e n, also streng systematisch aufeinander gebaut, miteinander verknüpft.

Doch wir sagen besser, es handle sich hier um eine unendliche
r e g u l a t i v e I d e e; das in evidenter Antizipation voraus-
zusetzende System möglicher Gegenstände als solcher möglichen

Bewußtseins sei selbst eine Idee (aber nicht eine Erfindung, nicht ein „als ob") und gebe praktisch das Prinzip an die Hand, durch beständige Enthüllung nicht nur der Gegenstände des Bewußtseins innerlich eigenen Horizonte, sondern auch der nach außen,
5 auf Wesensformen der Zusammenhänge verweisenden Horizonte, jede relativ geschlossene konstitutive Theorie mit jeder zu verbinden. Freilich schon die an den beschränkten Leitfäden gegenständlicher Einzeltypen sich darbietenden Aufgaben erweisen sich als höchst kompliziert und führen überall bei tieferem Eindringen
10 zu großen Disziplinen — wie das z.B., für eine transzendentale Theorie der Konstitution eines Raumgegenstandes und gar einer Natur überhaupt, der Animalität und Humanität überhaupt, Kultur überhaupt der Fall ist.

III. MEDITATION

DIE KONSTITUTIVE PROBLEMATIK. WAHRHEIT UND WIRKLICHKEIT

§ 23. *Prägnanterer Begriff der transzendentalen Konstitution unter den Titeln „Vernunft" und „Unvernunft".*

Phänomenologische Konstitution war uns bisher Konstitution
15 eines intentionalen Gegenstandes überhaupt. Sie umspannte den Titel *cogito-cogitatum* in seiner vollen Weite. Wir gehen nun daran, diese Weite strukturell zu differenzieren und einen prägnanteren Begriff von Konstitution vorzubereiten. Es war bisher gleich, ob es sich um wahrhaft seiende oder nicht-seiende bzw. mögliche
20 oder unmögliche Gegenstände handelte. Dieser Unterschied ist nicht etwa durch die Enthaltung der Entscheidung für Sein und Nicht-sein der Welt (und in weiterer Folge sonstiger vorgegebener Gegenständlichkeiten) außer Frage gestellt. Er ist vielmehr unter den weitgefaßten Titeln Vernunft und Unvernunft als
25 Korrelattiteln für Sein und Nicht-sein ein Universalthema der Phänomenologie. Durch die ἐποχή reduzieren wir auf pure Meinung (*cogito*) und Vermeintes rein als Vermeintes. Auf letzteres — also nicht auf Gegenstände schlechthin, sondern auf g e g e n - s t ä n d l i c h e n S i n n — beziehen sich die Prädikate Sein
30 und Nichtsein und ihre modalen Abwandlungen; auf ersteres, auf

das jeweilige Meinen, die Prädikate Wahrheit (Richtigkeit) und
Falschheit, obschon in einem allerweitesten Sinn. Nicht ohne
weiteres sind diese Prädikate an den vermeinenden Erlebnissen
bzw. den vermeinten Gegenständen.als solchen als phänomeno-
5 logische Daten gegeben, und doch haben sie ihren *phänomenolo-*
gischen Ursprung. Zu den nach ihrer phänomenologischen Typik
erforschbaren Mannigfaltigkeiten synthetisch zusammengehö-
riger Bewußtseinsweisen für jeden vermeinten Gegenstand irgendwelcher Kategorie gehören auch diejenigen Synthesen, die hin-
10 sichtlich der jeweiligen Ausgangsmeinung den typischen Stil bewährender, und im besonderen evident bewährender haben, oder
auch im Gegenteil den aufhebender und evident aufhebender.
Dabei hat korrelativ der vermeinte Gegenstand den evidenten
Charakter des seienden bzw. des nicht-seienden (des aufgeho-
15 benen, *durchstrichenen* Seins). Diese synthetischen Vorkommnisse
sind Intentionalitäten höherer Stufe, die allen gegenständlichen
Sinnen in exklusiver Disjunktion zugehören, als wesensmäßig von
seiten des transzendentalen ego herzustellende Akte und Korrelate der Vernunft. V e r n u n f t i s t k e i n z u f ä l l i g -
20 f a k t i s c h e s V e r m ö g e n, nicht ein Titel für mögliche zufällige Tatsachen, vielmehr für eine u n i v e r s a l e w e s e n s -
m ä ß i g e S t r u k t u r f o r m d e r t r a n s z e n d e n t a -
l e n S u b j e k t i v i t ä t · ü b e r h a u p t.
    Vernunft verweist auf Möglichkeiten der Bewährung, und diese
25 letztlich auf das Evident-machen und Evident-haben.
    Von diesem mußten wir schon zu Anfang unserer Meditationen
— als wir in der ersten Naivität nach den methodischen Richt-
linien erst suchten, also noch nicht auf dem phänomenologischen
Boden standen — sprechen. Es wird jetzt zu unserem phänome-
30 nologischen Thema.

§ 24. *Evidenz als Selbstgegebenheit und ihre Abwandlungen.*

    Im weitesten Sinne bezeichnet Evidenz ein allgemeines Urphä-
nomen des intentionalen Lebens — gegenüber sonstigem Bewußthaben, das a priori *leer*, vormeinend, indirekt, uneigentlich sein
kann, die ganz ausgezeichnete Bewußtseinsweise der Selbster-
35 scheinung, des Sich-selbst-darstellens, des Sich-selbst-gebens
einer Sache, eines Sachverhaltes, einer Allgemeinheit, eines Wertes usw. im Endmodus des *Selbst da, unmittelbar anschaulich, óri-*

ginaliter gegeben. Für das Ich besagt das: nicht verworren, leer
vormeinend auf etwas hinmeinen, sondern bei ihm selbst sein, es
selbst schauen, sehen, einsehen. Erfahrung im gemeinen Sinne ist
eine besondere Evidenz, Evidenz überhaupt, können wir sagen,
5 ist Erfahrung in einem weitesten, und doch wesensmäßig einheitlichen Sinne. Evidenz ist zwar hinsichtlich irgendwelcher
Gegenstände nur ein gelegentliches Vorkommnis des Bewußtseinslebens, aber es bezeichnet doch eine Möglichkeit, und zwar
als Ziel einer strebenden und verwirklichenden Intention für je-
10 des irgend schon Vermeinte und zu Vermeinende, und somit einen
wesensmäßigen G r u n d z u g   d e s   i n t e n t i o n a l e n   L e-
b e n s   ü·b e r h a u p t. Jedes Bewußtsein überhaupt ist entweder selbst schon vom Charakter der Evidenz, das ist hinsichtlich
seines intentionalen Gegenstandes ihn selbstgebend, oder es ist
15 wesensmäßig auf Überführung in Selbstgebungen angelegt, also
auf Synthesen der Bewährung, die wesensmäßig zum Bereich
des *Ich kann* gehören. Jedes vage Bewußtsein kann in der Einstellung transzendentaler Reduktion befragt werden, ob ihm und wie
weit ihm unter Erhaltung der Identität des vermeinten Gegen-
20 standes dieser im Modus des *Er selbst* entspricht bzw. entsprechen kann oder, was dasselbe, wie er, der vorausgesetzte, als er
selbst aussehen müßte, wobei sich das noch unbestimmt Antizi-
pierte zugleich näher bestimmte. Im Prozeß der Bewährung kann
sich die Bewährung ins Negative umwenden, es kann statt des
25 Vermeinten selbst ein *anderes*, und zwar im Modus *Es selbst* her-
vortreten, an dem die Position des Gemeinten scheitert und es
seinerseits den Charakter der Nichtigkeit annimmt.

Nicht-sein ist nur eine aus gewissen Gründen in der Logik be-
vorzugte Modalität des Seins schlechthin, der Seinsgewißheit.
30 Aber Evidenz in einem allerweitesten Sinne ist ein Korrelatbegriff nicht nur hinsichtlich der Begriffe Sein und Nicht-sein. Er
modalisiert sich auch korrelativ zu den sonstigen modalen Abwandlungen des Seins schlechthin, als wie Möglich-sein, Wahr-
scheinlich-, Zweifelhaft-sein, aber auch mit den nicht in diese
35 Reihe gehörigen Abwandlungen, die ihren Ursprung in der Ge-
müts- und Willenssphäre haben, wie Wert- und Gut-sein.

§ 25. *Wirklichkeit und Quasi-Wirklichkeit.*

Alle diese Unterschiede spalten sich zudem in parallele ver-

möge des durch die ganze Bewußtseinssphäre und korrelativ
durch alle Seinsmodalitäten hindurchgehenden Unterschiedes
zwischen Wirklichkeit und Phantasie (Wirklichkeit-als-ob). Auf
der letzteren Seite entspringt ein neuer allgemeiner Begriff von
5 M ö g l i c h k e i t, der in der Weise der bloßen Erdenklichkeit
(in einem Sich-denken, als ob es wäre) alle Seinsmodi, angefangen
von der schlichten Seinsgewißheit, modifiziert wiederholt. Er tut
das in der Weise von Modis rein phantasiemäßiger *Unwirklichkeiten* gegenüber denen der *Wirklichkeit* (wirklich sein, wirklich
10 wahrscheinlich sein, wirklich zweifelhaft oder nichtig sein usw.).
So scheiden sich korrelativ Bewußtseinsmodi der *Positionalität*
und solche der *Quasi-Positionalität* (des Als-ob, des *Phantasierens* –
ein freilich zu vieldeutiger Ausdruck), und ihren besonderen Weisen entsprechen eigene Weisen der Evidenz von ihren vermeinten
15 Gegenständen, und zwar i n deren jeweiligen Seinsmodis, und
ebenso Potentialitäten des Evidentmachens. Hierher gehört, was
wir öfters Klärung, zur Klarheit bringen nennen, es bezeichnet
stets einen M o d u s d e s E v i d e n t m a c h e n s, des In-
szenierens eines synthetischen Weges von einer unklaren Meinung
20 zu einer entsprechenden *vorverbildlichenden Anschauung*, nämlich einer solchen, die implicite den Sinn in sich trägt, daß, wenn
sie als direkte, selbstgebende gelänge, ‹sie› diese Meinung in ihrem
Seinssinn bewährend erfüllen würde. Die vorverbildlichende Anschauung dieser bewährenden Erfüllung ergibt nicht verwirkli-
25 chende Evidenz des Seins, wohl aber der Seinsmöglichkeit des
jeweiligen Inhaltes.

§ 26. *Wirklichkeit als Korrelat evidenter Bewährung.*

Mit diesen kurzen Bemerkungen sind zunächst formal-allge-
meine Probleme der intentionalen Analyse angezeigt und zugehörige, schon sehr umfassende und schwierige Untersuchungen,
30 die den p h ä n o m e n o l o g i s c h e n U r s p r u n g d e r
f o r m a l - l o g i s c h e n G r u n d b e g r i f f e u n d P r i n-
z i p i e n angehen. Aber nicht nur das, mit ihnen eröffnet sich
uns die bedeutsame Erkenntnis, daß diese Begriffe ·in ihrer for-
mal-ontologischen Allgemeinheit e i n e u n i v e r s a l e S t r u k-
35 t u r g e s e t z m ä ß i g k e i t d e s B e w u ß t s e i n s l e-
b e n s ü b e r h a u p t i n d i z i e r e n, vermöge deren allein
Wahrheit und Wirklichkeit für uns Sinn haben und Sinn haben

können. In der Tat, daß Gegenstände im weitesten Verstande
(reale Dinge, Erlebnisse, Zahlen, Sachverhalte, Gesetze, Theorien
usw.) für mich sind, das besagt zunächst freilich nichts von Evidenz, sondern nur, daß sie mir gelten — sie sind für mich mit an-
5 deren Worten bewußtseinsmäßig als *cogitata*, die jeweils im posi-
tionalen Modus des gewissen Glaubens bewußt sind. Aber wir wissen ja auch, daß wir diese Geltung alsbald preisgeben müßten,
wenn ein Weg evidenter Identitätssynthesis zum Widerstreit
mit evident Gegebenem führen würde, und daß wir des Wirklich-
10 seins nur sicher sein können durch die rechte oder wahre Wirklichkeit selbstgebende Synthesis der evidenten Bewährung. Es
ist klar, daß Wahrheit bzw. wahre Wirklichkeit von Gegenständen nur aus der Evidenz zu schöpfen ist, und daß sie es allein ist, wodurch *wirklich* seiender, wahrhafter, rechtmäßig gel-
15 tender Gegenstand, welcher Form oder Art immer, für uns Sinn
hat, und mit all den ihm für uns unter dem Titel wahrhaften So-
seins zugehörigen Bestimmungen. Jedes Recht stammt von da her,
stammt aus unserer transzendentalen Subjektivität selbst, jede
erdenkliche Adäquation entspringt als unsere Bewährung, ist
20 unsere Synthesis, hat in uns ihren letzten transzendentalen
Grund.

§ 27. *Habituelle und potentielle Evidenz konstitutiv fungierend für den Sinn ,,seiender Gegenstand''.*

Freilich ist, wie schon die Identität des vermeinten Gegenstandes als solchen und überhaupt, so die Identität des wahrhaft
seienden und dann auch die Identität der Adäquation zwischen
25 diesem vermeinten als solchen und dem wahrhaft seienden nicht
ein reelles Moment des verströmenden Evidenz- und Bewährungs-
erlebnisses. Aber es handelt sich dann um eine i d e a l e I m -
m a n e n z, die uns auf weitere, wesensmäßig zugehörige Zusammenhänge möglicher Synthesen verweist. Jede Evidenz *stif-*
30 *tet* für mich eine bleibende Habe. Auf die selbst erschaute Wirklichkeit kann ich *immer wieder* zurückkommen, in Ketten neuer
Evidenzen als *Restitutionen* der ersten Evidenz; so z.B. bei der
Evidenz immanenter Gegebenheiten etwa in Form einer Kette
anschaulicher Wiedererinnerungen mit der offenen Endlosigkeit,
35 die, als potentiellen Horizont, das *Ich kann immer wieder* schafft.

Ohne dergleichen Möglichkeiten wäre für uns kein stehendes und bleibendes Sein, keine reale und ideale Welt. Eine jede ist für uns aus der Evidenz bzw. der Präsumption, evident-machen und gewonnene Evidenz wiederholen zu können.

5 Schon daraus geht hervor, daß die einzelne Evidenz für uns noch kein bleibendes Sein schafft. Jedes Seiende ist in einem weitesten Sinne ,,an sich" und hat sich gegenüber das zufällige Für-mich der einzelnen Akte, und ebenso ist jede Wahrheit in diesem weitesten Sinne ,,Wahrheit an sich". Dieser weiteste Sinn des An-

10 sich verweist also auf Evidenz, aber nicht auf eine Evidenz als Erlebnistatsache, sondern auf gewisse im transzendentalen Ich und seinem Leben begründete Potentialitäten, zunächst auf die-jenige ‹der› Unendlichkeit auf ein und dasselbe synthetisch be-zogener Meinungen überhaupt, dann aber auch diejenige ihrer

15 Bewährung, also auf potentielle, als Erlebnistatsachen ins Unend-liche wiederholbare Evidenzen.

§ 28. *Präsumptive Evidenz der Welterfahrung. Welt als Korrelatidee einer vollkommenen Erfahrungsevidenz.*

Noch in einer anderen Weise verweisen Evidenzen auf Unend-lichkeiten von Evidenzen hinsichtlich desselben Gegenstandes, und in sehr viel komplizierterer Weise, nämlich stets da, wo sie

20 ihren Gegenstand in einer wesensmäßigen Einseitigkeit zur Selbstgegebenheit bringen. Das betrifft nichts minderes als die gesamten Evidenzen, durch die für uns eine reale objektive Welt als ganze und nach irgendwelchen Einzelobjekten unmittelbar anschaulich da ist. Die ihnen zugehörige Evidenz ist die *äußere*

25 *Erfahrung*, und es ist als Wesensnotwendigkeit einzusehen, daß für derartige Gegenstände keine andere Weise der Selbstgebung denkbar ist. Andererseits ist aber auch einzusehen, daß zu dieser Evidenzart wesensmäßig die *Einseitigkeit*, genauer gesprochen, ein vielgestaltiger Horizont unerfüllter, aber erfüllungsbedürfti-

30 ger Antizipationen gehört, also Gehalte bloßer Meinung, die auf entsprechende potentielle Evidenzen verweisen. Diese Unvoll-kommenheit der Evidenz vervollkommnet sich in den verwirk-lichenden synthetischen Übergängen von Evidenz zu Evidenz, aber notwendig so, daß keine erdenkliche solche Synthesis zu

35 einer adäquaten Evidenz abgeschlossen ist, vielmehr immer wie-der unerfüllte Vormeinungen und Mitmeinungen mit sich führt.

Zugleich bleibt es immer offen, daß der in die Antizipation hin-
einreichende Seinsglaube sich nicht erfüllt, daß das im Modus des
Es selbst Erscheinende nun doch nicht ist, oder anders ist.
Gleichwohl ist äußere Erfahrung wesensmäßig die einzige be-
5 währende Kraft, aber freilich nur so lange, als die passiv oder
aktiv fortlaufende Erfahrung die Form der Synthesis der Einstimmigkeit hat. Daß das Sein der Welt in dieser Art dem Bewußtsein, und auch in der selbstgebenden Evidenz, *transzendent*
ist und notwendig transzendent bleibt, ändert nichts daran, daß
10 es das Bewußtseinsleben allein ist, in dem jedes Transzendente
als von ihm Unabtrennbares sich konstituiert, und das speziell
und als Weltbewußtsein in sich unabtrennbar den Sinn Welt und
auch *diese wirklich seiende* Welt trägt. Letztlich ist es die Enthüllung der Erfahrungshorizonte allein, die die Wirklichkeit der
15 Welt und ihre *Transzendenz* klärt und sie dann als von der Sinn
und Seinswirklichkeit konstituierenden transzendentalen Subjektivität untrennbar erweist. Die Verweisung auf einstimmige
Unendlichkeiten weiterer möglicher Erfahrung von jeder weltlichen Erfahrung aus, wo doch wirklich seiendes Objekt nur
20 Sinn haben kann als im Bewußtseinszusammenhang vermeinte
und zu vermeinende Einheit, die als sie selbst in einer vollkommenen Erfahrungsevidenz gegeben wäre, besagt offenbar, daß
wirkliches Objekt einer Welt und erst recht eine Welt selbst eine
unendliche, auf Unendlichkeiten einstimmig zu vereinender Er-
25 fahrungen bezogene Idee ist — e i n e K o r r e l a t i d e e z u r
I d e e e i n e r v o l l k o m m e n e n E r f a h r u n g s e v i -
d e n z, einer vollständigen Synthesis möglicher Erfahrungen.

§ 29. *Die material- und formalontologischen Regionen als Indices transzendentaler Systeme von Evidenzen.*

Man versteht nun die großen Aufgaben transzendentaler Selbstauslegung des ego bzw. seines Bewußtseinslebens, die hinsicht-
30 lich der in diesem selbst gesetzten und zu setzenden Gegenständlichkeiten erwachsen. Der Titel wahrhaftes Sein und Wahrheit
(nach allen Modalitäten) bezeichnet für jeden der für mich als
transzendentales ego vermeinten und je zu vermeinenden Gegenstände überhaupt eine S t r u k t u r s c h e i d u n g i n -
35 n e r h a l b d e r u n e n d l i c h e n M a n n i g f a l t i g k e i -
t e n von wirklichen und möglichen *cogitationes*, die sich auf ihn

beziehen, also überhaupt zur Einheit einer Identitätssynthesis
zusammenstehen können. Wirklich seiender Gegenstand indiziert innerhalb dieser Mannigfaltigkeit ein Sondersystem, das
System auf ihn bezogener Evidenzen, derart synthetisch zusam-
5 mengehörig, daß sie sich zu einer, wenn auch vielleicht unendlichen Totalevidenz zusammenschließen. Es wäre das eine absolut vollkommene Evidenz, die den Gegenstand schließlich nach
allem, was er ist, selbst geben würde, in deren Synthesis alles,
was in den sie fundierenden Einzelevidenzen noch unerfüllte Vor-
10 intention ist, zu adäquater Erfüllung kommen würde. Nicht diese Evidenz wirklich herzustellen — für alle objektiv-realen Gegenstände wäre das, da, wie ausgeführt, eine absolute Evidenz
für sie eine Idee ist, ein unsinniges Ziel — sondern ihre Wesensstruktur bzw. die Wesensstruktur der ihre ideale unendliche
15 Synthesis systematisch aufbauenden Unendlichkeitsdimensionen
nach allen inneren Strukturen klarzulegen, ist eine ganz bestimmte und gewaltige Aufgabe — es ist die der t r a n s z e n d e n t a -
l e n K o n s t i t u t i o n s e i e n d e r G e g e n s t ä n d l i c h -
k e i t i n e i n e m p r ä g n a n t e n W o r t s i n n. Neben den
20 formal allgemeinen Untersuchungen, nämlich denjenigen, die
sich an den formal-logischen (formalontologischen) Begriff des
Gegenstandes überhaupt halten (also unempfindlich sind gegen
die materialen Besonderheiten der verschiedenen Sonderkatego-
rien von Gegenständen), haben wir dann die, wie sich zeigt, ge-
25 waltige Problematik derjenigen Konstitution, die sich für je eine
der obersten, nicht mehr formal-logischen Kategorien (der *Regionen*) von Gegenständen ergibt: so der Regionen, die unter dem
Titel objektive Welt stehen. Es bedarf einer konstitutiven Theorie der als immer seiend *gegebenen*, und darin liegt zugleich im-
30 mer vorausgesetzten, physischen Natur, des Menschen, der
menschlichen Gemeinschaft, der Kultur usw. Jeder solche Titel
bezeichnet eine große Disziplin mit verschiedenen, den naiv ontologischen Teilbegriffen (wie realer Raum, reale Zeit, reale Kausalität, reales Ding, reale Eigenschaft usw.) entsprechenden Un-
35 tersuchungsrichtungen. Natürlich handelt es sich überall um
Enthüllung der in der Erfahrung selbst als transzendentalem Erlebnis implizierten Intentionalität, um eine systematische Auslegung der vorzeichnenden Horizonte durch Überführung in
mögliche erfüllende Evidenz und so immer wieder der in ihnen

nach einem bestimmten Stil eben immer wieder erwachsenden neuen Horizonte, das aber unter beständigem Studium der intentionalen Korrelationen. Ein höchst komplizierter intentionaler Aufbau der konstituierenden Evidenzen in ihrer synthetischen
5 Einheit zeigt sich dabei hinsichtlich der Objekte, z.B. eine Fundierung in Stufen nicht objektiver (*bloß subjektiver*) Gegenstände, aufsteigend aus dem untersten gegenständlichen Grund. Als dieser fungiert stets die immanente Zeitlichkeit, das strömende, sich in sich und für sich selbst konstituierende Leben — dessen kon-
10 stitutive Aufklärung das Thema der Theorie des ursprünglichen, in sich zeitliche Daten konstituierenden Zeitbewußtseins ist.

IV. MEDITATION

ENTFALTUNG DER KONSTITUTIVEN PROBLEME DES TRANSZENDEN-
TALEN EGO SELBST.

§ 30. *Das transzendentale ego unabtrennbar von seinen Erlebnissen.*

Gegenstände sind für mich, und sind für mich, was sie sind, nur als Gegenstände wirklichen und möglichen Bewußtseins—: Soll das keine leere Rede sein und kein Thema leerer Spekulationen,
15 so muß gezeigt werden, was dieses Für-mich-sein˙und So-sein konkret ausmacht bzw. was für ein, ein wie strukturiertes wirkliches und mögliches Bewußtsein in Frage kommt, was dabei *Möglichkeit* zu bedeuten hat usw. Das kann allein leisten die konstitutive Untersuchung zunächst in dem oben vorangestellten
20 weiteren und dann in dem engeren, soeben beschriebenen Sinn. Das aber nach der einzig möglichen, durch das Wesen der Intentionalität und ihrer Horizonte geforderten Methode. Schon durch die vorbereitenden und zum Sinn der Aufgabe emporleitenden Analysen wird es klar, daß das transzendentale ego (in der psy-
25 chologischen Parallele die Seele) nur ist, was es ist, in Bezug auf intentionale Gegenständlichkeiten. Dazu gehören aber für das ego auch notwendig seiende Gegenstände, und für es als weltbezogenes nicht nur die Gegenstände in seiner adäquat zu bewährenden immanenten Zeitsphäre, sondern auch die nur in der
30 inadäquaten, in nur präsumptiver äußerer Erfahrung in der Einstimmigkeit ihres Verlaufs als seiend ausgewiesenen Weltobjekte.

Es ist also Wesenseigenheit des ego, immerfort Systeme und auch Einstimmigkeitssysteme der Intentionalität teils in sich ablaufend zu haben, teils durch vorzeichnende Horizonte als feste Potentialitäten zur Enthüllung verfügbar zu haben. Jeder der vom 5 ego je gemeinten, gedachten, gewerteten, behandelten, aber auch phantasierten und zu phantasierenden Gegenstände indiziert als Korrelat sein System, und er ist nur als dieses Korrelat.

§ 31. *Das Ich als der identische Pol der Erlebnisse.*

Doch nun müssen wir auf eine große Lücke unserer Darstellung aufmerksam machen. Das ego selbst ist für sich selbst seien-
10 des in kontinuierlicher Evidenz, also sich in s i c h s e l b s t a l s s e i e n d k o n t i n u i e r l i c h k o n s t i t u i e r e n d e s. Nur eine Seite dieser Selbstkonstitution haben wir bisher berührt, nur auf das strömende cogito hingeblickt. Das ego erfaßt sich nicht bloß als strömendes Leben, sondern als Ich, der ich dies und jenes 15 erlebe, dies und jenes cogito als d e r s e l b e durchlebe. Bisher mit der intentionalen Beziehung von Bewußtsein und Gegenstand, *cogito* und *cogitatum* beschäftigt, war für uns nur diejenige Synthesis hervorgetreten, welche die Mannigfaltigkeiten des wirklichen und möglichen Bewußtseins nach identischen Gegenstän- 20 den polarisiert; also in Bezug auf Gegenstände als Pole, als synthetische Einheiten. Jetzt tritt uns eine zweite Polarisierung, eine zweite Art der Synthesis entgegen, die die besonderen Mannigfaltigkeiten von *cogitationes* alle insgesamt und in eigener Weise umgreift, nämlich als solche des identischen Ich, das als 25 Bewußtseinstätiges und Affiziertes in allen Bewußtseinserlebnissen lebt und durch sie hindurch auf alle Gegenstandspole bezogen ist.

§ 32. *Das Ich als Substrat von Habitualitäten.*

Aber nun ist zu bemerken, daß dieses zentrierende Ich nicht ein leerer Identitätspol ist (so wenig irgendein Gegenstand das 30 ist), sondern vermöge einer Gesetzmäßigkeit der *transzendentalen Genesis* mit jedem der von ihm ausstrahlenden Akte eines neuen gegenständlichen Sinnes eine n e u e b l e i b e n d e E i g e n- h e i t gewinnt. Entscheide ich mich z.B. erstmalig in einem Urteilsakte für ein Sein und So-sein, so vergeht dieser flüchtige Akt, 35 aber nunmehr bin ich und bleibend das so und so entschiedene Ich,

ich bin der betreffenden Überzeugung. Das sagt aber nicht bloß, ich erinnere mich oder kann mich weiterhin des Aktes erinnern. Das kann ich auch, wenn ich inzwischen meine Überzeugung *aufgegeben* habe. Nach der Durchstreichung ist sie nicht mehr meine
5 Überzeugung, aber sie ist es bis zu ihr hin bleibend gewesen. Solange sie für mich geltende ist, kann ich auf sie wiederholt *zurückkommen* und finde sie immer wieder als die meine, die mir habituell eigene, bzw. mich als das Ich, das überzeugt ist — durch diesen bleibenden Habitus als verharrendes Ich bestimmt
10 ist; ebenso für jederlei Entscheidungen, Wert- und Willensentscheidungen. Ich entschließe mich — das Akterlebnis verströmt, aber der Entschluß verharrt — ob ich passiv werdend in dumpfen Schlaf versinke oder andere Akte durchlebe — er ist fortdauernd in Geltung; korrelativ: ich bin hinfort der so Entschlossene, und
15 solange, als ich den Entschluß nicht aufgebe. Ist er auf eine abschließende Tat gerichtet, so ist er durch diese Erfüllung nicht etwa *aufgehoben*, im Modus der Erfüllung gilt er weiter — *ich stehe weiter zu meiner Tat*. Ich selbst, der in seinem bleibenden Willen Verharrende, ändere mich, wenn ich Entschlüsse oder
20 Taten *durchstreiche*, aufhebe [1]). Das Verharren, das zeitliche Dauern solcher ichlichen Bestimmtheiten und das ihnen eigentümliche *Sich-verändern* besagt offenbar keine kontinuierliche Füllung der immanenten Zeit mit Erlebnissen, wie denn das bleibende Ich selbst als Pol bleibender Ich-Bestimmtheiten kein Er-
25 lebnis und keine Erlebniskontinuität ist, obschon doch wesensmäßig mit solchen habituellen Bestimmtheiten zurückbezogen auf den Erlebnisstrom. Indem aus eigener aktiver Genesis das Ich sich als identisches Substrat bleibender Ich-Eigenheiten konstituiert, konstituiert es sich in weiterer Folge auch als *stehendes*
30 *und bleibendes* personales Ich — in einem allerweitesten Sinn, der auch von *untermenschlichen* Personen zu sprechen gestattet. Sind auch die Überzeugungen im allgemeinen nur relativ bleibende, haben sie ihre Weisen der *Veränderung* (durch Modalisierung der aktiven Positionen, darunter *Durchstreichung* oder Negation,
35 Zunichtemachung ihrer Geltung), so bewährt das Ich in solchen Veränderungen einen bleibenden Stil mit durchgehender Identitätseinheit, einen *personalen Charakter*.

---

[1]) ‹Auf den Beginn des § 32 bezieht sich R. Ingardens Bemerkung S. 215—218. ›

§ 33. *Die volle Konkretion des Ich als Monade und das Problem seiner Selbstkonstitution.*

Vom Ich als identischem Pol und als Substrat von Habitualitäten unterscheiden wir das in voller Konkretion genommene ego (das wir mit dem Leibniz'schen Worte Monade nennen wollen), indem wir hinzunehmen, ohne was das Ich eben konkret nicht
5 sein kann; nämlich das kann es nur sein in der strömenden Vielgestaltigkeit seines intentionalen Lebens und den darin vermeinten und ev. als seiend für es sich konstituierenden Gegenständen. Offenbar ist für diese der jeweilige Charakter bleibenden Seins und So-seins ein Korrelat der im Ichpol selbst sich konstituieren-
10 den Habitualität seiner Stellungnahme.
Das ist so zu verstehen. Ich habe als ego eine fortwährend *für-mich-seiende* Umwelt, in ihr Gegenstände als für mich seiende, nämlich schon in bleibender Gliederung für mich als bekannte, oder nur antizipiert als kennenzulernende. Die ersteren, die im
15 ersten Sinne für mich seienden, sind es aus ursprünglicher Erwerbung, das ist der ursprünglichen Kenntnisnahme, der Explikation des zunächst nie Erblickten in Sonderanschauungen. Dadurch konstituiert sich in meiner synthetischen Aktivität der Gegenstand in der expliziten Sinnesform *Identisches seiner mannig-*
20 *faltigen Eigenschaften*, also Gegenstand als mit sich Identisches, als in seinen mannigfaltigen Eigenschaften sich Bestimmendes. Diese meine Aktivität der Seinssetzung und Seinsauslegung stiftet eine Habitualität meines Ich, vermöge deren mir nun dieser Gegenstand als der seiner Bestimmungen bleibend zueigen ist.
25 Solche bleibenden Erwerbe konstituieren meine jeweilige bekannte Umwelt mit ihrem Horizont unbekannter Gegenstände, das ist noch zu erwerbender, im voraus antizipiert mit dieser formalen Gegenstandsstruktur.
Ich bin für mich selbst und mir immerfort durch Erfahrungs-
30 evidenz als *Ich selbst* gegeben. Das gilt für das transzendentale ego (aber auch in der Parallele für das psychologisch reine), und in jedem Sinne von *ego*. Da das monadisch konkrete ego das gesamte wirkliche und potentielle Bewußtseinsleben mit befaßt, so ist es klar, daß das Problem der phänomenologischen Auslegung
35 dieses monadischen ego (das Problem seiner Konstitution für sich selbst) a l l e k o n s t i t u t i v e n P r o b l e m e ü b e r-

h a u p t in sich befassen muß. In weiterer Folge ergibt sich die Deckung der Phänomenologie dieser Selbstkonstitution mit der Phänomenologie überhaupt.

§ 34. *Prinzipielle Ausgestaltung der phänomenologischen Methode. Die transzendentale Analyse als eidetische.*

Mit der Lehre vom Ich als Pol seiner Akte und als Substrat von
5 Habitualitäten haben wir schon, und in einem bedeutsamen Punkt, die Problematik der phänomenologischen Genesis berührt, und damit die Stufe der g e n e t i s c h e n P h ä n o m e - n o l o g i e. Ehe wir ihren genaueren Sinn klären, bedarf es einer neuerlichen Besinnung über die phänomenologische Me-
10 thode. Es muß endlich eine fundamentale methodische Einsicht zur Geltung gebracht werden, die, einmal erfaßt, die gesamte Methodik der transzendentalen Phänomenologie (und ebenso auf dem natürlichen Boden die einer echten und reinen Innenpsychologie) durchdringt. Nur um der Erleichterung des Zugangs in die
15 Phänomenologie willen führen wir sie so spät an. Die übergroße Mannigfaltigkeit neuartiger Aufweisungen und Probleme sollte zunächst im schlichteren Gewande einer bloß empirischen (obschon nur in der transzendentalen Erfahrungssphäre verlaufenden) Deskription wirken. Dem gegenüber bedeutet die M e t h o-
20 d e e i d e t i s c h e r D e s k r i p t i o n eine Überleitung aller solchen Deskription in eine neue, eine prinzipielle Dimension, die zu Anfang die Schwierigkeiten des Verständnisses erhöht hätte, während sie nach einer Fülle empirischer Deskriptionen leicht zu erfassen ist.
25 Jeder von uns, als cartesianisch Meditierender, wurde durch die Methode der phänomenologischen Reduktion auf sein transzendentales ego zurückgeführt, und natürlich mit seinem jeweiligen konkret-monadischen Gehalt als dieses faktische, als das eine und einzige absolute ego. Ich, als dieses ego, finde, immer weiter
30 meditierend, deskriptiv faßbare und intentional zu entfaltende Typen und könnte schrittweise in der intentionalen Enthüllung meiner Monade in den sich ergebenden Grundrichtungen fortschreiten. Aus guten Gründen drängten sich öfters bei den Beschreibungen Ausdrücke wie *Wesensnotwendigkeit, wesensmäßig*
35 auf, worin ein bestimmter, erst von der Phänomenologie geklärter und umgrenzter Begriff des Apriori zum Ausdruck kommt.

Worum es sich hier handelt, wird an Beispielen sofort verständlich werden. Greifen wir irgendeinen Typus intentionaler
Erlebnisse, der Wahrnehmung, der Retention, Wiedererinnerung, des Aussagens, des An-etwas-Gefallen-habens, Danach-
5 strebens und dgl. heraus und denken wir ihn nach seiner Artung
intentionaler Leistung, also nach Noesis und Noema expliziert
und beschrieben. Das kann besagen, und so verstanden wir es bisher, daß Typen faktischer Vorkommnisse des faktischen transzendentalen ego in Frage seien und die transzendentalen Deskrip-
10 tionen also *empirische* Bedeutung haben sollten. Aber unwillkürlich hielt sich doch unsere Beschreibung in einer solchen Allgemeinheit, daß die Ergebnisse davon nicht betroffen sind, wie immer es mit den empirischen Tatsächlichkeiten des transzendentalen ego stehen mag.
15 Machen wir uns das klar und dann methodisch fruchtbar. Ausgehend vom Exempel dieser Tischwahrnehmung variieren wir
den Wahrnehmungsgegenstand Tisch in einem völlig freien Belieben, jedoch so, daß wir Wahrnehmung als Wahrnehmung von etwas — von etwas, beliebig was — festhalten, etwa anfangend da-
20 mit, daß wir seine Gestalt, die Farbe usw. ganz willkürlich umfingieren, nur identisch festhaltend das wahrnehmungsmäßige
Erscheinen. Mit anderen Worten, wir verwandeln das Faktum
dieser Wahrnehmung unter Enthaltung von ihrer Seinsgeltung
in eine reine Möglichkeit und unter anderen ganz *beliebigen reinen*
25 Möglichkeiten — aber reinen Möglichkeiten von Wahrnehmungen.
Wir versetzen gleichsam die wirkliche Wahrnehmung in das Reich
der Unwirklichkeiten, des Als-ob, das uns die *reinen* Möglichkeiten liefert, rein von allem, was an das Faktum und jedes Faktum
überhaupt bindet. In letzterer Hinsicht behalten wir diese Mög-
30 lichkeiten auch nicht in Bindung an das mitgesetzte faktische
ego, sondern eben als völlig freie Erdenklichkeit der Phantasie —
so daß wir auch von vornherein als Ausgangsexempel ein Hin-
einphantasieren in ein Wahrnehmen hätten nehmen können,
außer aller Beziehung zu unserem sonstigen faktischen Leben. Der
35 so gewonnene allgemeine Typus *Wahrnehmung* schwebt sozusagen
in der Luft — in der Luft absolut reiner Erdenklichkeiten. So aller Faktizität enthoben, ist er zum Eidos Wahrnehmung geworden, dessen *idealen* Umfang alle idealiter möglichen Wahrnehmungen als reine Erdenklichkeiten ausmachen. Die Wahrneh-

mungsanalysen sind dann *Wesensanalysen,* alles was wir über die
zum Typus Wahrnehmung gehörigen Synthesen, über Horizonte
der Potentialität usw. ausgeführt haben, gilt, wie leicht ersicht-
lich, wesensmäßig für alles in dieser freien Variation zu Bildende,
5 also für alle erdenklichen Wahrnehmungen überhaupt, mit anderen Worten in absoluter *Wesensallgemeinheit* und für jeden her-
ausgegriffenen Einzelfall in Wesensnotwendigkeit, also auch für
jede faktische Wahrnehmung, sofern jedes Faktum als bloßes
Exempel einer reinen Möglichkeit zu denken ist.

10 Da die Variation als evidente, also in reiner Intuition die Möglichkeiten als Möglichkeiten selbstgebende gemeint ist, so ist ihr
Korrelat ein i n t u i t i v e s u n d a p o d i k t i s c h e s A l l -
g e m e i n h e i t s b e w u ß t s e i n. Das Eidos selbst ist ein er-
schautes, bzw. erschaubares Allgemeines, ein reines, *unbedingtes,*
15 nämlich durch kein Faktum bedingt, seinem eigenen intuitiven
Sinne gemäß. Es liegt v o r a l l e n B e g r i f f e n im Sinne von
Wortbedeutungen, die vielmehr als reine Begriffe ihm angepaßt
zu bilden sind.

Wird so jeder einzeln herausgegriffene Typus aus seinem Milieu
20 des empirisch-faktischen transzendentalen ego in die reine We-
senssphäre hinaufgehoben, so verschwinden nicht die intentionalen Außenhorizonte, die seinen enthüllbaren Zusammenhang im
ego indizieren; nur daß diese Zusammenhangshorizonte selbst zu
eidetischen werden. Mit anderen Worten, wir stehen mit jedem
25 eidetisch reinen Typus zwar nicht im faktischen ego, sondern i n
e i n e m E i d o s e g o; oder jede Konstitution einer wirklich
reinen Möglichkeit unter reinen Möglichkeiten führt implicite mit
sich als ihren Außenhorizont ein im reinen Sinne mögliches ego,
eine reine Möglichkeitsabwandlung meines f a k t i s c h e n. Wir
30 könnten auch von vornherein dieses frei variiert denken und die
Aufgabe der Wesensforschung der expliziten Konstitution eines
transzendentalen ego überhaupt stellen. So hat es die neue Phänomenologie von Anfang an getan, und demgemäß waren alle
bisher von uns behandelten Deskriptionen bzw. Problembe-
35 grenzungen in der Tat Zurückübersetzungen aus der ursprünglichen eidetischen Gestalt in die einer empirischen Typik. Wenn
wir also eine Phänomenologie rein nach eidetischer Methode als
intuitiv-apriorische Wissenschaft ausgebildet denken, so sind alle
ihre Wesensforschungen nichts anderes als Enthüllungen des

universalen Eidos *transzendentales ego überhaupt*, das alle reinen
Möglichkeitsabwandlungen meines faktischen und dieses selbst
als Möglichkeit in sich faßt. Die eidetische Phänomenologie erforscht also das universale Apriori, ohne das ich und ein tran-
5 szendentales Ich überhaupt nicht *erdenklich* ist, oder, da jede Wesensallgemeinheit den Wert einer unzerbrechlichen Gesetzmäßigkeit hat, sie erforscht die universale Wesensgesetzlichkeit, die
jeder Tatsachenaussage über Transzendentales ihren möglichen
Sinn (mit dem Gegensatz Widersinn) vorzeichnet.
10   Als cartesianisch meditierendes ego von der Idee einer Philosophie als absolut streng begründeter Universalwissenschaft geleitet, deren Möglichkeit ich versuchsweise zugrunde legte, wird
mir nach Durchführung der letzten Überlegungen evident, daß
ich z u n ä c h s t eine rein eidetische Phänomenologie durch-
15 führen muß und daß in ihr allein sich die erste Verwirklichung
einer philosophischen Wissenschaft — die einer ,,ersten Philosophie'' — vollzieht und vollziehen kann. Ist auch mein eigent-
liches Interesse nach der transzendentalen Reduktion auf mein
reines ego seine, dieses faktischen ego Enthüllung, so kann
20 diese Enthüllung zu einer echt wissenschaftlichen nur werden
unter Rekurs auf die ihr, das ist dem ego als einem ego überhaupt,
zugehörigen apodiktischen Prinzipien, auf die Wesensallgemein-
heiten und Notwendigkeiten, mittelst deren das Faktum auf seine
rationalen Gründe, auf die seiner reinen Möglichkeit zurückbezo-
25 gen und damit verwissenschaftlicht (logifiziert) wird [1]). So
geht ,,an sich'' die Wissenschaft der reinen Möglichkeiten derjenigen von den Wirklichkeiten vorher und macht sie als Wissenschaft überhaupt erst möglich. So erheben wir uns zur methodischen Einsicht, daß n e b e n d e r p h ä n o m e n o l o g i-
30 s c h e n R e d u k t i o n d i e e i d e t i s c h e I n t u i t i o n
d i e G r u n d f o r m a l l e r b e s o n d e r e n t r a n s z e n-
d e n t a l e n M e t h o d e n i s t, daß beide den rechtmäßigen
Sinn einer transzendentalen Phänomenologie durchaus bestimmen.

---

[1]) Es ist wohl darauf zu achten, daß im Übergang von meinem ego zu einem ego
überhaupt weder die Wirklichkeit noch Möglichkeit eines Umfanges von Anderen
vorausgesetzt ist. Hier ist der Umfang des Eidos ego durch Selbstvariation meines ego
bestimmt. Mich fingiere ich nur, als wäre ich anders, nicht fingiere ich Andere.

§ 35. *Exkurs in die eidetische Innenpsychologie.*

Wir überschreiten den in sich geschlossenen Kreis unserer Meditationen, der uns an die transzendentale Phänomenologie bindet, wenn wir auch hier wieder die Bemerkung nicht unterdrükken, daß der ganze Inhalt dieser eben durchgeführten methodi-
5 schen Grundbetrachtung mit kleinen Modifikationen, die freilich den transzendentalen Sinn derselben aufheben, uns verbleibt, wenn wir auf dem Boden der natürlichen Weltbetrachtung eine Psychologie als positive Wissenschaft anstreben und dabei vor allem anstreben die für sie notwendige an sich erste Psychologie,
10 die rein aus *innerer Erfahrung* schöpfende, die rein intentionale Psychologie. Dem konkreten transzendentalen ego entspricht dann das Menschen-Ich, konkret als rein in sich und für sich gefaßte Seele, mit der seelischen Polarisierung: Ich als Pol meiner Habitualitäten, meiner Charaktereigenschaften. An die Stelle der
15 eidetischen transzendentalen Phänomenologie tritt dann eine eidetische reine Seelenlehre, bezogen auf das Eidos Seele, deren eidetischer Horizont freilich unbefragt bleibt. Würde er aber befragt werden, so würde der Weg sich eröffnen zur Überwindung dieser Positivität, d.i. zur Überführung in die absolute Phänome-
20 nologie, die des transzendentalen ego, das eben keinen Horizont mehr hat, der es über seine transzendentale Seinssphäre hinausführen, es also relativieren könnte.

§ 36. *Das transzendentale ego als Universum möglicher Erlebnisformen. Wesensgesetzliche Regelung der Kompossibilität der Erlebnisse in Koexistenz und Sukzession.*

Kehren wir nach der bedeutsamen Neufassung der Idee einer transzendentalen Phänomenologie durch die eidetische Methode
25 zu der Erschließung der phänomenologischen Problematik zurück, so halten wir uns von jetzt an naturgemäß im Rahmen einer rein eidetischen Phänomenologie, in der das Faktum des transzendentalen ego und der Sondergegebenheiten seiner transzendentalen Empirie nur die Bedeutung von Exempeln für reine
30 Möglichkeiten hat. Auch die bisher aufgewiesenen Probleme verstehen wir als eidetische, indem wir die im Beispiel aufgewiesene Möglichkeit, sie eidetisch zu reinigen, überall verwirklicht denken. Der idealen Aufgabe einer wirklich systematischen Erschlie-

ßung eines konkreten ego überhaupt nach seinen Wesensbe-
ständen genugzutun bzw. eine wirklich systematische Problematik und Untersuchungsfolge ins Spiel zu setzen, macht außerordentliche Schwierigkeiten, und vor allem, weil wir neue Zu-
5 gänge zu den spezifischen Universalproblemen der Konstitution
des transzendentalen ego gewinnen müssen. Das universale Apriori, das zu einem transzendentalen ego als solchem gehört, ist eine
Wesensform, die eine Unendlichkeit von Formen in sich schließt,
von apriorischen Typen möglicher Aktualitäten und Potentiali-
10 täten des Lebens mit den in ihm als wirklich seiend zu konstituierenden Gegenständen. Aber zu einem einheitlich möglichen
ego sind nicht alle einzelnen möglichen Typen *kompossibel*, sind es
nicht in beliebiger Ordnung, an beliebigen Stellen seiner eigenen
Zeitlichkeit. Bilde ich irgendeine wissenschaftliche Theorie, so ist
15 diese komplizierte Vernunftaktivität und ihr vernunftgemäß
Seiendes von einem Wesenstypus, der nicht in jedem möglichen
ego möglich ist, sondern nur in einem *vernünftigen* des besonderen
Sinnes, desselben, der in der Verweltlichung des ego in der Wesensform Mensch (*animal rationale*) auftritt. Sowie ich mein fak-
20 tisches Theoretisieren eidetisch typisiere, habe ich, ob ich dessen
inne bin oder nicht, mich selbst mitvariiert, aber nicht ganz beliebig, sondern im Rahmen des korrelativen Wesenstypus *Ver-*
nunftwesen. Offenbar kann ich das jetzt geübte und zu übende
Theoretisieren auch nicht in der Einheit meines Lebens beliebig
25 verschoben denken, und auch das überträgt sich ins Eidetische.
Eidetische Fassung meines kindlichen Lebens und seiner konstitutiven Möglichkeiten schafft einen Typus, in dessen Fortent-
wicklung, aber nicht in dessen eigenem Zusammenhang der Typus
wissenschaftliches Theoretisieren auftreten kann. Solche Bindung
30 hat ihre Gründe in einer apriorischen Universalstruktur, in universalen Wesensgesetzlichkeiten der egologisch-zeitlichen Koexistenz und Sukzession. Denn was immer in meinem ego und
eidetisch in einem ego überhaupt auftritt—an intentionalen Erlebnissen, an konstituierten Einheiten, an ichlichen Habituali-
35 täten — hat seine Zeitlichkeit und nimmt in dieser Hinsicht Anteil an dem Formensystem der universalen Zeitlichkeit, mit dem
sich jedes erdenkliche ego für sich selbst konstituiert.

§ 37. *Die Zeit als Universalform aller egologischen Genesis.*

Die Wesensgesetze der Kompossibilität (im Faktum Regeln des Miteinander-zugleich-oder-folgend-zu-sein und -sein-zu-können) sind in einem weitesten Sinne Gesetze der Kausalität — Gesetze für ein Wenn und So. Doch ist es hier besser, den vorurteilsbe-
5 lasteten Ausdruck Kausalität zu vermeiden und in der transzendentalen Sphäre (wie in der rein-psychologischen) von M o t i-
v a t i o n zu sprechen. Das Universum der Erlebnisse, die den reellen Seinsgehalt des transzendentalen ego ausmachen, ist ein kompossibles nur in der universalen E i n h e i t s f o r m d e s
10 S t r ö m e n s, in welche alle Einzelheiten selbst als darin strömende sich einordnen. Also schon diese allgemeinste Form aller Sonderformen von konkreten Erlebnissen und der in ihrem Strömen selbst strömend konstituierten Gebilde ist eine Form allverknüpfender und in jeder Einzelheit insonderheit waltender
15 Motivation, die wir auch mit ansprechen können als eine f o r-
m a l e G e s e t z m ä ß i g k e i t e i n e r u n i v e r s a l e n
G e n e s i s, der gemäß sich immer wieder in einer gewissen noetisch-noematischen Formstruktur strömender Gegebenheitsweisen Vergangenheit, Gegenwart und Zukunft in eins konstituiert.
20 Aber innerhalb dieser Form verläuft das Leben als ein motivierter Gang besonderer konstituierender Leistungen mit vielfältigen besonderen Motivationen und Motivationssystemen, die nach allgemeinen Gesetzmäßigkeiten der Genesis eine Einheit der universalen Genesis des ego herstellen. Das ego konstituiert sich
25 für sich selbst sozusagen in der Einheit einer *Geschichte,* und wenn wir gesagt haben, daß in der Konstitution des ego alle Konstitutionen aller für es seienden Gegenständlichkeiten, immanenter wie transzendenter, idealer wie realer, beschlossen sind, so ist jetzt beizufügen, daß die konstitutiven Systeme, durch die für das
30 ego die und jene Gegenstände und Gegenstandskategorien sind, selbst nur im Rahmen einer gesetzmäßigen Genesis möglich sind. Zugleich sind sie dabei gebunden durch die universale genetische Form, die das konkrete ego (die Monade) als Einheit, als in ihrem besonderen Seinsgehalt kompossibel möglich macht. Daß für
35 mich eine Natur ist, eine Kulturwelt, eine Menschenwelt mit ihren sozialen Formen usw., besagt, daß Möglichkeiten entsprechender Erfahrungen für mich bestehen — als für mich jederzeit

ins Spiel zu setzende, in gewissem synthetischen Stil frei fort-
zuführende, ob ich gerade solche Gegenstände wirklich erfahre
oder nicht; in weiterer Folge, daß ihnen entsprechende andere
Bewußtseinsmodi, vage Meinungen und dgl., als Möglichkeiten
5 für mich sind und daß ihnen auch Möglichkeiten zugehören, sie
durch Erfahrungen vorgezeichneter Typik zu erfüllen oder zu
enttäuschen. Darin liegt eine fest ausgebildete Habitualität —
eine ausgebildete, aus einer gewissen, unter Wesensgesetzen stehenden Genesis erworbene.
10   Man wird hier an die altbekannten Probleme des psychologischen Ursprungs der Raumvorstellung, der Zeitvorstellung, Dingvorstellung, Zahlvorstellung usw. erinnert. In der Phänomenologie treten sie als transzendentale und natürlich mit dem Sinn
i n t e n t i o n a l e r   P r o b l e m e auf, und zwar als eingeord-
15 net den Problemen der universalen Genesis.
    Sehr schwierig sind die Zugänge zu der letzten Allgemeinheit
eidetisch phänomenologischer Problematik, und somit auch einer
l e t z t e n   G e n e s i s. Der anfangende Phänomenologe ist unwillkürlich durch seinen exemplarischen Ausgang von sich selbst
20 gebunden. Er findet sich transzendental als das ego, und dann als
ein ego überhaupt vor, das bewußtseinsmäßig schon eine Welt,
eine Welt von unserem allbekannten ontologischen Typus hat,
mit Natur, mit Kultur (Wissenschaften, schöner Kunst, Technik
usw.), mit Personalitäten höherer Ordnung (Staat, Kirche) usw.
25 Die zunächst ausgebildete Phänomenologie ist bloß *statische*, ihre
Deskriptionen sind analog den naturhistorischen, die den einzelnen Typen nachgehen und sie allenfalls ordnend systematisieren.
Fragen der universalen Genesis und der über die Zeitformung hin-
ausgehenden genetischen Struktur des ego in seiner Universalität
30 bleiben noch fern, wie sie ja in der Tat höherstufige sind. Aber
selbst wenn sie aufgeworfen werden, so geschieht es in einer Bindung. Denn zunächst wird sich auch die Wesensbetrachtung an
ein ego überhaupt halten in der Bindung, daß für es schon eine
konstituierte Welt ist. Auch das ist eine notwendige Stufe, von
35 der aus man erst durch Freilegung der Gesetzesformen der ihr
zugehörigen Genesis die Möglichkeiten für eine eidetische a l l-
g e m e i n s t e   P h ä n o m e n o l o g i e erschauen kann. In ihr
variiert sich das ego so frei, daß es also nicht einmal als ideale,
aber bindende Voraussetzung daran festhält, daß eine Welt der

uns selbstverständlichen ontologischen Struktur für es wesensmäßig konstituiert ist.

§ 38. *Aktive und passive Genesis.*

Fragen wir. nun zunächst für uns als mögliche weltbezogene Subjekte nach universal bedeutsamen Prinzipien der konstituti
5 ven Genesis, so scheiden sie sich nach zwei Grundformen in Prinzipien der a k t i v e n und der p a s s i v e n G e n e s i s. In der ersteren fungiert das Ich als durch spezifische Ichakte, als erzeugende, konstituierendes. Hierher gehören alle Leistungen der in einem weitesten Sinne praktischen Vernunft. In diesem Sinn ist
10 auch die logische Vernunft praktisch. Das Charakteristische ist, daß Ichakte, in der Sozialität (deren transzendentaler Sinn allerdings erst herauszustellen ist) durch Vergemeinschaftung verbunden, sich in vielfältigen Synthesen der spezifischen Aktivität verbindend, auf dem Untergrunde schon vorgegebener Gegen
15 stände (in vorgebenden Bewußtseinsweisen) n e u e G e g e ns t ä n d e u r s p r ü n g l i c h k o n s t i t u i e r e n. Diese treten dann bewußtseinsmäßig als Erzeugnisse auf. So im Kolligieren die Menge, im Zählen die Zahl, im Teilen der Teil, im Prädizieren das Prädikat bzw. der prädikative Sachverhalt, im
20 Schließen der Schluß usw. Auch das ursprüngliche. Allgemeinheitsbewußtsein ist eine Aktivität, in der das Allgemeine sich gegenständlich konstituiert. Auf seiten des Ich konstituiert sich als Folge eine Habitualität der Fortgeltung, die jetzt mitgehört zur Konstitution der Gegenstände als schlechthin für das Ich seien
25 der, auf die also immer wieder zurückgegriffen werden kann, sei es in Wiedererzeugungen mit dem synthetischen Bewußtsein derselben Gegenständlichkeit als in *kategorialer Anschauung* wieder gegebener, sei es in einem synthetisch zugehörigen vagen Bewußtsein. Die transzendentale Konstitution von derartigen Ge
30 genständen mit Beziehung auf intersubjektive Aktivitäten (wie die der Kultur) setzt die vorangehende Konstitution einer transzendentalen Intersubjektivität voraus, worüber erst nachher zu sprechen sein wird.

Die höherstufigen Gestalten von derartigen Aktivitäten der
35 *Vernunft* in einem spezifischen Sinne,und korrelativ von Vernunfterzeugnissen, die insgesamt den Charakter der Irrealität haben

(der *idealen* Gegenstände), können wir, wie schon erwähnt wurde, nicht ohne weiteres als jedem konkreten ego als solchem zugehörig ansehen (wie schon die Erinnerung an unsere Kinderzeit zeigt). Allerdings mit den niedersten Stufen, wie dem Erfahrend-
5 erfassen, Das-Erfahrene-in-seine-Sondermomente-auslegen, -zusammenfassen, -beziehen und dgl., wird es sich schon anders verhalten.

Jedenfalls aber setzt jeder Bau der Aktivität notwendig als unterste Stufe voraus eine vorgebende Passivität, und dem nach-
10 gehend stoßen wir auf die Konstitution durch passive Genesis. Was uns im Leben sozusagen fertig entgegentritt als daseiendes bloßes Ding (von allen *geistigen* Charakteren abgesehen, die es z.B. als Hammer, als Tisch, als ästhetisches Erzeugnis kenntlich machen), das ist in der Ursprünglichkeit des *es selbst* in der Syn-
15 thesis passiver Erfahrung gegeben. Als das ist es vorgegeben den mit dem aktiven Erfassen einsetzenden *geistigen* Aktivitäten.

Während diese ihre synthetischen Leistungen vollziehen, ist die ihnen alle *Materie* beistellende passive Synthesis immer weiter im Gang. Das in passiver Anschauung vorgegebene Ding erscheint wei-
20 ter in einheitlicher Anschauung, und wieviel dabei auch ‹durch› die Aktivität der Explikation, des Einzelerfassens nach Teilen und Merkmalen modifiziert sein mag, es ist auch während und in dieser Aktivität stehende Vorgegebenheit, es verlaufen die mannigfaltigen Erscheinungsweisen, die einheitlichen visuellen oder tak-
25 tuellen Wahrnehmungsbilder, in deren offenbar passiver Synthesis das eine Ding, daran die eine Gestalt usw., erscheint. Doch eben diese Synthesis hat als Synthesis dieser Form ihre sich in ihr selbst bekundende *Geschichte*. Es liegt an einer wesensmäßigen Genesis, daß ich, das ego, und schon im ersten Blick, ein Ding er-
30 fahren kann. Das gilt übrigens wie für die phänomenologische so für die im gewöhnlichen Sinn psychologische Genesis. Mit gutem Grunde heißt es, daß wir in früher Kinderzeit das Sehen von Dingen überhaupt erst lernen mußten, wie auch, daß dergleichen allen anderen Bewußtseinsweisen von Dingen genetisch vorange-
35 hen mußte. Das vorgebende Wahrnehmungsfeld in der *frühen Kindheit* enthält also noch nichts, was in bloßem Ansehen als Ding expliziert werden könnte. Doch ohne uns auf den Boden der Passivität zurückzuversetzen oder gar von der psychophysischen Außenbetrachtung der Psychologie Gebrauch zu machen, können

---

1) ‹Auf diese Sätze bezieht sich R. Ingardens Bemerkung S. 218.›

wir, kann das meditierende ego durch Eindringen in den intentionalen Gehalt der Erfahrungsphänomene selbst, der dingerfahren-
den und aller sonstigen Phänomene, intentionale Verweisungen
finden, die auf eine *Geschichte* führen, also diese Phänomene als
5 Nachgestalten anderer, ihnen wesensmäßig vorangehender (wenn
auch nicht gerade auf denselben konstituierten Gegenstand be-
ziehbarer) Vorgestalten kenntlich machen. Da aber stoßen wir
bald auf Wesensgesetzmäßigkeiten einer passiven, teils aller Aktivität voranliegenden, teils alle Aktivität selbst wieder umgrei-
10 fenden Bildung von immer neuen Synthesen, auf eine passive Genesis der mannigfaltigen Apperzeptionen als in einer eigenen Habitualität verharrender Gebilde, die für das zentrale Ich geformte
Vorgegebenheiten scheinen, wenn sie aktuell werden, affizieren
und zu Tätigkeiten motivieren. Das Ich hat immerzu dank die-
15 ser passiven Synthesis (in die also auch die Leistungen der aktiven eingehen) eine Umgebung von *Gegenständen*. Schon daß alles
mich als *entwickeltes* ego Affizierende apperzipiert ist als *Gegenstand*, als Substrat kennenzulernender Prädikate, gehört hierher.
Denn das ist eine im voraus bekannte mögliche Zielform für Mög-
20 lichkeiten der Explikation als bekannt machender, als solcher, die
einen Gegenstand als bleibenden Besitz, als immer wieder Zu-
gängliches konstituieren würde: und diese Zielform ist im voraus
verständlich als aus einer Genesis entsprungen. Sie weist selbst
auf eine *Urstiftung* dieser Form zurück. Alles Bekannte verweist
25 auf ein ursprüngliches Kennenlernen; was wir unbekannt nennen,
hat doch eine Strukturform der Bekanntheit, die Form *Gegenstand*,
des näheren die Form *Raumding, Kulturobjekt, Werkzeug* usw.

§ 39. *Assoziation als Prinzip der passiven Genesis.*

Das universale Prinzip der passiven Genesis für die Konstitution aller im aktiven Bilden letztlich vorgegebenen Gegen-
30 ständlichkeiten trägt den Titel Assoziation. Es ist, wohlgemerkt,
ein T i t e l d e r I n t e n t i o n a l i t ä t, als das in seinen Ur-
gestalten deskriptiv aufweisbar, und in seinen intentionalen Leistungen unter Wesensgesetzen stehend, aus denen alle und jede
passive Konstitution, sowohl diejenige der Erlebnisse als im-
35 manenter Zeitgegenstände als diejenige aller realen Naturgegen-
stände der objektiven raumzeitlichen Welt verständlich zu machen
ist. A s s o z i a t i o n i s t e i n t r a n s z e n d e n t a l - p h ä-

n o m e n o l o g i s c h e r   G r u n d b e g r i f f (wie auch in der
psychologischen Parallele Grundbegriff einer rein intentionalen
Psychologie). Der alte Begriff der Assoziation und der von As-
soziationsgesetzen, obschon auch er seit Hume in der Regel auf
5 die Zusammenhänge des reinen Seelenlebens bezogen gedacht war,
ist nur eine naturalistische Verzerrung der entsprechenden echten
intentionalen Begriffe. Durch die Phänomenologie, die sehr spät
Zugänge zur Erforschung der Assoziation gefunden hat, erhält
dieser Begriff ein völlig neues Gesicht, eine wesensmäßig neue
10 Umgrenzung mit neuen Grundformen, wohin z.B. die sinnliche
Konfiguration in Koexistenz und Sukzession gehört. Phänomenologisch evident, aber für den Traditionsbefangenen befremd-
lich ist, daß Assoziation nicht ein bloßer Titel für eine empirische
Gesetzlichkeit der Komplexion von Daten einer *Seele* ist, nach
15 dem alten Bilde so etwas wie eine innerseelische Gravitation, sondern ein, und zudem höchst umfassender, Titel für eine intentionale Wesensgesetzlichkeit der Konstitution des reinen ego, ein
Reich des *eingeborenen* Apriori, ohne das also ein ego als solches
undenkbar ist. Erst durch die Phänomenologie der Genesis wird
20 das ego als ein unendlicher, in der Einheit universaler Genesis ver-
knüpfter Zusammenhang von synthetisch zusammengehörigen
Leistungen verständlich — in Stufen, die sich durchaus der universalen verharrenden Form der Zeitlichkeit fügen müssen, weil
diese selbst sich in einer beständigen passiven und völlig univer-
25 salen Genesis aufbaut, die wesensmäßig alles Neue mit umgreift.
Dieser Stufenbau erhält sich im entwickelten ego als ein verharrendes Formensystem der Apperzeption und somit der konstituierten Gegenständlichkeiten, darunter eines objektiven Universums von fester ontologischer Struktur, und dieses Sich-erhal-
30 ten ist selbst nur eine Form der Genesis. In all dem ist das jeweilige Faktum irrational, aber nur möglich in dem ihm als egologischen Faktum zugehörigen Formensystem des Apriori. Dabei
ist aber nicht zu übersehen, daß *Faktum* und seine Irrationalität
selbst ein Strukturbegriff im System des konkreten Apriori ist.

§ 40. *Überleitung zur Frage des transzendentalen Idealismus.*

35   Mit der Reduktion der phänomenologischen Problematik auf
den einheitlichen Gesamttitel der (statischen und genetischen)
Konstitution der Gegenständlichkeiten möglichen Bewußtseins

scheint die Phänomenologie sich rechtmäßig auch als t r a n-
s z e n d e n t a l e E r k e n n t n i s t h e o r i e zu kennzeichnen.
Kontrastieren wir die in diesem Sinne transzendentale mit der
traditionellen Erkenntnistheorie.

5 Deren Problem ist das der Transzendenz. Sie will, auch wenn
sie als empiristische auf der gewöhnlichen Psychologie fußt,
nicht bloße Psychologie der Erkenntnis sein, sondern die prinzipielle Möglichkeit der Erkenntnis aufklären. Das Problem erwächst ihr in der n a t ü r l i c h e n E i n s t e l l u n g und wird
10 auch weiter in ihr behandelt. Ich finde mich vor als Mensch in der
Welt, und zugleich als sie erfahrend und sie, mich eingeschlossen,
wissenschaftlich erkennend. Nun sage ich mir: alles, was für mich
ist, ist es dank meinem erkennenden Bewußtsein, es ist für mich
Erfahrenes meines Erfahrens, Gedachtes meines Denkens, Theo-
15 retisiertes meines Theoretisierens, Eingesehenes meines Einsehens. Erkennt man, F. Brentano folgend, die Intentionalität an,
so sagt man: Intentionalität als Grundeigenheit meines psychischen Lebens bezeichnet eine reale, mir als Menschen wie jedem
Menschen hinsichtlich seiner rein psychischen Innerlichkeit zu-
20 gehörige Eigenheit, und schon Brentano hat sie in den Mittelpunkt der empirischen Psychologie des Menschen gerückt. Die
Ich-Rede dieses Anfangs ist und bleibt die natürliche Ich-Rede,
sie hält sich und auch die ganze Problemführung weiterhin auf
dem Boden der gegebenen Welt. Und so heißt es nun, und ganz
25 verständlich: Alles, was für den Menschen, was für mich ist und
gilt, tut das im eigenen Bewußtseinsleben, das in allem Bewußthaben einer Welt und in allem wissenschaftlichen Leisten bei sich
selbst verbleibt. Alle Scheidungen, die ich mache zwischen echter
und trügender Erfahrung, und in ihr zwischen Sein und Schein, ver-
30 laufen in meiner Bewußtseinssphäre selbst, ebenso wenn ich in
höherer Stufe zwischen einsichtigem und nicht einsichtigem Denken, auch zwischen a priori Notwendigem und Widersinnigem,
zwischen empirisch Richtigem und empirisch Falschem unterscheide. Evident wirklich, denknotwendig, widersinnig, denk-
35 möglich, wahrscheinlich usw., all das sind in meinem Bewußtseinsbereich selbst auftretende Charaktere am jeweiligen intentionalen
Gegenstand. Jede Begründung, jede Ausweisung von Wahrheit
und Sein verläuft ganz und gar in mir, und ihr Ende ist ein Charakter im *cogitatum* meines *cogito*.

Darin sieht man nun das große Problem. Daß ich in meinem Bewußtseinsbereich, im Zusammenhang der mich bestimmenden Motivation zu Gewißheiten, ja zu zwingenden Evidenzen komme, das ist verständlich. Aber wie kann dieses ganze, in der Immanenz
5 des Bewußtseinslebens verlaufende Spiel objektive Bedeutung gewinnen? Wie kann die Evidenz (die *clara et distincta perceptio*) mehr beanspruchen, als ein Bewußtseinscharakter in mir zu sein? Es ist (unter Beiseitelegung der vielleicht nicht so gleichgültigen Ausschaltung der Seinsgeltung der Welt) das Cartesianische Pro-
10 blem, das durch die göttliche *veracitas* gelöst werden sollte.

§ 41. *Die echte phänomenologische Selbstauslegung des „ego cogito" als „transzendentaler Idealismus".*

Was hat die transzendentale Selbstbesinnung der Phänomeno-logie dazu zu sagen? Nichts anderes, als daß dieses ganze Problem widersinnig ist, ein Widersinn, in den Descartes selbst verfallen mußte, weil er den echten Sinn seiner transzendentalen ἐποχή und
15 der Reduktion auf das reine ego verfehlte. Aber noch viel gröber, eben durch völlige Mißachtung der Cartesianischen ἐποχή, ist die gewöhnliche nachcartesianische Denkhaltung. Wir fragen, wer ist denn das Ich, das solche *transzendentalen Fragen* rechtmäßig stel-len kann? Kann ich das als natürlicher Mensch, und kann ich als
20 das ernstlich fragen, und zwar transzendental: Wie komme ich aus meiner Bewußtseinsinsel heraus, wie kann, was in meinem Bewußtsein als Evidenzerlebnis auftritt, objektive Bedeutung ge-winnen? Sowie ich mich als natürlicher Mensch apperzipiere, ha-be ich ja schon im voraus die Raumwelt apperzipiert, mich als im
25 Raume aufgefaßt, in dem ich also ein Außer-mir habe. Ist also nicht die Gültigkeit der Weltapperzeption schon in der Frage-stellung vorausgesetzt worden, in den Sinn der Frage eingegan-gen, während doch ihre Beantwortung erst das Recht der objek-tiven Geltung überhaupt ergeben sollte? Es bedarf offenbar der
30 bewußten Ausführung der phänomenologischen Reduktion, um dasjenige Ich und Bewußtseinsleben zu gewinnen, von dem tran-szendentale Fragen als Fragen der Möglichkeit transzendenter Er-kenntnis zu stellen sind. Sowie man aber, statt flüchtig eine phä-nomenologische ἐποχή zu vollziehen, vielmehr darangeht, in syste-
35 matischer Selbstbesinnung, und als reines ego, sein gesamtes Be-wußtseinsfeld enthüllen zu wollen, erkennt man, daß alles für es

Seiende sich in ihm selbst Konstituierendes ist, ferner daß jede
Seinsart, darunter jede als in irgendeinem Sinne transzendent
charakterisierte, ihre besondere Konstitution hat. Transzendenz
in jeder Form ist ein immanenter, innerhalb des ego sich konsti-
5 tuierender Seinscharakter. Jeder erdenkliche Sinn, jedes erdenkliche Sein, ob es immanent oder transzendent heißt, fällt in den
Bereich der transzendentalen Subjektivität als der Sinn und
Sein konstituierenden. Das Universum wahren Seins fassen zu
wollen als etwas, das außerhalb des Universums möglichen Be-
10 wußtseins, möglicher Erkenntnis, möglicher Evidenz steht, beides
bloß äußerlich durch ein starres Gesetz aufeinander bezogen, ist
unsinnig. Wesensmäßig gehört beides zusammen, und wesensmäßig Zusammengehöriges ist auch konkret eins, eins in der einzigen absoluten Konkretion der transzendentalen Subjektivität.
15 Ist sie das Universum möglichen Sinnes, so ist ein Außerhalb dann
eben Unsinn. Aber selbst jeder Unsinn ist ein Modus des Sinnes
und hat seine Unsinnigkeit in der Einsehbarkeit. Das aber gilt
nicht für das bloß faktische ego und das, was ihm faktisch zugänglich ist als für es Seiendes, und darin beschlossen eine als für
20 es seiende offene Vielheit anderer ego's und ihrer konstituierenden
Leistungen. Genauer ausgeführt: Wenn in mir, dem transzendentalen ego, wie faktisch, andere ego's transzendental konstituiert
sind und, als von der mir damit konstitutiv erwachsenen transzendentalen Intersubjektivität ihrerseits konstituiert, eine allge-
25 meinsame objektive Welt, so gilt alles vorhin Gesagte nicht bloß
für mein faktisches ego und für diese faktische in der meinen
Sinn und Seinsgeltung gewinnende Intersubjektivität und Welt.
Die in meinem ego sich vollziehende *phänomenologische* Selbstauslegung, die aller seiner Konstitutionen und für es seienden Ge-
30 genständlichkeiten, nahm ja notwendig die methodische Gestalt
einer apriorischen an, einer die Fakta in das entsprechende Universum purer (eidetischer) Möglichkeiten einordnenden Selbstauslegung. Sie betrifft also mein faktisches ego nur, insofern es
eine der reinen Möglichkeiten ist, die aus ihm durch freies Um-
35 denken (Umfingieren) seiner selbst zu gewinnen sind, sie gilt somit
als eidetische für das Universum dieser meiner Möglichkeiten als
ego überhaupt, meiner Möglichkeiten eines beliebigen Anders-
seins; demnach also auch für jede auf diese meine Möglichkeiten
in korrelativer Abwandlung bezogene mögliche Intersubjektivi-

tät und wieder in ihr als intersubjektiv konstituiert zu denkende
Welt. Echte Erkenntnistheorie ist danach allein sinnvoll als
transzendental-phänomenologische, die, statt mit widersinnigen
Schlüssen von einer vermeinten Immanenz auf eine vermeinte
5 Transzendenz, die irgendwelcher angeblich prinzipiell unerkenn-
barer „Dinge an sich", es ausschließlich zu tun hat mit der systematischen Aufklärung der Erkenntnisleistung, in der sie durch
und durch verständlich werden müssen als intentionale Leistung.
Eben damit wird jede Art Seiendes selbst, reales und ideales, ver-
10 ständlich als eben in dieser Leistung konstituiertes *Gebilde* der
transzendentalen Subjektivität. Diese Art Verständlichkeit ist
die höchste erdenkliche Form der Rationalität. Alle verkehrten
Seinsinterpretationen stammen aus der naiven Blindheit für die
den Seinssinn mitbestimmenden Horizonte und für die zuge-
15 hörigen Aufgaben der Enthüllung der impliziten Intentionalität.
Werden sie erschaut und ergriffen, so ergibt sich als Konsequenz
eine universale Phänomenologie als eine in steter Evidenz und
dabei in Konkretion durchgeführte Selbstauslegung des ego. Genauer gesprochen, und fürs erste: als eine Selbstauslegung im
20 prägnanten Sinne, die systematisch zeigt, wie das ego sich als in
sich und für sich Seiendes eines eigenen Wesens konstituiert; und
dann zweitens als eine Selbstauslegung im erweiterten Sinne, die
von da aus zeigt, wie das ego in sich vermöge dieses Eigenwesens
auch *Anderes*, *Objektives* konstituiert, und so überhaupt alles, was
25 für es je im Ich als Nicht-Ich Seinsgeltung hat.
   In dieser systematischen Konkretion durchgeführt ist die Phänomenologie eo ipso *transzendentaler Idealismus*, obschon in einem
grundwesentlich neuen Sinne; nicht in dem eines psychologischen Idealismus, nicht eines Idealismus, der aus sinnlosen sen-
30 suellen Daten eine sinnvolle Welt ableiten will. Nicht ist es ein
Kantianischer Idealismus, der mindestens als Grenzbegriff die
Möglichkeit einer Welt von Dingen an sich glaubt offen halten zu
können — sondern ein Idealismus, der nichts weiter ist als in
Form systematisch egologischer Wissenschaft konsequent durch-
35 geführte Selbstauslegung meines ego als Subjektes jeder möglichen Erkenntnis, und zwar in Hinsicht auf jeden Sinn von Seiendem, mit dem es für mich, das ego, eben soll Sinn haben können.
Dieser Idealismus ist nicht ein Gebilde spielerischer Argumentationen, im dialektischen Streit mit *Realismen* als Siegespreis zu

gewinnen. Es ist die an jedem mir, dem ego, je erdenklichen Typus von Seiendem,und speziell an der (mir durch Erfahrung wirklich vorgegebenen) Transzendenz der Natur, der Kultur, der Welt
überhaupt, in wirklicher Arbeit durchgeführte S i n n e s a u s-
5 l e g u n g. Dasselbe aber sagt: systematische Enthüllung der
konstituierenden Intentionalität selbst. D e r E r w e i s d i e-
s e s I d e a l i s m u s i s t a l s o d i e P h ä n o m e n o l o g i e
s e l b s t. Nur wer den tiefsten Sinn der intentionalen Methode
oder den der transzendentalen Reduktion oder gar beider mißver-
10 steht, kann Phänomenologie und transzendentalen Idealismus
trennen wollen: wer das eine Mißverständnis begeht, ist nicht einmal so weit, das eigentümliche Wesen einer echten intentionalen
Psychologie (und darin beschlossen einer intentional-psychologischen Erkenntnislehre) begriffen zu haben sowie ihren Beruf,
15 das Grund- und Kernstück einer wahrhaft wissenschaftlichen
Psychologie zu werden. Wer aber Sinn und Leistung der transzendental-phänomenologischen Reduktion verkennt, der steht
noch im transzendentalen Psychologismus, er vermengt die aus
der Wesensmöglichkeit der Einstellungsänderung hervorgehende
20 Parallele: intentionale Psychologie und transzendentale Phänomenologie, er verfällt dem Widersinn einer Transzendentalphilosophie, die auf dem natürlichen Boden stehen bleibt.

Unsere Meditationen sind so weit gediehen,daß sie schon den
notwendigen Stil einer Philosophie als einer transzendental-phä-
25 nomenologischen zur Evidenz gebracht haben,und korrelativ für
das Universum des für uns in Wirklichkeit und Möglichkeit
Seienden den Stil seiner einzig möglichen Sinnesinterpretation,
nämlich als transzendental-phänomenologischen Idealismus. Zu
dieser Evidenz gehört auch, daß sich die durch unsere allgemein-
30 ste Vorzeichnung eröffnende Unendlichkeit der Arbeit — daß die
Selbstauslegung meiner, des meditierenden ego, nach Konstitution und Konstituiertem — als Kette von einzelnen Meditationen
dem universalen Rahmen einer einheitlichen, synthetisch immer
weiterzuführenden einfügt.
35 Dürfen wir damit abschließen und alles weitere der Einzelaus-
führung überlassen? Ist die gewonnene Evidenz mit ihrem vorzeichnenden Zielsinn schon zureichend, ist die Vorzeichnung hinreichend weit geführt, uns mit jenem großen Glauben an eine in
dieser meditierenden Methode der Selbstauslegung hervorgehe-

de Philosophie zu erfüllen — so daß wir sie in unseren Lebens-
willen aufnehmen und in freudiger Sicherheit an die Arbeit gehen
könnten? Wir haben es natürlich nicht vermeiden können, schon
in flüchtigem Hinblick auf das in uns, je in mir, dem meditieren-
5 den ego, als Welt, als Seinsuniversum überhaupt Konstituierte
der *Anderen* zu gedenken und ihrer Konstitutionen. Mittelst der
in meinem eigenen Selbst konstituierten fremden Konstitutionen
konstituiert sich für mich (das erwähnten wir schon) die für *uns
alle* gemeinsame Welt. Dazu gehört natürlich auch die Kon-
10 stitution einer Philosophie, als einer *uns allen* als miteinander
Meditierenden gemeinsamen — der Idee nach einer einzigen *philosophia perennis.* Aber wird nun unsere Evidenz — die einer phänomenologischen Philosophie und eines phänomenologischen
Idealismus als der einzigen Möglichkeit — standhalten, diese Evi-
15 denz, die uns so lange völlig klar und sicher war, als wir, dem Zuge
unserer meditierenden Intuitionen hingegeben, die darin zutage tretenden Wesensnotwendigkeiten aussprachen? Wird sie
nicht schwankend werden, da wir die methodische Vorzeichnung
nicht so weit geführt haben, daß die (wir fühlen es alle, sehr be-
20 fremdliche) Möglichkeit und die genauere Art des Für-uns-seins
der Anderen nicht dem Wesensallgemeinen nach verständlich und
die auf sie bezügliche Problematik nicht ausgelegt ist? Sollen unsere *Cartesianischen Meditationen* für uns als werdende Philosophen die richtige *Einleitung* in eine Philosophie und der ihre Wirk-
25 lichkeit als notwendig praktische Idee begründende Anfang sein
(ein Anfang, zu dem also auch die Evidenz eines als ideale Notwendigkeit <zu> konstituierenden Weges für Unendlichkeit ausführender Arbeit gehört), so müssen unsere Meditationen selbst so
weit führen, daß sie nach dieser Hinsicht nach Ziel und Weg keine
30 Befremdlichkeiten offen lassen. Sie müssen ganz, wie die alten
Cartesianischen es wollten, die zur Zweckidee der Philosophie gehörige universale Problematik in restloser Verständlichkeit enthüllt haben (also für uns die konstitutive); und darin liegt, sie
müssen in einer größten und doch streng umgriffenen Allgemein-
35 heit den wahren universalen Sinn des *Seienden überhaupt* und
seiner universalen Strukturen schon herausgestellt haben — in
einer Allgemeinheit, die ausführende ontologische Arbeit in Form
einer konkret verbundenen phänomenologischen Philosophie erst
möglich macht, so wie dann in weiterer Folge eine philosophische

Tatsachenwissenschaft, denn *Seiendes* ist für die Philosophie und so für die Korrelationsforschung der Phänomenologie eine prak-tische Idee, die der Unendlichkeit theoretisch bestimmender Ar-beit.

V. MEDITATION

ENTHÜLLUNG DER TRANSZENDENTALEN SEINSSPHÄRE ALS MONADOLOGISCHE INTERSUBJEKTIVITÄT.

§ 42. *Exposition des Problems der Fremderfahrung in Gegenstellung gegen den Einwand des Solipsismus.*

5   Knüpfen wir unsere neuen Meditationen an einen, wie es schei-nen möchte, schwerwiegenden Einwand. Nichts Geringeres be-trifft er als den Anspruch der transzendentalen Phänomenologie, schon Transzendentalphilosophie zu sein, also in Form einer im Rahmen des transzendental reduzierten ego sich bewegenden kon-
10 stitutiven Problematik und Theorie die transzendentalen Pro-bleme der objektiven Welt lösen zu können. Wenn ich, das medi-tierende Ich, mich durch die phänomenologische ἐποχή auf mein absolutes transzendentales ego reduziere, bin ich dann nicht zum *solus ipse* geworden, und bleibe ich es nicht, solange ich unter dem
15 Titel Phänomenologie konsequente Selbstauslegung betreibe? Wäre also eine Phänomenologie, die Probleme objektiven Seins lösen und schon als Philosophie auftreten wollte, nicht als tran-szendentaler Solipsismus zu brandmarken? Überlegen wir näher. Die transzendentale Reduktion bindet
20 mich an den Strom meiner reinen Bewußtseinserlebnisse und an die durch ihre Aktualitäten und Potentialitäten konstituierten Einheiten. Es scheint nun doch selbstverständlich, daß solche Einheiten von meinem ego unabtrennbar sind und somit zu seiner Konkretion selbst gehören.
25 Aber wie steht es dann mit anderen ego's, die doch nicht bloße Vorstellung und Vorgestelltes in mir sind, synthetische Einheiten möglicher Bewährung im mir, sondern sinngemäß eben A n-d e r e. Haben wir also dem transzendentalen Realismus nicht Unrecht getan? Es mag ihm an phänomenologischer Grundle-
30 gung fehlen, aber im Prinzipiellen behält er Recht insofern, als er einen Weg von der Immanenz des ego zur Transzendenz des An-

dern sucht. Können wir als Phänomenologen anders als dem nachgehend sagen, die im ego immanent konstituierte Natur und Welt
überhaupt habe hinter sich allererst die *an sich* seiende Welt
selbst, zu der eben der Weg erst zu suchen sei; und somit sagen:
5 Schon die Frage der Möglichkeit wirklich transzendenter Erkenntnis, vor allem der Möglichkeit, wie ich aus meinem absoluten ego zu anderen ego's komme, die doch als andere nicht wirklich in mir, sondern in mir nur bewußte sind, sei rein phänomenologisch nicht zu stellen. Ist es nicht von vornherein selbstver-
10 ständlich, daß mein transzendentales Erkenntnisfeld über meine
transzendentale Erfahrungssphäre und das in ihr synthetisch
Beschlossene nicht hinausreicht — selbstverständlich, daß das alles in eins durch mein eigenes transzendentales ego bezeichnet und
erschöpft ist?
15   Indessen vielleicht ist doch in solchen Gedanken nicht alles in
Ordnung. Ehe man sich für sie und die in ihnen verwerteten
,,Selbstverständlichkeiten'' entscheidet und nun gar sich in dialektische Argumentationen und in ,,metaphysisch'' sich nennende
Hypothesen einläßt, deren vermeinte Möglichkeit sich vielleicht
20 als vollkommener Widersinn herausstellt, dürfte es doch ange-
messener sein, zunächst die sich hier mit dem *alter ego* anzeigende
Aufgabe der phänomenologischen Auslegung in konkreter Arbeit
systematisch anzugreifen und durchzuführen. Wir müssen uns
doch Einblick verschaffen in die explizite und implizite Inten-
25 tionalität, in der sich auf dem Boden unseres transzendentalen
ego das alter ego bekundet und bewährt, wie, in welchen Intentionalitäten, in welchen Synthesen, in welchen Motivationen der
Sinn *anderes ego* sich in mir gestaltet und unter den Titeln einstimmiger Fremderfahrung sich als seiend,und in seiner.Weise sogar
30 als selbst da sich bewährt. Diese Erfahrungen und ihre Leistungen sind ja transzendentale Tatsachen meiner phänomenologischen Sphäre — kann ich wo anders her als durch ihre Befragung
den Sinn seiender Anderer allseitig auslegen?

§ 43. *Die noematisch-ontische Gegebenheitsweise des Anderen*
als transzendentaler Leitfaden für die konstitutive Theorie der
Fremderfahrung.

Zunächst habe ich an dem erfahrenen Anderen, so wie er sich mir
35 geradehin und in Vertiefung in seinen noematisch-ontischen Ge-

halt gibt (rein als Korrelat meines *cogito*, dessen nähere Struktur erst zu enthüllen ist), den transzendentalen Leitfaden. In der Merkwürdigkeit und Vielfältigkeit dieses Gehaltes zeigt sich schon die Vielseitigkeit und Schwierigkeit der phänomenologischen 5 Aufgabe an. Z.B. die Anderen erfahre ich, und als wirklich seiende, in wandelbaren, einstimmigen Erfahrungsmannigfaltigkeiten, und zwar einerseits als Weltobjekte; nicht als bloße Naturdinge (obschon nach einer Seite auch als das). Sie sind ja auch erfahren als in den ihnen je zugehörigen Naturleibern psychisch waltende. 10 So mit Leibern eigenartig verflochten, als *psychophysische* Objekte, sind sie *in* der Welt. Andrerseits erfahre ich sie zugleich als Subjekte für diese Welt, als diese Welt erfahrend, und diese selbe Welt, die ich selbst erfahre, und als dabei auch mich erfahrend, mich, als wie ich sie und darin die Anderen erfahre. So kann ich, 15 nach dieser Richtung fortschreitend, noch vielerlei noematisch auslegen.

Jedenfalls also in mir, im Rahmen meines transzendental reduzierten reinen Bewußtseinslebens, erfahre ich die Welt mitsamt den Anderen und dem Erfahrungssinn gemäß nicht als mein so- 20 zusagen privates synthetisches Gebilde, sondern als mir fremde, als i n t e r s u b j e k t i v e, für jedermann daseiende, in ihren Objekten jedermann zugängliche Welt. Und doch, jeder hat seine Erfahrungen, seine Erscheinungen und Erscheinungseinheiten, sein Weltphänomen, während die erfahrene Welt an sich ist ge- 25 genüber allen erfahrenden Subjekten und ihren Weltphänomenen.

Wie klärt sich das auf? Unbeirrbar muß ich daran festhalten, daß jeder Sinn, den irgendein Seiendes für mich hat und haben kann, sowohl nach seinem „Was" als nach seinem „Es ist und ist in Wirklichkeit" Sinn ist i n bzw. a u s meinem intentionalen 30 Leben, aus dessen konstitutiven Synthesen, in den Systemen einstimmiger Bewährung sich für mich klärend und enthüllend. Es gilt also, um für alle erdenklichen Fragen, die überhaupt sinnvoll sein sollen, den Boden der Beantwortung zu schaffen, ja um sie selbst schrittweise zu stellen und zu lösen, mit einer systema- 35 tischen Entfaltung der offenen und impliziten Intentionalität zu beginnen, in der das Sein der Anderen für mich sich *macht* und sich nach seinem rechtmäßigen, das ist seinem Erfüllungsgehalt, auslegt.

Das Problem ist also zunächst wie ein spezielles, eben als das

des *Für-mich-da* der Anderen gestellt, als Thema also einer
t r a n s z e n d e n t a l e n T h e o r i e d e r F r e m d e r f a h -
r u n g, der sogenannten *Einfühlung*. Aber es erweist sich alsbald,
daß die Tragweite einer solchen Theorie sehr viel größer ist als es
5 zunächst scheint, daß sie nämlich auch mit f u n d i e r t e i n e
t r a n s z e n d e n t a l e T h e o r i e d e r o b j e k t i v e n
W e l t, und zwar ganz und gar, insbesondere auch hinsichtlich
der objektiven Natur. Zum Seinssinn der Welt und im besonderen
der Natur als objektiver gehört ja, wie wir oben schon berührt
10 haben, das *Für-jedermann-da*, als von uns stets mitgemeint, wo
wir von objektiver Wirklichkeit sprechen. Zudem gehören zur
Erfahrungswelt Objekte mit *geistigen* Prädikaten, die ihrem Ursprung und Sinn gemäß auf Subjekte, und im allgemeinen auf
fremde Subjekte und deren aktiv konstituierende Intentionalität
15 verweisen: so alle Kulturobjekte (Bücher, Werkzeuge und Werke
irgendwelcher Art usw.), die dabei aber zugleich den Erfahrungssinn des *Für-jedermann-da* mit sich führen (scilicet für jedermann der entsprechenden Kulturgemeinschaft, wie der euro-
päischen, eventuell enger: der französischen etc.).

§ 44. *Reduktion der transzendentalen Erfahrung auf die Eigenheits-sphäre.*

20   Ist nun die transzendentale Konstitution und damit der transzendentale Sinn von Fremdsubjekten in Frage, und in weiterer
Konsequenz in Frage eine universale Sinnesschicht, die, von ihnen ausstrahlend, allererst objektive Welt für mich möglich
macht, so kann der fragliche Sinn von Fremdsubjekten noch nicht
25 der von objektiven, von weltlich seienden Anderen sein. Um hier
richtig vorzugehen, ist es ein erstes methodisches Erfordernis, daß
wir zunächst innerhalb der transzendentalen Universalsphäre
eine eigentümliche Art thematischer ἐποχή durchführen. Wir
schalten alles jetzt Fragliche vorerst aus dem thematischen Felde
30 aus, das ist, wir s e h e n v o n a l l e n k o n s t i t u t i v e n
L e i s t u n g e n d e r a u f f r e m d e S u b j e k t i v i t ä t
u n m i t t e l b a r o d e r m i t t e l b a r b e z o g e n e n I n -
t e n t i o n a l i t ä t a b und umgrenzen zunächst den Gesamt-
zusammenhang derjenigen Intentionalität, der aktuellen und po-
35 tentiellen, in der sich das ego in seiner Eigenheit konstituiert und

in der es von ihr unabtrennbare, also selbst ihrer Eigenheit zu-
zurechnende synthetische Einheiten konstituiert.

Die Reduktion auf meine transzendentale Eigensphäre oder
mein transzendentales konkretes Ich-selbst durch Abstraktion
5 von allem, was mir transzendentale Konstitution als Fremdes ergibt, hat hier einen ungewöhnlichen Sinn. In der natürlichen Einstellung der Weltlichkeit finde ich unterschieden und in der Form
des Gegenüber: mich und die Anderen. Abstrahiere ich von den
Anderen in gewöhnlichem Sinne, so bleibe ich *allein* zurück. Aber
10 solche Abstraktion ist nicht radikal, solches Allein-sein ändert
noch nichts an dem natürlichen Weltsinn des Für- jedermann-
erfahrbar, der auch dem natürlich verstandenen Ich anhaftet und
nicht verloren ist, wenn eine universale Pest mich allein übrig
gelassen hätte. In der transzendentalen Einstellung und zugleich
15 in der vorhin bezeichneten konstitutiven Abstraktion ist aber
mein — des Meditierenden — ego in seiner transzendentalen
Eigenheit nicht das auf ein bloßes Korrelatphänomen reduzierte
gewöhnliche Menschen-Ich innerhalb des Gesamtphänomens der
Welt. Vielmehr handelt es sich um eine w e s e n s m ä ß i g e
20 S t r u k t u r   d e r   u n i v e r s a l e n   K o n s t i t u t i o n, in
der das transzendentale ego als eine objektive Welt konstituierendes dahinlebt.

Das mir als ego spezifisch Eigene, mein konkretes Sein als Monade rein in mir selbst und für mich selbst in abgeschlossener
25 Eigenheit, befaßt wie jede so auch die auf Fremdes gerichtete Intentionalität, nur daß zunächst aus methodischen Gründen deren
synthetische Leistung (die Wirklichkeit des Fremden für mich)
thematisch ausgeschaltet bleiben soll. In dieser ausgezeichneten
Intentionalität konstituiert sich der neue Seinssinn, der mein mo-
30 nadisches ego in seiner Selbsteigenheit überschreitet, und es konstituiert sich ein ego nicht als *Ich-selbst*, sondern als sich in meinem eigenen Ich, meiner Monade *spiegelndes*. Aber das zweite ego
ist nicht schlechthin da und eigentlich selbst gegeben, sondern es
ist als alter ego konstituiert, wobei das durch diesen Ausdruck
35 alter ego als Moment angedeutete ego Ich-selbst in meiner Eigenheit bin. Der *Andere* verweist seinem konstituierten Sinne nach
auf mich selbst, der Andere ist Spiegelung meiner selbst, und doch
nicht eigentlich Spiegelung; Analogon meiner selbst, und doch
wieder nicht Analogon im gewöhnlichen Sinne. Ist also, und als

erstes, das ego in seiner Eigenheit umgrenzt und in seinem Bestande — nicht nur an Erlebnissen, sondern auch an von ihm
konkret unabtrennbaren Geltungseinheiten — überschaut und
gegliedert, so muß, daran anschließend, die Frage gestellt werden,
5 wie mein ego innerhalb seiner Eigenheit unter dem Titel ,,Fremd-
erfahrung" eben *Fremdes* konstituieren kann — also mit einem
Sinne, der das Konstituierte von dem konkreten Bestande des
sinnkonstituierenden konkreten Ich-selbst ausschließt, irgendwie
als sein *Analogon*. Zunächst betrifft das irgendwelche *alter ego's*,
10 dann aber alles, was von diesen her Sinnbestimmungen gewinnt,
kurzum eine objektive Welt in der eigentlichen und vollen Bedeutung.

Diese Problematik wird an Verständlichkeit gewinnen, wenn
wir daran gehen, die Eigenheitssphäre des ego zu charakterisieren,
15 bzw. die sie ergebende abstraktive ἐποχή explizit durchzuführen. Die thematische Ausschaltung der konstitutiven Leistungen der Fremderfahrung und mit ihr aller auf Fremdes
bezüglichen Bewußtseinsweisen besagt jetzt nicht bloß die phänomenologische ἐποχή hinsichtlich der naiven Seinsgeltung des
20 Fremden wie alles naiv geradehin für uns seienden Objektiven.
Die transzendentale Einstellung ist ja immer und bleibt vorausgesetzt, der gemäß alles vordem geradehin für uns Seiende ausschließlich als *Phänomen*, als vermeinter und sich bewährender
Sinn genommen wird, rein wie es als Korrelat der zu enthüllenden
25 konstitutiven Systeme für uns Seinssinn gewonnen hat und gewinnt. Eben diese Enthüllung und Sinnesklärung bereiten wir
jetzt durch die neuartige ἐποχή, und des näheren auf folgende
Weise vor.

Als transzendental Eingestellter versuche ich zunächst, inner-
30 halb meines transzendentalen Erfahrungshorizontes das *Mir-
Eigene* zu umgrenzen. Es ist, sage ich mir zunächst, *Nicht-Frem-
des*. Ich beginne damit, diesen Erfahrungshorizont von allem
Fremden überhaupt abstraktiv zu befreien. Es gehört zum transzendentalen Phänomen der *Welt*, daß sie in einstimmiger Er-
35 fahrung geradehin gegeben ist, und so gilt es, sie überschauend
darauf zu achten, wie Fremdes sinnmitbestimmend auftritt, und
es, soweit es das tut, abstraktiv auszuschalten. So abstrahieren
wir zunächst von dem, was Menschen und Tieren ihren spezifischen Sinn als sozusagen ich-artigen lebenden Wesen gibt, und in

weiterer Folge von allen Bestimmungen der phänomenalen Welt, die in ihrem Sinne auf *Andere* als Ichsubjekte verweisen und sie danach voraussetzen. So alle Kulturprädikate. Wir können dafür auch sagen, wir abstrahieren von allem *Fremdgeistigen* als dem, 5 was am hier fraglichen *Fremden* seinen spezifischen Sinn ermöglicht. Auch der Charakter der *Umweltlichkeit für jedermann*, das Für-jedermann-da- und -zugänglich-sein, Jedermann-in-Leben-und-Streben-etwas-angehen-oder-nicht-angehen-können, der allen Objekten der phänomenalen Welt eignet und ihre Fremd-10 heit ausmacht, ist nicht zu übersehen und ist abstraktiv auszuschließen.

Wir konstatieren dabei ein Wichtiges. In der Abstraktion v e r b l e i b t   u n s   e i n e   e i n h e i t l i c h   z u s a m m e n -h ä n g e n d e   S c h i c h t   d e s   P h ä n o m e n s   W e l t, des 15 transzendentalen Korrelats der kontinuierlich einstimmig fortgehenden Welterfahrung. Wir können trotz unserer Abstraktion kontinuierlich in der erfahrenden Anschauung fortgehen, ausschließlich in dieser Schicht verbleibend. Diese einheitliche Schicht ist ferner dadurch ausgezeichnet, daß sie die wesensmäßig fun-20 dierende ist, d.h. ich kann offenbar nicht das *Fremde* als Erfahrung haben, also nicht den Sinn *objektive Welt* als Erfahrungssinn haben, ohne jene Schicht in wirklicher Erfahrung zu haben, während nicht das Umgekehrte der Fall ist.

Betrachten wir das Ergebnis unserer Abstraktion näher, also 25 das, was sie uns übrig läßt. Es scheidet sich am Phänomen der Welt, der mit objektivem Sinn erscheinenden, eine Unterschicht ab als e i g e n h e i t l i c h e „N a t u r", die wohl unterschieden bleiben muß von bloßer Natur schlechthin, also derjenigen, die das Thema des Naturforschers wird. Diese erwächst zwar auch 30 durch Abstraktion, nämlich von allem Psychischen und von den personal entsprungenen Prädikaten der objektiven Welt. Aber was in dieser Abstraktion des Naturforschers gewonnen wird, ist eine zur objektiven Welt selbst (in transzendentaler Einstellung zum gegenständlichen Sinn „objektive Welt") gehörige, also 35 selbst objektive Schicht, wie denn das, wovon abstrahiert wird, seinerseits Objektives ist (objektives Psychisches, objektive Kulturprädikate usw.). Aber in unserer Abstraktion verschwindet ja der Sinn „objektiv" ganz und gar, der allem Weltlichen zugehört als intersubjektiv Konstituiertem, als einem für jedermann Er-

fahrbaren usw. So gehört zu meiner Eigenheit als von allem Sinn fremder Subjektivität gereinigter ein Sinn *bloße Natur*, der eben auch dieses *Für-jedermann* verloren hat, also keineswegs für eine abstraktive Schicht der Welt selbst bzw. ihres Sinnes genom-
5 men werden darf. Unter den eigenheitlich gefaßten Körpern dieser *Natur* finde ich dann in einziger Auszeichnung m e i - n e n L e i b, nämlich als den einzigen, der nicht bloßer Körper ist, sondern eben L e i b, das einzige Objekt innerhalb meiner abstraktiven Weltschicht, dem ich erfahrungsgemäß Empfin-
10 dungsfelder zurechne, obschon in verschiedenen Zugehörigkeits- weisen (Tastempfindungsfeld, Wärme-Kälte-Feld usw.), das ein- zige, *in* dem ich unmittelbar *schalte und walte*, und insonderheit walte in jedem seiner *Organe* —. Ich nehme, *mit* den Händen kin- ästhetisch tastend, mit den Augen ebenso sehend usw., wahr und
15 kann jederzeit so wahrnehmen, wobei diese Kinästhesen der Or- gane im *Ich tue* verlaufen und meinem *Ich kann* unterstehen; fer- ner kann ich, diese Kinästhesen ins Spiel setzend, stoßen, schieben usw. und dadurch unmittelbar und dann mittelbar leiblich *han- deln*. Wahrnehmend tätig erfahre ich (oder kann ich erfahren)
20 alle Natur, darunter die eigene Leiblichkeit, die darin also auf sich selbst zurückbezogen ist. Das wird dadurch möglich, daß ich jeweils *mittelst* der einen Hand die andre, mittelst einer Hand ein Auge usw. wahrnehmen *kann*, wobei fungierendes Organ zum Objekt und Objekt zum fungierenden Organ werden muß. Und
25 ebenso für das allgemein mögliche ursprüngliche Behandeln der *Natur* und der Leiblichkeit selbst durch die Leiblichkeit, die also auch praktisch auf sich selbst bezogen ist.

Die Herausstellung meines eigenheitlich reduzierten Leibes be- deutet schon ein Stück Herausstellung des e i g e n h e i t l i -
30 c h e n W e s e n s des objektiven Phänomens *Ich als dieser Mensch*. Wenn ich andere Menschen eigenheitlich reduziere, so gewinne ich eigenheitliche Körper, wenn ich mich reduziere als Menschen, so gewinne ich meinen *Leib* und meine *Seele*, oder mich als psychophysische Einheit, in ihr mein personales Ich, das in
35 diesem Leib und *mittelst* seiner in der *Außenwelt* wirkt, von ihr leidet, und so überhaupt vermöge der beständigen Erfahrung sol- cher einzigartigen Ichbezogenheiten und Lebensbezogenheiten mit dem körperlichen Leib psychophysisch einig konstituiert ist. Ist die eigenheitliche Reinigung an der Außenwelt und am Leibe

und am psychophysischen Ganzen vollzogen, so habe ich meinen natürlichen Sinn eines Ich insofern verloren, als ausgeschieden bleibt jeder Sinnbezug auf ein mögliches Uns oder Wir und alle meine Weltlichkeit im natürlichen Sinne. In meiner geistigen
5 Eigenheit bin ich aber doch identischer Ichpol meiner mannigfaltigen reinen Erlebnisse, derjenigen meiner passiven und aktiven Intentionalität, und aller von daher gestifteten und zu stiftenden Habitualitäten.

So haben wir durch diese eigentümliche abstraktive Sinnesaus-
10 scheidung des Fremden eine Art ,,Welt'', übrig behalten, eine eigenheitlich reduzierte Natur, ihr durch den körperlichen Leib eingeordnet das psychophysische Ich mit Leib und Seele und personalem Ich, lauter Einzigartigkeiten dieser reduzierten ,,Welt''. Offenbar kommen darin auch vor Prädikate, die von diesem Ich her
15 Bedeutung haben, wie z.B. Wert- und Werkprädikate. All das (darum die beständigen Anführungszeichen) ist also ganz und gar nichts Weltliches im natürlichen Sinn, sondern nur das ausschließlich Eigene in meiner Welterfahrung, überall durch sie Hindurchgehende und in ihr auch einheitlich anschaulich Zusammenhän-
20 gende. Was wir also in diesem eigenheitlichen Weltphänomen an Gliederungen unterscheiden, ist konkret einig, wie sich auch darin zeigt, daß die raumzeitliche Form — aber die entsprechend eigenheitlich reduzierte — mit in dieses reduzierte Weltphänomen eingeht; auch also die reduzierten ,,Objekte'', die ,,Dinge'', das ,,psy-
25 chophysische Ich'' sind außereinander. Hier aber fällt uns ein Merkwürdiges auf — eine Kette von Evidenzen, die doch in der Verkettung als Paradoxien anmuten. Von der Abblendung des Fremden wird nicht betroffen das gesamte psychische Leben meiner, dieses *psychophysischen* Ich, darunter mein welterfahren-
30 des Leben, also nicht meine wirkliche und mögliche Erfahrung von Fremdem. Es gehört also in mein seelisches Sein hinein die gesamte Konstitution der für mich seienden Welt, und in weiterer Folge auch deren Scheidung in die konstitutiven Systeme, die Eigenheitliches und die Fremdes konstituieren. Ich, das reduzier-
35 te *Menschen-Ich* (psychophysische Ich), bin also konstituiert als Glied der *Welt*, mit dem mannigfaltigen *Außer-mir*, aber ich selbst in meiner Seele konstituiere das alles und trage es intentional in mir. Sollte sich gar zeigen lassen, daß alles als eigenheitlich Konstituierte, also auch die reduzierte *Welt*, zum konkreten Wesen

des konstituierenden Subjekts als unabtrennbare innere Bestimmung gehört, so fände sich in der Selbstexplikation des Ich seine
eigenheitliche Welt als *drinnen*, und andererseits fände das Ich,
geradehin diese Welt durchlaufend, sich selbst als Glied ihrer
5 Äußerlichkeiten und schiede zwischen sich und *Außenwelt*.

§ 45. *Das transzendentale ego und die eigenheitlich reduzierte Selbst-
apperzeption als psychophysischer Mensch.*

Die letzten wie diese gesamten Meditationen haben wir in der
Einstellung der transzendentalen Reduktion vollzogen, also ich,
der Meditierende, als transzendentales ego. Es ist nun die Frage,
wie ich, das auf das rein Eigenheitliche reduzierte Menschen-Ich
10 im ebenso reduzierten Weltphänomen, und ich als das transzendentale ego zueinander sich verhalten. Das letztere ist hervorgegangen aus der *Einklammerung* der gesamten objektiven Welt
und aller sonstigen (auch idealen) Objektivitäten. Durch sie bin
ich inne geworden meiner als des transzendentalen ego, das alles
15 mir je Objektive in seinem konstitutiven Leben konstituiert, das
Ich aller Konstitutionen, in dessen aktuellen und potentiellen
Erlebnissen und seinen ichlichen Habitualitäten es ist, und in denen es, wie alles Objektive, so auch sich selbst als identisches ego
konstituiert. Wir können nun sagen: Indem ich als dieses ego die
20 für mich seiende Welt als Phänomen (als Korrelat) konstituiert
habe und fortgehend weiter konstituiere, habe ich unter dem Titel
Ich, im gewöhnlichen Sinne des menschlich-personalen Ich, innerhalb der gesamten konstituierten Welt eine v e r w e l t l i c h e n -
d e S e l b s t a p p e r z e p t i o n in entsprechenden konstituti-
25 ven Synthesen vollzogen und halte sie in beständiger Fortgeltung
und Fortbildung. Alles transzendental mir als diesem letzten ego
Eigenheitliche tritt vermöge dieser Verweltlichung in *meine Seele*
als Psychisches ein. Die verweltlichende Apperzeption finde ich
vor und kann nun von der Seele als Phänomen und als Teil im
30 Phänomen Mensch zurückgehen auf mich als das universale, absolute, das transzendentale ego. Wenn ich also als dieses ego
mein Phänomen der objektiven Welt auf mein Eigenheitliches reduziere und nun dazunehme, was ich irgend sonst als mir e i g e n
finde (das nach jener Reduktion *Fremdes* nicht mehr enthalten
35 kann), so ist dieses gesamte Eigenheitliche meines ego wiederzu-
finden in dem reduzierten Weltphänomen als das Eigenheitliche

meiner Seele, nur daß es hier als Komponente meiner Weltapperzeption ein t r a n s z e n d e n t a l   S e k u n d ä r e s ist. Halten wir uns an das letzte transzendentale ego und an das Universum des in ihm Konstituierten, so gehört ihm unmittelbar zu die
5 Scheidung seines gesamten transzendentalen Erfahrungsfeldes
in die Sphäre   s e i n e r   Eigenheit — mit der zusammenhängenden Schicht seiner Welterfahrung, in der alles Fremde
abgeblendet ist — und in die Sphäre des Fremden. Dabei gehört
aber doch jedes Bewußtsein v o n Fremdem, jede Erscheinungs-
10 weise v o n ihm mit in die erste Sphäre. Was irgend das transzendentale ego in jener e r s t e n Schicht als Nichtfremdes — als
Eigenes — konstituiert, das gehört in der Tat zu ihm als Komponente seines konkret eigenen Wesens, wie noch zu zeigen sein
wird; es ist von seinem konkreten Sein untrennbar. Innerhalb und
15 mit den Mitteln dieses Eigenen konstituiert es aber die *objektive*
Welt, als Universum eines ihm fremden Seins, und in erster Stufe
das Fremde des Modus alter ego.

§ 46. *Die Eigenheitlichkeit als die Sphäre der Aktualitäten und Potentialitäten des Erlebnisstromes.*

Wir haben bisher den Fundamentalbegriff des *Mir-Eigenen* nur
indirekt charakterisiert als Nichtfremdes, das seinerseits auf dem
20 Begriff des Anderen fußte, es also voraussetzte. Es ist für eine
Klärung seines Sinnes aber wichtig, nun aber auch das p o s i t i-
v e Charakteristikum dieses *Eigenen* bzw. des *ego in meiner Eigenheit* herauszuarbeiten. Es war in den letzten Sätzen
des vorigen Paragraphen nur eben angedeutet. Knüpfen wir an
25 Allgemeineres an. Wenn sich uns in der Erfahrung ein konkreter
Gegenstand als etwas für sich abhebt und sich nun der aufmer-
kend erfassende Blick darauf richtet, so wird er in dieser schlichten Erfassung zugeeignet als bloß ,,unbestimmter Gegenstand der
empirischen Anschauung''. Zum bestimmten und sich weiter be-
30 stimmenden wird er in einer Fortführung der Erfahrung in Form
einer bestimmenden, und zunächst nur den Gegenstand selbst aus
sich selbst auslegenden Erfahrung, einer puren Explikation. Sie
entfaltet in ihrem gegliederten synthetischen Fortgang auf dem
Grunde des in kontinuierlicher anschaulicher Synthese der Iden-
35 tifikation in Identität mit sich selbst gegebenen Gegenstandes in
einer Verkettung von Sonderanschauungen die ihm selbst eige-

nen, die *inneren* Bestimmtheiten. Sie treten hierbei ursprünglich auf als solche, i n denen er, der identische selbst, was er ist, und zwar *an und für sich*, in sich selbst ist und worin sein identisches Sein sich in die besonderen Eigenheiten auslegt. Dieser eigen-
5 wesentliche Gehalt ist vorweg nur im Allgemeinen und horizont-mäßig antizipiert und konstituiert sich ursprünglich (mit dem Sinn: inneres, eigenwesentliches Merkmal, spezieller Teil, Eigen-schaft) erst durch die Explikation.

Wenden wir das an. Wenn ich in transzendentaler Reduktion
10 auf mich, das transzendentale ego, reflektiere, so bin ich für mich als dieses ego wahrnehmungsmäßig gegeben, und zwar in erfas-sender Wahrnehmung. Ich werde auch dessen inne, daß ich vor-dem schon immerfort für mich, aber unerfaßt, original anschau-lich (im weiteren Sinne wahrgenommen) da, *vorgegeben* war. Das
15 bin ich aber jedenfalls mit einem offenen endlosen Horizont von noch unerschlossenen inneren Eigenheiten. Auch mein Eigenes erschließt sich durch Explikation, und hat aus ihrer Leistung sei-nen ursprünglichen Sinn. Es enthüllt sich ursprünglich in der er-fahrend-explizierenden Blickrichtung auf mich selbst, auf mein
20 wahrnehmungsmäßig und sogar apodiktisch gegebenes Ich-bin und seine in der kontinuierlichen einheitlichen Synthesis der ur-sprünglichen Selbsterfahrung verharrende Identität mit sich selbst. Das diesem Identischen Eigenwesentliche charakterisiert sich als dessen wirkliches und mögliches Explikat, als das, wor-
25 innen ich mein eigenes identisches Sein nur entfalte, als was es als Identisches in Sonderheit ist, es in sich selbst.

Hier ist nun folgendes zu beachten: Obschon ich rechtmäßig von Selbstwahrnehmung spreche, und zwar hinsichtlich meines konkreten ego, so ist damit nicht gesagt, daß ich so wie bei der
30 Auslegung eines wahrnehmungsmäßig gegebenen Sehdinges im-merzu in eigentlichen Sonderwahrnehmungen mich bewege und somit selbst wahrnehmungsmäßige Explikate gewinne und keine anderen. Ist doch ein erstes der Explikation meines eigenwesent-lichen Seinshorizontes, daß ich auf meine immanente Zeitlich-
35 keit und damit auf mein Sein in Form einer offenen Unendlich-keit eines Erlebnisstromes stoße und aller meiner darin irgendwie beschlossenen Eigenheiten, zu denen mein Explizieren mitge-hört. In lebendiger Gegenwart verlaufend, kann sie eigentlich wahrnehmungsmäßig nur lebendig gegenwärtig Verlaufendes vor-

finden. Die mir eigene Vergangenheit enthüllt sie in der denkbar ursprünglichsten Weise durch Wiedererinnerungen. Obschon ich mir also beständig originaliter gegeben bin und mein Eigenwesentliches fortschreitend explizieren kann, so vollzieht sich diese Ex-
5 plikation in weitem Ausmaße in Bewußtseinsakten, die nicht Wahrnehmungen für die betreffenden mir eigenwesentlichen Momente sind. Nur so kann mir mein Erlebnisstrom, als in welchem ich als identisches Ich lebe, zugänglich werden; und zunächst in seinen Aktualitäten und dann in den mir offenbar ebenfalls
10 eigenwesentlichen Potentialitäten. Alle Möglichkeiten der Art des: *Ich kann* oder könnte diese oder jene Erlebnisreihen in Gang bringen, darunter auch: Ich kann vorblicken oder zurückblicken, kann enthüllend in den Horizont meines zeitlichen Seins eindringen — gehören offenbar eigenwesentlich zu mir selbst.
15   Überall aber ist die Auslegung original, wenn sie eben auf dem Boden der originalen Selbsterfahrung das Erfahrene selbst entfaltet und zu jener Selbstgegebenheit bringt, die hierbei die d e n k b a r u r s p r ü n g l i c h s t e ist. In diese Auslegung erstreckt sich hinein die a p o d i k t i s c h e E v i d e n z der
20 transzendentalen Selbstwahrnehmung (des *Ich bin*), obschon in einer früher schon erörterten Beschränkung. In schlechthin apodiktischer Evidenz treten durch Selbstauslegung nur hervor die universalen Strukturformen, in denen ich als ego bin, nämlich in wesensmäßiger Universalität bin und nur sein kann. Dahin ge-
25 hört (obschon nicht allein) die Seinsweise in Form eines gewissen universalen Lebens überhaupt, in Form der stetigen Selbstkonstitution seiner eigenen Erlebnisse als zeitlicher innerhalb einer universalen Zeit usw. An diesem universalen apodiktischen Apriori in seiner unbestimmten Allgemeinheit, aber Bestimmbarkeit,
30 nimmt dann jede Auslegung singulärer egologischer Daten Anteil, wie z.B. als eine gewisse, obschon unvollkommene Evidenz der Wiedererinnerung an selbsteigenes Vergangenes. Die Teilhabe an der Apodiktizität zeigt sich an dem selbst apodiktischen Formgesetz: Soviel Schein, soviel (durch ihn nur verdecktes, verfälschtes)
35 Sein — nach welchem daher gefragt, das gesucht werden, das auf einem vorgezeichneten Wege gefunden werden kann, wennschon in einer bloßen Approximation an seinen vollbestimmten Inhalt. Dieser selbst mit dem Sinn eines immer wieder und nach allen Teilen und Momenten fest Identifizierbaren ist eine a priori gültige *Idee*.

§ 47. *Zur vollen monadischen Konkretion der Eigenheitlichkeit ist der intentionale Gegenstand mitgehörig. Immanente Transzendenz und primordinale Welt.*

Offenbar erstreckt sich — und das ist von besonderer Wichtigkeit — das mir als ego Eigenwesentliche nicht nur auf die Aktualitäten und Potentialitäten des Erlebnisstromes, sondern wie auf die konstitutiven Systeme so auch auf die konstituierten Ein-
5 heiten — aber letzteres nur in einer gewissen Beschränkung. Nämlich wo und soweit die konstituierte Einheit von der originalen Konstitution selbst in der Weise unmittelbar konkreter Einigkeit unabtrennbar ist, da ist wie das konstituierende Wahrnehmen so das wahrgenommene Seiende zu meiner konkreten Selbst-
10 eigenheit gehörig.

Das betrifft nicht nur sinnliche Data, die, als bloße Empfindungsdaten genommen, sich als *immanente Zeitlichkeiten* im Rahmen meines ego als mir selbst eigen konstituieren; vielmehr gilt es auch für alle meine mir ebenfalls selbsteigenen Habitualitäten,
15 die im Ausgang von selbsteigenen stiftenden Akten sich als bleibende Überzeugungen konstituieren, als solche, in denen ich selbst zu dem bleibend so Überzeugten werde und wodurch ich als polares Ich (in dem besonderen Sinne des bloßen Ichpoles) spezifisch ichliche Bestimmungen gewinne. Andrerseits gehören hier-
20 her aber auch *transzendente* Gegenstände, z.B. die Gegenstände der *äußeren* Sinnlichkeit, Einheiten von Mannigfaltigkeiten sinnlicher Erscheinungsweisen — wenn ich dabei als ego rein das in Betracht ziehe, was als erscheinendes Raumgegenständliches wirklich original durch meine selbsteigene Sinnlichkeit, meine
25 selbsteigenen Apperzeptionen a l s v o n i h n e n s e l b s t k o n k r e t u n a b t r e n n b a r k o n s t i t u i e r t i s t. Wir sehen sofort, daß in diese Sphäre die gesamte von uns früher durch Ausschaltung der Sinneskomponenten des Fremden reduzierte *Welt* gehört und daß sie somit rechtmäßig zum positiv de-
30 finierten konkreten Bestande des ego als ihm Eigenes zu rechnen ist. Sowie wir die intentionalen Leistungen der *Einfühlung*, der Fremderfahrung außer Betracht halten, haben wir eine Natur und eine Leiblichkeit, die sich zwar als raumgegenständliche und gegenüber dem Erlebnisstrom *transzendente* Einheit konstituiert,
35 aber als bloße Mannigfaltigkeit von Gegenständlichkeiten mög-

licher Erfahrung, wobei diese Erfahrung rein mein eigenes Leben
ist und das darin Erfahrene nichts weiter als eine synthetische
Einheit, die von diesem Leben und seinen Potentialitäten unabtrennbar ist.

5 In dieser Weise wird es klar, daß das konkret genommene ego
ein Universum des Selbsteigenen hat, das durch eine apodiktische,
zumindest eine apodiktische Form vorzeichnende, originale
Auslegung seines apodiktischen *ego sum* zu enthüllen ist. Innerhalb dieser *Originalsphäre* (der originalen Selbstauslegung) finden
10 wir auch eine *transzendente Welt*, die durch Reduktion auf das
Selbsteigene (in dem jetzt bevorzugten positiven Sinne) auf
Grund des intentionalen Phänomens *objektive Welt* erwächst:
doch gehören auch alle entsprechenden als *transzendent* vor-
schwebenden Scheine, Phantasien, reinen Möglichkeiten, eideti-
15 schen Gegenständlichkeiten, sofern sie nur unserer Eigenheits-
reduktion unterworfen sind, mit in diesen Bereich — den Bereich
des mir selbst Eigenwesentlichen, dessen, was ich in mir selbst in
voller Konkretion bin, oder, wie wir auch sagen, in meiner
Monade.

§ 48. *Die Transzendenz der objektiven Welt als höherstufige gegenüber*
der primordinalen Transzendenz.

20 Daß dieses Eigenwesen sich für mich überhaupt mit etwas anderem kontrastieren kann, oder daß ich, der ich bin, eines anderen bewußt werden kann, das ich nicht bin, eines mir Fremden,
das setzt also voraus, daß nicht alle mir eigenen Bewußtseinsweisen in den Kreis derjenigen gehören, die Modi meines Selbst-
25 bewußtseins sind. Da wirkliches Sein sich ursprünglich durch
Einstimmigkeit der Erfahrung konstituiert, so muß es gegenüber
der Selbsterfahrung und dem System ihrer Einstimmigkeit — also
dem der Selbstauslegung in Eigenheiten — noch andere Erfahrungen in Systemen der Einstimmigkeit in meinem eigenen Selbst
30 geben, und es ist nun das Problem, wie es zu verstehen ist, daß das
ego solche neuartige Intentionalitäten in sich hat und immer neu
bilden kann mit einem Seinssinn, durch den es s e i n e i g e n e s
S e i n g a n z u n d g a r t r a n s z e n d i e r t. Wie kann für
mich wirklich Seiendes,und als das nicht nur irgendwie Vermein-
35 tes, sondern in mir sich einstimmig Bewährendes,anderes sein als
sozusagen Schnittpunkt meiner konstitutiven Synthesis? Ist es
also als von ihr konkret untrennbar mein Eigenes? Aber schon die

Möglichkeit vagsten, leersten Vermeinens von Fremdem ist pro-
blematisch, wenn es wahr ist, daß wesensmäßig jede solche Bewußtseinsweise ihre Möglichkeiten der Enthüllung, ihrer Überführung in erfüllende oder enttäuschende Erfahrungen von dem
5 Vermeinten hat und auch in der Bewußtseinsgenesis auf solche
Erfahrungen von demselben oder ähnlichem Vermeinten zurück-
weist.

Das Faktum der Erfahrung von Fremdem (Nicht-Ich) liegt vor
als Erfahrung von einer objektiven Welt und darunter von An-
10 deren (Nicht-Ich in der Form: anderes Ich), und es war ein wichtiges Ergebnis der eigenheitlichen Reduktion an diesen Erfahrungen, daß sie eine intentionale Unterschicht derselben zur Ab-
hebung gebracht hat, in der eine reduzierte *Welt* als immanente
Transzendendenz zur Ausweisung kommt. Es ist in der Ord-
15 nung der Konstitution einer ichfremden, einer meinem konkret-
eigenem Ich *äußeren* (aber ganz und gar nicht in natürlich-räum-
lichem Sinne äußeren) Welt die an sich erste, die *primordinale*
Transzendenz (oder *Welt*), die unerachtet ihrer Idealität als synthetische Einheit eines unendlichen Systems meiner Potentiali-
20 täten noch ein Bestimmungsstück meines
eigenen konkreten Seins als ego ist.

Es muß nun verständlich gemacht werden, wie in der höheren,
fundierten Stufe die Sinngebung der eigentlichen, der konstitutiv
sekundären objektiven Transzendenz zustande
25 kommt, und das als Erfahrung. Es handelt sich hier nicht
um die Enthüllung einer zeitlich verlaufenden Genesis sondern
um eine statische Analyse. Die objektive Welt ist für mich immerfort schon fertig da, Gegebenheit meiner lebendig fortlaufenden
objektiven Erfahrung, und auch nach dem Nicht-mehr-erfahren
30 in habitueller Fortgeltung. Es handelt sich darum, diese Erfahrung selbst zu befragen und die Weise ihrer Sinngebung intentional zu enthüllen, die Weise, wie sie als Erfahrung auftreten und
sich bewähren kann als Evidenz für wirklich Seiendes eines ex-
plizierbaren eigenen Wesens, das nicht mein eigenes ist, oder sich
35 meinem eigenen nicht als Bestandstück einfügt, während es doch
Sinn und Bewährung nur in dem meinen gewinnen kann.

§ 49. *Vorzeichnung des Ganges intentionaler Auslegung der Fremderfahrung.*

Der Seinssinn *objektive Welt* konstituiert sich auf dem Untergrunde meiner primordinalen *Welt* in mehreren Stufen. Als erste ist abzuheben die Konstitutionsstufe des *Anderen* oder *Anderer überhaupt*, das ist aus meinem konkreten Eigensein (aus mir als dem
5 *primordinalen ego*) ausgeschlossener ego's. Damit in eins, und zwar dadurch motiviert, vollzieht sich eine a l l g e m e i n e S i n n e s-a u f s t u f u n g a u f m e i n e r p r i m o r d i n a l e n *W e l t*, wodurch sie zur Erscheinung *von* einer bestimmten *objektiven* Welt wird, als der einen und selben Welt für jedermann, mich
10 selbst eingeschlossen. Also d a s a n s i c h e r s t e F r e m d e (das erste *Nicht-Ich*) i s t d a s a n d e r e I c h. Und das ermöglicht konstitutiv einen neuen unendlichen Bereich von Fremdem, eine objektive Natur und objektive Welt überhaupt, der die Anderen alle und ich selbst zugehören. Es liegt im Wesen dieser von
15 den *puren* Anderen (die noch keinen weltlichen Sinn haben) aufsteigenden Konstitution, daß die für mich *Anderen* nicht vereinzelt bleiben, daß sich vielmehr (in meiner Eigenheitssphäre natürlich) eine mich selbst einschließende Ich-Gemeinschaft als eine solche miteinander und füreinander seiender Ich konstituiert,
20 l e t z t l i c h e i n e M o n a d e n g e m e i n s c h a f t, und zwar als eine solche, die (in ihrer vergemeinschaftet-konstituierenden Intentionalität) die e i n e u n d s e l b e W e l t konstituiert. In dieser Welt treten nun wiederum alle Ich, aber in objektivierender Apperzeption mit dem Sinn *Menschen* bzw. psy-
25 chophysische Menschen als Weltobjekte auf.

Die transzendentale Intersubjektivität hat durch diese Vergemeinschaftung eine intersubjektive Eigenheitssphäre, in der sie die objektive Welt intersubjektiv konstituiert und so als das transzendentale *Wir* Subjektivität für diese Welt ist und auch
30 für die Menschenwelt, in welcher Form sie sich selbst objektiv verwirklicht hat. Wenn aber hier wieder intersubjektive Eigenheitssphäre und objektive Welt unterschieden werden, so ist doch für mich, sowie ich als ego mich auf den Boden der aus meinen eigenwesentlichen Quellen konstituierten Intersubjektivität stel-
35 le, zu erkennen, daß die objektive Welt sie, bzw. ihr intersubjektives Eigenwesen, nicht mehr im eigentlichen Sinne t r a n s z e n-

d i e r t,   sondern ihr als *immanente* Transzendenz einwohnt. Genauer gesprochen: die objektive Welt als   I d e e,   als ideales Korrelat einer intersubjektiven und ideell immerfort einstimmig durchzuführenden und durchgeführten Erfahrung —
5 einer intersubjektiv vergemeinschafteten Erfahrung —, ist wesensmäßig bezogen auf die selbst in der Idealität endloser Offenheit konstituierte Intersubjektivität, deren Einzelsubjekte ausgestattet sind mit einander entsprechenden und zusammenstimmenden konstitutiven Systemen. Danach   g e h ö r t   z u r
10 K o n s t i t u t i o n   d e r   o b j e k t i v e n   W e l t   w e s e n s -
m ä ß i g   e i n e   *H a r m o n i e*   d e r   M o n a d e n,   eben diese harmonische Einzelkonstitution in den einzelnen Monaden, und demgemäß auch eine harmonisch in den einzelnen verlaufende Genesis. Das ist aber nicht gemeint als eine *metaphysische* Sub-
15 struktion der monadischen Harmonie, so wenig die Monaden selbst metaphysische Erfindungen oder Hypothesen sind. Es gehört vielmehr selbst mit zur Auslegung der intentionalen Bestände, die in der Tatsache der für uns daseienden Erfahrungswelt liegen. Es ist dabei wiederum zu beachten, was schon mehr-
20 fach betont worden, daß die bezeichneten Ideen nicht Phantasien oder Modi eines *Als ob* sind, sondern konstitutiv mit aller objektiven Erfahrung in eins entspringen und ihre Weise der Rechtgebung und ihrer wissenschaftlich aktiven Ausgestaltung haben.

Was wir soeben ausgeführt haben, ist ein Vorblick auf den Stu-
25 fengang der intentionalen Auslegung, die wir durchzuführen haben, wenn wir das transzendentale Problem in dem einzig erdenklichen Sinne lösen und den transzendentalen Idealismus der Phänomenologie wirklich durchführen sollen.

§ 50. *Die mittelbare Intentionalität der Fremderfahrung als
„Appräsentation" (analogische Apperzeption).*

Die eigentlichen und in der Tat nicht geringen Schwierigkeiten
30 macht, nachdem die transzendental sehr bedeutsame Vorstufe, die Definition und Gliederung der primordinalen Sphäre von uns schon erledigt worden ist, der erste der oben bezeichneten Schritte zur Konstitution einer objektiven Welt, der Schritt zu dem *Anderen*. Sie liegen also in der transzendentalen Aufklärung der
35 Fremderfahrung in dem Sinne, in dem der Andere noch nicht zu dem Sinn Mensch gekommen ist.

Erfahrung ist Originalbewußtsein, und in der Tat sagen wir im Falle der Erfahrung von einem Menschen allgemein, der Andere stehe selbst *leibhaftig* vor uns da. Anderseits hindert diese Leibhaftigkeit nicht, daß wir ohne weiteres zugestehen, daß dabei 5 eigentlich nicht das andere Ich selbst, nicht seine Erlebnisse, seine Erscheinungen selbst, nichts von dem, was seinem Eigenwesen selbst angehört, zu ursprünglicher Gegebenheit komme. Wäre das der Fall, wäre das Eigenwesentliche des Anderen in direkter Weise zugänglich, so wäre es bloß Moment meines Eigenwesens, 10 und schließlich er selbst und ich selbst einerlei. Es verhielte sich ähnlich mit seinem Leib, wenn er nichts anderes wäre als der *Körper*, der rein in meinen wirklichen und möglichen Erfahrungen sich konstituierende Einheit ist, meiner primordinalen Sphäre zugehörig als Gebilde ausschließlich meiner *Sinnlichkeit.* Eine ge- 15 wisse M i t t e l b a r k e i t   d e r   I n t e n t i o n a l i t ä t muß hier vorliegen, und zwar von der jedenfalls beständig zugrundeliegenden Unterschicht der *primordinalen Welt* auslaufend, die ein *Mit da* vorstellig macht, das doch nicht selbst da ist, nie ein Selbst-da werden kann. Es handelt sich also um eine Art des *Mit-* 20 *gegenwärtig*-machens, eine Art *Appräsentation*.

Eine solche liegt schon in der äußeren Erfahrung vor, sofern die eigentlich gesehene Vorderseite eines Dinges stets und notwendig eine dingliche Rückseite appräsentiert, und ihr einen mehr oder minder bestimmten Gehalt vorzeichnet. Andrerseits kann es 25 gerade diese Art der schon die primordinale Natur mitkonstituierenden Appräsentation nicht sein, da zu ihr die Möglichkeit der Bewährung durch entsprechende erfüllende Präsentation gehört (die Rückseite wird zur Vorderseite), während das für diejenige Appräsentation, die in eine andere Originalsphäre hinein- 30 leiten soll, a priori ausgeschlossen sein muß. Wie kann in der meinen die Appräsentation einer anderen und damit der Sinn *Anderer* motiviert sein, und in der Tat als Erfahrung, wie es schon das Wort Appräsentation (Als-mitgegenwärtig-bewußt-machen) andeutet? Eine beliebige Vergegenwärtigung kann das nicht. Sie 35 kann das nur in Verflechtung mit einer Gegenwärtigung, einer eigentlichen Selbstgebung; und nur als durch sie gefordert kann sie den Charakter der Appräsentation haben, ähnlich wie in der Dingerfahrung wahrnehmungsmäßiges Dasein Mitdasein motiviert.

Den Untergrund eigentlicher Wahrnehmung bietet uns die dem

allgemeinen Rahmen der beständigen Selbstwahrnehmung des
ego eingeordnete kontinuierlich fortgehende Wahrnehmung der
primordinal reduzierten Welt in der von uns früher beschriebenen Gliederung. Die Frage ist nun, was in dieser Hinsicht im be-
5 sonderen in Betracht kommen muß und wie die Motivation läuft,
wie die recht komplizierte intentionale Leistung der faktisch zu-
standekommenden Appräsentation sich enthüllt.

Eine erste Leitung kann uns der Wortsinn Anderer bieten —
anderes Ich; alter sagt alter-ego, und das ego, das hier impliziert
10 ist, das bin ich selbst, innerhalb meiner primordinalen Eigenheit
konstituiert, und zwar in Einzigkeit als psychophysische Einheit
(als primordinaler Mensch), als *personales* Ich unmittelbar waltend
in meinem, dem einzigen Leib, unmittelbar auch hineinwirkend
in die primordinale Umwelt; im übrigen Subjekt eines konkreten
15 intentionalen Lebens, einer auf sich selbst und auf die *Welt* bezogenen psychischen Sphäre. Das alles, und zwar in der im erfahrenden Leben erwachsenden Typisierung, mit den vertrauten
Verlaufs- und Komplexionsformen, steht uns zu Gebote. Durch
welche ihrerseits höchst komplizierte Intentionalitäten es sich
20 konstituiert hat, das haben wir freilich nicht untersucht — es bildet eine eigene Schicht großer Untersuchungen, auf die wir nicht
eingegangen sind und nicht eingehen konnten.

Nehmen wir nun an, es tritt ein anderer Mensch in unseren
Wahrnehmungsbereich, so heißt das, primordinal reduziert: es tritt
25 im Wahrnehmungsbereich meiner primordinalen Natur ein Körper auf, der als primordinaler natürlich bloß Bestimmungsstück
meiner selbst (*immanente Transzendenz*) ist. Da in dieser Natur
und Welt mein Leib der einzige Körper ist, der als Leib (fungierendes Organ) ursprünglich konstituiert ist und konstituiert sein
30 kann, so muß der Körper dort, der als Leib doch aufgefaßt ist,
diesen Sinn von einer a p p e r z e p t i v e n Ü b e r t r a g u n g
v o n m e i n e m L e i b h e r haben, und dann in einer Weise,
die eine wirklich direkte und somit primordinale Ausweisung der
Prädikate der spezifischen Leiblichkeit, eine Ausweisung durch
35 eigentliche Wahrnehmung, ausschließt. Es ist von vornherein klar,
daß nur eine innerhalb meiner Primordinalsphäre jenen Körper
dort mit meinem Körper verbindende Ähnlichkeit das Motiva-
tionsfundament für die *analogisierende* Auffassung des ersteren
als a n d e r e r L e i b abgeben kann.

Es wäre also eine gewisse verähnlichende Apperzeption, aber darum keineswegs ein Analogieschluß. Apperzeption ist kein Schluß, kein Denkakt. Jede Apperzeption, in der wir vorgegebene Gegenstände, etwa die vorgegebene Alltagswelt mit einem Blick 5 auffassen und gewahrend erfassen, ohne weiteres ihren Sinn mit seinen Horizonten verstehen, weist intentional auf eine *Urstiftung* zurück, in der sich ein Gegenstand ähnlichen Sinnes erstmalig konstituiert hatte. Auch die uns unbekannten Dinge dieser Welt sind, allgemein zu reden, ihrem Typus nach bekannte. Wir 10 haben dergleichen, obschon gerade nicht dieses Ding hier, früher schon gesehen. So birgt jede Alltagserfahrung eine analogisierende Übertragung eines ursprünglich gestifteten gegenständlichen Sinnes auf den neuen Fall, in seiner antizipierenden Auffassung des Gegenstandes als den ähnlichen Sinnes. Soweit Vorgegeben-15 heit, soweit solche Übertragung, wobei dann wieder das sich in weiterer Erfahrung als wirklich neu Herausstellende des Sinnes wieder stiftend fungieren und eine Vorgegebenheit reicheren Sinnes fundieren mag. Das Kind, das schon Dinge sieht, versteht etwa erstmalig den Zwecksinn einer Schere, und von nun ab sieht es 20 ohne weiteres im ersten Blick Scheren als solche; aber natürlich nicht in expliziter Reproduktion, Vergleichung und im Vollziehen eines Schlusses. Doch ist die Art, wie Apperzeptionen entspringen und in weiterer Folge in sich, durch ihren Sinn und Sinneshorizont, auf ihre Genesis intentional zurückweisen, eine sehr 25 verschiedene. Den Stufenbildungen der gegenständlichen Sinne entsprechen die der Apperzeptionen. Letztlich kommen wir immer zurück auf die radikale Unterscheidung der Apperzeptionen in solche, die ihrer Genesis nach rein der primordinalen Sphäre zugehören, und solche, die mit dem Sinn *alter ego* auftreten und auf 30 diesem Sinn dank einer höherstufigen Genesis neuen Sinn aufgestuft haben.

§ 51. *„Paarung" als assoziativ konstituierende Komponente der Fremderfahrung.*

Sollen wir nun das Eigentümliche derjenigen analogisierenden Auffassung bezeichnen, durch die ein Körper innerhalb meiner primordinalen Sphäre als meinem eigenen Leib-Körper ähnlich 35 ebenfalls als Leib aufgefaßt wird, so stoßen wir fürs erste darauf, daß hier das urstiftende Original immerfort lebendig gegenwärtig

ist, also die Urstiftung selbst immerfort in lebendig wirkendem
Gang bleibt; und zweitens auf die uns schon in ihrer Notwendigkeit bekannt gewordene Eigenheit, daß das vermöge jener Ana-
logisierung Appräsentierte nie wirklich zur Präsenz kommen kann,
5 also zu eigentlicher Wahrnehmung. Mit der ersteren Eigentümlichkeit hängt nahe zusammen, daß ego und alter ego immerzu
und notwendig in ursprünglicher *Paarung* gegeben sind.

Paarung, das konfigurierte Auftreten als Paar und in weiterer
Folge als Gruppe, als Mehrheit, ist ein universales Phänomen der
10 transzendentalen (und parallel der intentional-psychologischen)
Sphäre; und, um es gleich beizufügen, so weit eine Paarung aktuell ist, so weit reicht jene merkwürdige Art in lebendiger Aktualität verbleibender Urstiftung einer analogisierenden Auffassung, die wir als jene erste Eigentümlichkeit der Fremder-
15 fahrung hervorgehoben haben, die somit nicht ihr ausschließlich
Eigentümliches ausmacht.

Erläutern wir zunächst das Wesentliche der Paarung (bzw.
Mehrheitsbildung) überhaupt. Sie ist eine Urform derjenigen passiven Synthesis, die wir gegenüber der passiven Synthesis der
20 *Identifikation* als *Assoziation* bezeichnen. In einer paarenden Assoziation ist das Charakteristische, daß im primitivsten Falle
zwei Daten in der Einheit eines Bewußtseins in Abgehobenheit
anschaulich gegeben sind und auf Grund dessen wesensmäßig
schon in purer Passivität, also gleichgültig ob beachtet oder nicht,
25 als unterschieden Erscheinende phänomenologisch eine Einheit
der Ähnlichkeit begründen, also eben stets als Paar konstituiert
sind. Sind ihrer mehrere als zwei, so konstituiert sich eine in einzelnen Paarungen fundierte phänomenal einheitliche Gruppe,
eine Mehrheit. Wir finden bei genauer Analyse wesensmäßig da-
30 bei vorliegend ein intentionales Übergreifen, genetisch alsbald
(und zwar wesenmäßig) eintretend, sowie die sich Paarenden zugleich und abgehoben bewußt geworden sind; des näheren ein le-
bendiges, wechselseitiges Sich-wecken, ein wechselseitiges, über-
schiebendes Sich-überdecken nach dem gegenständlichen Sinn.
35 Diese Deckung kann total oder partiell sein; sie hat jeweils ihre
Gradualität, mit dem Grenzfall der *Gleichheit*. Als ihre Leistung
vollzieht sich am Gepaarten Sinnesübertragung, d.i. die Apperzeption des einen gemäß dem Sinn des anderen, soweit nicht an

dem Erfahrenen verwirklichte Sinnesmomente diese Übertragung im Bewußtsein des *Anders* aufheben.

In dem uns besonders angehenden Fall der Assoziation und Apperzeption des alter ego durch das ego kommt es erst zur Paa-
5 rung, wenn der Andere in mein Wahrnehmungsfeld tritt. Ich als primordinales psychophysisches Ich bin beständig abgehoben in meinem primordinalen Wahrnehmungsfeld, ob ich auf mich achte und mich irgendwelcher Aktivität zuwende oder nicht. Im beson-deren ist stets da und sinnlich abgehoben mein Leibkörper, aber
10 zudem ebenfalls in primordinaler Ursprünglichkeit ausgestattet mit dem spezifischen Sinn der Leiblichkeit. Tritt nun ein Körper in meiner primordinalen Sphäre abgehoben auf, der dem meinen *ähnlich* ist, d.h. so beschaffen ist, daß er mit dem meinen eine phänomenale Paarung eingehen muß, so scheint nun ohne weite-
15 res klar, daß er in der Sinnesüberschiebung alsbald den Sinn Leib von dem meinen her übernehmen muß. Aber ist die Apperzeption wirklich so durchsichtig, eine schlichte Apperzeption durch Über-tragung wie irgendeine andere? Was macht den Leib zum frem-den, und nicht zum zweiten eigenen Leib? Offenbar kommt hier
20 in Betracht, was als der zweite Grundcharakter der fraglichen Apperzeption bezeichnet wurde, daß vom übernommenen Sinn der spezifischen Leiblichkeit nichts in meiner primordinalen Sphäre original verwirklicht werden kann.

§ 52. *Appräsentation als Erfahrungsart mit ihrem eigenen Bewährungsstil.*

Aber nun erwächst uns das schwierige Problem, verständlich zu
25 machen, wie eine solche Apperzeption möglich ist und nicht viel-mehr sofort aufgehoben sein kann. Wie kommt es, daß, wie die Tatsache lehrt, der überschobene Sinn in Seinsgeltung übernom-men ist als an dem Körper dort seiender Gehalt *psychischer* Be-stimmungen, während sie doch im Originalitätsbereich der (allein
30 zur Verfügung stehenden) primordinalen Sphäre nie als sie selbst sich zeigen können?

Sehen wir uns die intentionale Situation näher an. Die Apprä-sentation, die das originaliter Unzugängliche des Anderen gibt, ist verflochten mit einer originalen Präsentation (*seines* Körpers
35 als Stück meiner eigenheitlich gegebenen Natur). In dieser Ver-flechtung aber ist fremder Leibkörper und fremdes waltendes Ich

in der Weise einer einheitlichen tranzendierenden Erfahrung
gegeben. Jede Erfahrung ist angelegt auf weitere, die appräsentierten Horizonte erfüllend-bestätigende Erfahrungen, sie beschließen potentiell bewährbare Synthesen einstimmiger Fort-
5 erfahrung, sie beschließen sie in Form unanschaulicher Antizipation. Hinsichtlich der Fremderfahrung ist es klar, daß ihr erfüllend bewährender Fortgang n u r d u r c h s y n t h e t i s c h
e i n s t i m m i g v e r l a u f e n d e n e u e A p p r ä s e n t a-
t i o n e n erfolgen kann und durch die Art, wie diese ihre Seins-
10 geltung dem Motivationszusammenhang mit den beständig zugehörigen, aber wechselnden eigenheitlichen Präsentationen verdanken.

Als andeutender Leitfaden für die zugehörige Klärung kann
der Satz genügen: Der erfahrene fremde Leib bekundet sich fort-
15 gesetzt wirklich als Leib nur in seinem wechselnden, aber immerfort zusammenstimmenden *Gebaren,* derart, daß dieses seine physische Seite hat, die Psychisches appräsentierend indiziert, das
nun in originaler Erfahrung erfüllend auftreten muß. Und so im
stetigen Wechsel des Gebarens von Phase zu Phase. Der Leib
20 wird als Schein-Leib erfahren, wenn es damit eben nicht stimmt.

In dieser Art bewährbarer Zugänglichkeit des original Unzu-
gänglichen gründet der Charakter des seienden *Fremden.* Was je
original präsentierbar und ausweisbar ist, das bin ich selbst bzw.
gehört zu mir selbst als Eigenes. Was dadurch in jener fundierten
25 Weise einer primordinal unerfüllbaren Erfahrung, einer nicht original selbstgebenden, aber Indiziertes konsequent bewährenden,
erfahren ist, ist *Fremdes.* Es ist also nur denkbar als Analogon
von Eigenheitlichem. Notwendig tritt es vermöge seiner Sinneskonstitution als *intentionale Modifikation* meines erst óbjektivier-
30 ten Ich, meiner primordinalen *Welt* auf: der Andere phänomenologisch als *Modifikation* meines Selbst (das diesen Charakter *mein*
seinerseits durch die nun notwendig eintretende und kontra-
stierende Paarung erhält). Es ist klar, daß damit in der analogisierenden Modifikation all das appräsentiert ist, was zur Konkre-
35 tion dieses Ich zunächst als s e i n e primordinale Welt und dann
als das voll konkrete ego gehört. Mit anderen Worten, es konstituiert sich appräsentativ in meiner Monade eine andere.

Ähnlich ist — um einen lehrreichen Vergleich zu ziehen — innerhalb meiner Eigenheit, und zwar ihrer lebendigen Gegenwarts-

sphäre, meine Vergangenheit nur durch Erinnerung gegeben, und in ihr als das, als vergangene Gegenwart, d.i. als intentionale Modifikation charakterisiert. Die erfahrende Bewährung derselben als Modifikation vollzieht sich dann notwendig in Einstimmig-5 keitssynthesen der Wiedererinnerung; nur so bewährt sich Vergangenheit als solche. Wie meine erinnerungsmäßige Vergangenheit meine lebendige Gegenwart *transzendiert* als ihre Modifikation, so ähnlich das appräsentierte fremde Sein das eigene (in dem jetzigen reinen und untersten Sinn des primordinal Eigenheit-10 lichen). Die Modifikation liegt beiderseits im Sinne selbst als Sinnesmoment, sie ist Korrelat der sie konstituierenden Intentionalität. So wie sich in meiner lebendigen Gegenwart, im Bereich der *inneren Wahrnehmung*, meine Vergangenheit konstituiert vermöge der in dieser Gegenwart auftretenden einstimmigen Erinnerun-15 gen, so kann sich in meiner primordinalen Sphäre durch in ihr auftretende, vom Gehalt derselben motivierte Appräsentationen. in meinem ego fremdes ego konstituieren, also in Vergegenwärtigungen eines neuen Typus, die ein neuartiges Modifikat als Korrelat haben. Freilich, solange ich Vergegenwärtigungen in 20 meiner eigenheitlichen Sphäre betrachte, ist das zugehörige zentrierende Ich das eine identische Ich-selbst. Zu allem Fremden aber gehört, solange es seinen notwendig mitzugehörigen appräsentierten Konkretionshorizont innehält, ein appräsentiertes Ich, das ich selbst nicht bin, sondern mein Modifikat, anderes Ich.
25 Eine wirklich ausreichende Auslegung der noematischen Zusammenhänge der Fremderfahrung, die für eine volle Aufklärung ihrer konstitutiven Leistung, ihrer Leistung durch konstitutive Assoziation durchaus notwendig sind, ist mit dem bisher Aufgewiesenen noch nicht abgeschlossen. Es bedarf einer Ergänzung, 30 um so weit zu kommen, daß uns von den gewonnenen Erkenntnissen aus Möglichkeit und Tragweite einer transzendentalen Konstitution der objektiven Welt evident und damit der transzendental-phänomenologische Idealismus völlig durchsichtig werden kann.

§ 53. *Die Potentialitäten der primordinalen Sphäre und ihre konstitutive Funktion in der Apperzeption des Anderen.*

35 Mein körperlicher Leib hat, als auf sich selbst zurückbezogen, seine Gegebenheitsweise des zentralen *Hier*; jeder andere Körper

und so der Körper des *Anderen* hat den Modus *Dort*. Diese Orientierung des Dort unterliegt vermöge meiner Kinästhesen dem freien Wechsel. Dabei ist in meiner primordinalen Sphäre im Wechsel der Orientierungen konstituiert die eine räumliche Na-
5 tur, und zwar konstituiert in intentionaler Bezogenheit auf meine als wahrnehmend fungierende Leiblichkeit. Daß nun mein körperlicher Leib aufgefaßt ist und auffaßbar ist als ein wie jeder andere im Raum seiender und wie jeder andere beweglicher Naturkörper, hängt offenbar zusammen mit der Möglichkeit, die sich in
10 den Worten ausspricht: Ich kann meine Stellung durch freie Abwandlung meiner Kinästhesen und im besonderen des Herumgehens so ändern, daß ich jedes Dort in ein Hier verwandeln, d.i. jeden räumlichen Ort leiblich einnehmen könnte. Darin liegt, daß ich von dort aus wahrnehmend dieselben Dinge, nur in entspre-
15 chend anderen Erscheinungsweisen, wie sie zum Selbst- dort-sein gehören, sehen würde, oder daß zu jedem Ding konstitutiv nicht bloß die Erscheinungssysteme meines momentanen *Von hier aus* gehören, sondern ganz bestimmt entsprechende jenes Stellungswechsels, der mich ins Dort versetzt. Und so für jedes Dort.
20   Sollten diese selbst als assoziativ charakterisierten Zusammenhänge oder vielmehr Zusammengehörigkeiten der primordinalen Konstitution meiner Natur nicht für die Aufklärung der assoziativen Leistung der Fremderfahrung ganz wesentlich in Frage kommen? Ich apperzipiere den Anderen doch nicht einfach als
25 Duplikat meiner selbst, also mit meiner oder einer gleichen Originalsphäre, darunter mit den räumlichen Erscheinungsweisen, die mir von meinem Hier aus eigen sind, sondern, näher besehen, mit solchen, wie ich sie selbst in Gleichheit haben würde, wenn ich dorthin ginge und dort wäre. Ferner, der Andere ist appräsentativ
30 apperzipiert als *Ich* einer primordinalen Welt bzw. einer Monade, in der sein Leib im Modus des absoluten Hier, eben als Funktionszentrum für sein Walten ursprünglich konstituiert und erfahren ist. Also indiziert in dieser Appräsentation der in m e i - n e r monadischen Sphäre auftretende Körper im Modus *Dort*,
35 der als fremder Leibkörper, als Leib des alter ego apperzipiert ist. *denselben* Körper im Modus *Hier*, als den, den der Andere in s e i n e r monadischen Sphäre erfahre. Das aber konkret, mit der ganzen konstitutiven Intentionalität, die diese Gegebenheitsweise in ihm leistet.

§ 54. *Explikation des Sinnes der fremderfahrenden Appräsentation.*

Das soeben Aufgewiesene deutet offenbar auf den Gang der den Modus *Anderer* konstituierenden Assoziation. Sie ist keine unmittelbare. Der meiner primordinalen Umwelt angehörige Körper (des nachmals Anderen) ist für mich Körper im Modus 5 *Dort*. Seine Erscheinungsweise paart sich nicht in direkter Assoziation mit der Erscheinungsweise, die mein Leib jeweils wirklich hat (im Modus *Hier*), sondern sie weckt reproduktiv eine ähnliche, zum konstitutiven System meines Leibes als Körper im Raum gehörige Erscheinung. Sie erinnert an mein körperliches 10 Aussehen, *wenn ich dort wäre*. Auch hier, obschon die Weckung nicht zu einer Erinnerungs-Anschauung wird, vollzieht sich Paarung. In sie tritt nicht nur die zunächst geweckte Erscheinungsweise meines Körpers sondern er selbst als synthetische Einheit dieser und seiner mannigfaltigen anderen vertrauten Erschei- 15 nungsweisen. So wird die verähnlichende Apperzeption möglich und begründet, durch welche der äußere Körper dort von dem mir eigenen analogisch den Sinn Leib erhält; in weiterer Folge den Sinn Leib einer anderen *Welt* nach Analogie meiner primordinalen. Der allgemeine Stil dieser wie jeder assoziativ erwachsenden 20 Apperzeption ist danach so zu beschreiben: Mit der assoziativen Deckung der die Apperzeption fundierenden Daten vollzieht sich eine höherstufige Assoziation. Ist das eine Datum eine der Erscheinungsweisen eines intentionalen Gegenstandes — eines Index für ein assoziativ gewecktes System von mannigfaltigen Er- 25 scheinungen, als in welchen er sich selbst zeigen würde —, so wird das andere Datum ebenfalls zur Erscheinung v o n etwas, und zwar eines analogen Gegenstandes ergänzt. Es ist aber nicht so, als ob die ihm *überschobene* Einheit und Mannigfaltigkeit bloß ihn ergänzte durch Erscheinungsweisen von dieser anderen her; 30 vielmehr ist der analogisch aufgefaßte Gegenstand bzw. sein indiziertes Erscheinungssystem eben analogisch angepaßt der analogen Erscheinung, die dieses ganze System mit weckte. Jede durch assoziative Paarung erwachsende Fernüberschiebung ist zugleich Verschmelzung und in ihr, soweit nicht Unverträglich- 35 keiten eingreifen, Verähnlichung, Angleichung des Sinnes des einen an den des anderen.

Gehen wir nun zu unserem Fall der Apperzeption des alter ego
zurück, so ist es jetzt selbstverständlich, daß, was da appräsentiert ist von seiten jenes *Körpers* dort, in meiner primordinalen
Umwelt nicht mein Psychisches, nichts überhaupt aus meiner
5 Eigenheitssphäre ist. Ich bin leiblich hier, Zentrum einer um mich
orientierten primordinalen *Welt*. Damit hat meine gesamte primordinale Eigenheit als Monade den Gehalt des Hier, und nicht
den irgendeines und so auch jenes bestimmten Dort, der sich in
irgendeinem einzusetzenden *Ich kann und ich tue* abwandelt. Eines
10 und das andere schließt sich aus, es kann nicht zugleich sein. Indem aber der fremde Körper im Dort eine paarende Assoziation
eingeht mit meinem Körper im Hier und, weil er wahrnehmungsmäßig gegeben ist, zum Kern einer Appräsentation wird, der Erfahrung eines mitdaseienden ego, muß dieses nach dem ganzen
15 sinngebenden Gang der Assoziation notwendig appräsentiert sein
als jetzt mitdaseiendes ego im Modus Dort (*wie wenn ich dort wäre*).
Mein eigenes ego, das in ständiger Selbstwahrnehmung gegebene,
ist aber jetzt aktuell mit dem Gehalt seines Hier. Es ist also ein
ego als anderes appräsentiert. Das primordinal Unverträgliche in
20 der Koexistenz wird verträglich dadurch, daß mein primordinales ego das für es andere ego durch eine appräsentative Apperzeption konstituiert, die ihrer Eigenart gemäß nie Erfüllung durch
Präsentation fordert und zuläßt.

Leicht verständlich ist auch die Art, wie eine solche Fremd-
25 appräsentation im beständigen Fortgang der wirksamen Assoziation immer neue appräsentative Gehalte liefert, also die wechselnden Gehalte des anderen ego zu einer bestimmten Kenntnis
bringt; andrerseits wie durch die Verflechtung mit beständiger
Präsentation und die an sie erwartungsmäßig gerichteten asso-
30 ziativen Forderungen eine konsequente Bewährung möglich wird.
Den ersten bestimmten Gehalt muß offenbar das Verstehen der
Leiblichkeit des Anderen und seines spezifisch leiblichen Geha-
bens bilden: das Verstehen der Glieder <als> als tastend oder auch
stoßend fungierende Hände, als gehend fungierende Füße, als
35 sehend fungierende Augen usw., wobei das Ich zunächst nur als
so leiblich waltendes bestimmt ist und in bekannter Weise sich
beständig bewährt, sofern die ganze Stilform der für mich primordinal sichtlichen sinnlichen Verläufe der vom eigenen leiblichen Walten her typisch bekannten beständig entsprechen muß.

In weiterer Folge kommt es begreiflicherweise zur *Einfühlung* von bestimmten Gehalten der *höheren psychischen Sphäre*. Auch sie indizieren sich leiblich und im außenweltlichen Gehaben der
5 Leiblichkeit, z.B. als äußeres Gehaben des Zornigen, des Fröhlichen etc. — wohl verständlich von meinem eigenen Gehaben her unter ähnlichen Unständen. Die höheren psychischen Vorkommnisse, wie vielfältig sie sind und bekannt geworden sind, haben dann wieder ihren Stil der synthetischen Zusammenhänge und
10 ihrer Verlaufsformen, die für mich verständlich sein können durch assoziative Anhalte an meinem eigenen, in seiner ungefähren Typik mir empirisch vertrauten Lebensstil. Dabei wirkt auch jedes gelungene Einverstehen in den Anderen als neue Assoziationen und neue Verständnismöglichkeiten eröffnend; wie es umgekehrt,
15 da jede paarende Assoziation wechselseitig ist, das eigene Seelenleben nach Ähnlichkeit und Andersheit enthüllt, und durch die neuen Abhebungen für neue Assoziationen fruchtbar macht.

§ 55. *Vergemeinschaftung der Monaden und die erste Form der Objektivität*: *die intersubjektive Natur*.

Jedoch wichtiger ist die Aufklärung der in verschiedenen Stufen sich fortbildenden Gemeinschaft, die sich vermöge der Fremd-
20 erfahrung alsbald zwischen mir, dem primordinalen psychophysischen Ich, dem in und mit meinem primordinalen Leib waltenden, und dem appräsentiert erfahrenen Anderen herstellt, und dann, konkreter und radikaler betrachtet, zwischen meinem und seinem monadischen ego. Das e r s t e in Form der Gemein-
25 schaft Konstituierte und F u n d a m e n t a l l e r a n d e r e n
i n t e r s u b j e k t i v e n G e m e i n s c h a f t l i c h k e i t e n
ist die Gemeinsamkeit der Natur, in eins mit derjenigen des fremden Leibes und fremden psychophysischen Ich in Paarung mit dem eigenen psychophysischen Ich. Da die fremde Subjektivität
30 durch Appräsentation innerhalb der abgeschlossenen Eigenwesentlichkeit der meinen mit Sinn und Geltung einer eigenwesentlichen anderen Subjektivität erwächst, so möchte man im ersten Momente hierin ein dunkles Problem sehen, wie Vergemeinschaftung, und schon die erste, in Form einer gemeinschaftlichen Welt zu-
35 standekommen soll. Der fremde Leib, als in meiner primordinalen Sphäre erscheinend, ist zunächst Körper in meiner primordi-

nalen Natur, die meine synthetische Einheit, also von mir selbst
als mein eigenwesentliches Bestimmungsstück unabtrennbar ist.
Fungiert er appräsentierend, so wird in eins mit ihm mir bewußt
der *Andere,* und zunächst mit seinem Leib, als für ihn in der Er-
5 scheinungsweise seines *absoluten Hier* gegeben. Aber wie kommt
es, daß ich überhaupt von d e m s e l b e n Körper sprechen
kann, der in meiner primordinalen Sphäre im Modus Dort, in der
seinen und für ihn im Modus Hier erscheint? Sind nicht die beiden
primordinalen Sphären, die meine, die für mich als ego die origi-
10 nale ist, und die seine, die für mich appräsentierte ist, durch einen
Abgrund getrennt, über den ich nicht wirklich hinüber kann, was
ja hieße, daß ich originale und nicht appräsentierende Erfahrung
von dem Anderen gewänne? Halten wir uns an die faktische, also
jederzeit zustandekommende Fremderfahrung, so finden wir, daß
15 wirklich der sinnlich gesehene Körper ohne weiteres als der des
Anderen erfahren ist, und nicht bloß als eine Anzeige für den Anderen; ist diese Tatsache nicht ein Rätsel?

Wie kommt die Identifikation des Körpers meiner Originalsphäre
und des doch im anderen ego ganz getrennt konstituierten Körpers,
20 der da identifiziert derselbe Leib des Anderen heißt, zustande, wie
kann sie überhaupt zustandekommen? Indessen das Rätsel entsteht erst, wenn die beiden Originalsphären schon unterschieden
worden sind — eine Unterscheidung, die schon voraussetzt, daß
die Fremderfahrung ihr Werk getan hat. Da hier keine zeitliche
25 Genesis dieser Art der Erfahrung auf Grund einer zeitlich vorangehenden Selbsterfahrung in Frage ist, so kann offenbar nur
eine genaue Auslegung der in der Fremderfahrung wirklich auf-
weisbaren Intentionalität und die Nachweisung der in ihr wesensmäßig implizierten Motivationen uns Aufschluß geben. Ap-
30 präsentation setzt als solche, sagten wir schon einmal, einen Kern
von Präsentation voraus. Sie ist eine durch Assoziationen mit
dieser, der eigentlichen Wahrnehmung, verbundene Vergegenwärtigung, aber eine solche, die in der besonderen Funktion der
Mitwahrnehmung mit ihr verschmolzen ist. Mit anderen Worten,
35 beide sind so verschmolzen, daß sie in der Funktionsgemeinschaft
e i n e r Wahrnehmung stehen, die in sich zugleich präsentiert
und appräsentiert, und doch für den Gesamtgegenstand das Bewußtsein seines Selbstdaseins herstellt. Noematisch ist also an
dem im Modus des Selbst-da auftretenden Gegenstand einer sol-

chen präsentierend-appräsentierenden Wahrnehmung zu unterscheiden zwischen dem von ihm eigentlich Wahrgenommenen und dem Überschuß des in ihr eigentlich nicht Wahrgenommenen, und eben doch Mitdaseienden. So ist jede Wahrnehmung dieses
5 Typus transzendierend, sie setzt mehr als Selbst-da, als was sie jeweils *wirklich* präsent macht. Hierher gehört jede beliebige äußere Wahrnehmung, etwa die eines Hauses (Vorderseite-Rückseite); aber im Grunde ist damit j e d e Wahrnehmung, ja jede Evidenz überhaupt einem Allgemeinsten nach beschrieben, wenn
10 wir nur das Präsentieren in einem weiteren Sinn verstehen.

Wenden wir diese allgemeine Erkenntnis auf den Fall der Fremdwahrnehmung an, so ist also auch bei ihr darauf zu achten, daß sie nur appräsentieren kann dadurch, daß sie präsentiert, daß Appräsentation auch bei ihr nur in jener Funktionsgemein-
15 schaft mit der Präsentation sein kann. Darin liegt aber, daß, was sie präsentiert, von vornherein zur Einheit desselben Gegenstandes gehören muß, der da der appräsentierte ist. Mit anderen Worten: Es ist nicht so und kann nicht so sein, daß der Körper meiner Primordinalsphäre, der mir das andere Ich (und damit die ganz
20 andere Primordinalsphäre oder das andere konkrete ego) indiziert, sein Dasein und Mitdasein also appräsentieren könnte, ohne daß dieser Primordinalkörper den Sinn gewönne eines mit zu dem anderen ego gehörigen, also nach Art der ganzen assoziativ-apperzeptiven Leistung den Sinn des fremden Leibes, und zu-
25 nächst des fremden Leibkörpers selbst. Also nicht als ob der Körper dort meiner primordinalen Sphäre getrennt bliebe von dem körperlichen Leib der Anderen, als wäre er so etwas wie ein Signal für sein Analogon (in einer offenbar undenkbaren Motivation) und als bliebe danach in der Ausbreitung der Assozia-
30 tion und Appräsentation meine primordinale Natur und die appräsentierte des Anderen, demnach mein konkretes ego von dem anderen getrennt. Vielmehr dieser meiner Sphäre zugehörige Naturkörper dort appräsentiert vermöge der paarenden Assoziation mit meinem körperlichen Leib und dem psychophysisch
35 darin waltenden Ich in meiner primordinal konstituierten Natur das andere Ich. Er appräsentiert dabei zunächst dessen Walten in diesem Körper dort und mittelbar dessen Walten in der ihm wahrnehmungsmäßig erscheinenden N a t u r — derselben, der dieser Körper dort angehört, derselben, die meine primordinale

Natur ist. Es ist dieselbe, nur in der Erscheinungsweise, *wie wenn ich dort anstelle des fremden Leibkörpers stünde.* Der Körper ist derselbe, mir als dort, ihm als hier, als Zentralkörper gegeben, und „meine" gesamte Natur ist dieselbe wie die des Anderen, sie ist in
5 meiner Primordinalsphäre derart konstituiert als identische Einheit meiner mannigfaltigen Gegebenheitsweisen — als identische in wechselnden Orientierungen um meinen Leib als Nullkörper im absoluten Hier, als identische der noch reicheren Mannigfaltigkeiten, die als wechselnde Erscheinungsweisen verschiedener Sin-
10 ne, als wandelbare Perspektiven zu jeder einzelnen Orientierung hier und dort gehören und zu meinem an das absolute Hier gebundenen Leib in ganz besonderer Weise gehören. Das alles hat für mich die Originalität des Eigenheitlichen, des durch ursprüngliche Auslegung meiner selbst direkt Zugänglichen. In der Ap-
15 präsentation des Anderen sind die synthetischen Systeme dieselben, mit allen ihren Erscheinungsweisen, also mit allen möglichen Wahrnehmungen und deren noematischen Gehalten; nur daß die wirklichen Wahrnehmungen und die in ihnen verwirklichten Gegebenheitsweisen und zum Teil auch die dabei wirklich
20 wahrgenommenen Gegenstände nicht dieselben sind, sondern eben die, die von dort aus wahrzunehmen sind, und so, wie sie es von dort aus sind. Ähnlich gilt es für alles Eigenheitliche und Fremde, auch wo ursprüngliche Auslegung nicht in Wahrnehmungen verläuft. Nicht habe ich eine appräsentierte zweite Originalsphäre
25 mit einer zweiten Natur und einem zweiten Leibkörper (den des Anderen selbst) in dieser Natur und dann erst zu fragen, wie ich es mache, beide als Erscheinungsweisen derselben objektiven Natur aufzufassen. Sondern durch die Appräsentation selbst und die ihr *als* Appräsentation notwendige Einheit mit der für sie mit-
30 fungierenden Präsentation (vermöge deren überhaupt ein Anderer und in Konsequenz sein konkretes ego für mich da ist) ist schon der Identitätssinn m e i n e r primordinalen Natur und der vergegenwärtigten anderen notwendig hergestellt. Ganz rechtmäßig heißt es also Fremdwahrnehmung, und in weiterer Folge
35 Wahrnehmung der objektiven Welt, Wahrnehmung, daß der Andere auf dasselbe hinsieht wie ich usw., obschon diese Wahrnehmung ausschließlich innerhalb meiner eigenheitlichen Sphäre sich abspielt. Das schließt eben nicht aus, daß ihre Intentionalität meine Eigenheit transzendiert, daß also mein ego in sich ein an-

deres ego, und zwar als seiendes, konstituiert. Das, was ich wirklich sehe, ist nicht ein Zeichen und nicht ein bloßes Analogon, in
irgend einem natürlichen Sinne ein Abbild, sondern der Andere;
und das dabei in wirklicher Originalität Erfaßte, diese Körper-
5 lichkeit dort (und sogar nur die eine Oberflächenseite derselben),
das ist der Körper des Anderen selbst, nur eben von meiner Stelle
und von dieser Seite gesehen und gemäß der Sinneskonstitution
der Fremdwahrnehmung körperlicher Leib einer prinzipiell für
mich nicht originaliter zugänglichen Seele, beide in der Einheit
10 einer psychophysischen Realität.

Andrerseits liegt aber im intentionalen Wesen dieser Wahrnehmung des Anderen — des nunmehr wie ich selbst innerhalb der
nunmehr objektiven Welt seienden, daß ich als Wahrnehmender
jene Scheidung zwischen meiner primordinalen Sphäre und der
15 nur vergegenwärtigten des Anderen vorfinden kann, und demgemäß die noematische Doppelschichtung in ihrer Eigentümlichkeit verfolgen und die Zusammenhänge der assoziativen Intentionalität auslegen kann. Das Erfahrungsphänomen objektive
Natur hat über der primordinal konstituierten eine zweite aus der
20 Fremderfahrung appräsentierte Schicht, und zwar betrifft das
zunächst den fremden Leibkörper, der sozusagen das an sich erste
Objekt ist, wie der fremde Mensch konstitutiv der an sich erste
Mensch ist. Für diese Urphänomene der Objektivität ist uns die
Sachlage schon klar: blenden wir die Fremderfahrung ab, so habe
25 ich die unterste, nur einschichtige, präsentative Konstitution des
fremden Körpers innerhalb meiner primordinalen Sphäre; nehme
ich sie hinzu, so habe ich, appräsentativ und in synthetischer
Deckung mit dieser präsentativen Schichte, denselben Leib, so
wie er dem Anderen selbst gegeben ist, und die weiter für ihn
30 bestehenden möglichen Gegebenheitsweisen.

Von da aus bekommt, wie leicht verständlich, j e d e s von
mir in der Unterschicht erfahrene und erfahrbare Naturobjekt
eine appräsentative (obschon keineswegs explizit anschaulich werdende) Schicht, in synthetischer Identitätseinheit mit der mir in
35 primordinaler Originalität gegebenen: dasselbe Naturobjekt in
den möglichen Gegebenheitsweisen des Anderen. Das wiederholt
sich mutatis mutandis für die nachmals konstituierten höherstufigen Weltlichkeiten der konkreten objektiven Welt, wie sie als
Menschen- und Kulturwelt für uns immer da ist.

Zu beachten ist dabei, daß es im Sinne gelingender Fremd-apperzeption liegt, daß eben ohne weiteres die Welt der Anderen als die ihrer Erscheinungssysteme als dieselbe erfahren sein muß wie die meiner Erscheinungssysteme, was eine Identität des Er-
5 scheinungssystems in sich schließt. Nun wissen wir wohl, daß es so etwas wie *Abnormalitäten* gibt, Blinde, Taube und dgl., daß also keineswegs stets die Erscheinungssysteme absolut identische sind und ganze Schichten (obschon nicht alle Schichten) diffe-rieren können. Aber die Abnormalität muß sich als solche selbst
10 erst konstituieren, und kann es nur auf dem Grunde einer an sich vorangehenden Normalität. Das weist wieder hin auf neue Auf-gaben einer schon höherstufigen phänomenologischen Analyse des konstitutiven Ursprungs der objektiven Welt, als welche für uns, und nur aus eigenen Sinnesquellen, daseiende ist und anders für
15 uns nicht Sinn und Dasein haben kann. Dasein hat sie vermöge einstimmiger Bewährung der einmal gelungenen apperzeptiven Konstitution durch Fortgang des erfahrenden Lebens in konse-quenter, eventuell *durch Korrekturen* hindurch sich immer wieder herstellender Einstimmigkeit. Die Einstimmigkeit erhält sich
20 nun auch vermöge einer Umbildung der Apperzeptionen durch Unterscheidung zwischen Normalität und Anomalitäten als ihren intentionalen Modifikationen bzw. die Konstitution neuer Ein-heiten im Wechsel dieser Anomalitäten. Zu der Problema-tik der Anomalitäten gehört auch das Problem der Tierheit und
25 ihrer Stufenfolgen *höherer und niederer* Tiere. In Bezug auf das Tier ist der Mensch, konstitutiv gesprochen, der Normalfall, wie ich selbst konstitutiv die Urnorm bin für alle Menschen; Tiere sind wesensmäßig konstituiert für mich als anomale *Abwandlun-lungen* meiner Menschlichkeit, möge sich dann auch bei ihnen wie-
30 der Normalität und Anomalität scheiden. Es handelt sich immer wieder um intentionale Modifikationen, in der Sinnesstruktur selbst als das sich bezeugend. Das alles bedarf zwar einer sehr viel tiefer dringenden phänomenologischen Auslegung, es genügt aber in dieser Allgemeinheit hier für unsere Zwecke.
35   Nach diesen Aufklärungen ist es also kein Rätsel mehr, wie ich in mir ein anderes Ich, und radikaler, wie ich in meiner Monade eine andere Monade konstituieren, und das in mir Konstituierte eben doch als Anderes erfahren kann; und damit auch, was ja davon unabtrennbar ist, wie ich eine in mir konstituierte Natur

mit einer vom Anderen konstituierten identifizieren kann (oder, in
notwendiger Genauigkeit gesprochen: mit einer in mir als vom
Anderen konstituiert konstituierten). Diese synthetische Identifizierung ist kein größeres Rätsel als jede, also auch jede in meiner
5 eigenen Originalsphäre sich haltende, vermöge deren überhaupt
gegenständliche Einheit für mich Sinn und Sein gewinnt durch
das Medium von Vergegenwärtigungen. Betrachten wir folgendes
lehrreiche Beispiel und verwerten wir es zugleich zur Herausstellung eines fortführenden Gedankens, des einer sich durch das
10 Medium der Vergegenwärtigung konstituierenden Verbindung.
Wie gewinnt für mich ein eigenes Erlebnis Sinn und Geltung eines
seienden, seiend in seiner identischen Zeitgestalt und seinem identischen Zeitinhalt? Das Original ist dahin, aber in wiederholten
Vergegenwärtigungen komme ich darauf zurück, und das in der
15 Evidenz: *so kann ich immer wieder.* Diese wiederholten sind aber
evidenterweise selbst ein Nacheinander, sie sind von einander getrennt. Das hindert nicht, daß eine Synthesis der Identifizierung
sie verknüpft im evidenten Bewußtsein *dasselbe,* worin beschlossen ist dieselbe und einmalige Zeitgestalt, ausgefüllt mit demsel-
20 ben Inhalt. Also *dasselbe* besagt hier wie überall: identischer intentionaler Gegenstand getrennter Erlebnisse, ihnen also nur als
Irreelles immanent. Ein anderer, an sich sehr wichtiger Fall ist
der der Konstitution im prägnanten Sinne idealer Gegenstände,
wie aller logisch idealen. In einer lebendigen, vielgliedrigen Denk-
25 aktion erzeuge ich ein Gebilde, einen Lehrsatz, ein Zahlengebilde.
Ein andermal wiederhole ich die Erzeugung, unter Wiedererinnerung an die frühere. Alsbald und wesensmäßig tritt Synthesis
der Identifizierung ein, und eine neue bei jeder im Bewußtsein
der Beliebigkeit zu vollziehenden Wiederholung: es ist identisch
30 derselbe Satz, identisch dasselbe Zahlengebilde, nur wiederholt
erzeugt oder, was dasselbe, wiederholt zur Evidenz gebracht. Hier
spannt sich also die Synthesis (durch das Medium erinnernder
Vergegenwärtigung) innerhalb meines stets schon konstituierten
Erlebnisstromes von der lebendigen Gegenwart in meine jeweilig
35 beteiligten Vergangenheiten und stellt damit zwischen ihnen Verbindung her. Damit löst sich übrigens das an sich höchst bedeutsame transzendentale Problem der im spezifischen Sinne so genannten idealen Gegenständlichkeiten. Ihre Überzeitlichkeit erweist sich als Allzeitlichkeit, als Korrelat einer beliebigen Er-

zeugbarkeit und Wiedererzeugbarkeit an jeder beliebigen Zeit-
stelle. Das überträgt sich dann offenbar nach Konstitution der
objektiven Welt mit ihrer objektiven Zeit und ihren objektiven
Menschen als möglichen Denksubjekten auch auf die ihrerseits
5 sich objektivierenden Idealgebilde und ihre objektive Allzeitlichkeit, wobei der Kontrast gegen die objektiven Realitäten verständlich wird, als zeiträumlich individuierten.

Kehren wir nun wieder zu unserem Fall der Fremderfahrung
zurück, so leistet sie in ihrem komplizierten Bau eine ähnliche,
10 durch Vergegenwärtigung vermittelte Verbindung zwischen der
in ungebrochener Lebendigkeit fortschreitenden Selbsterfahrung
(als rein passiver originaler Selbsterscheinung) des konkreten ego,
also seiner primordinalen Sphäre, und der in ihr vergegenwärtigten
fremden Sphäre. Sie leistet das durch die identifizierende Syn-
15 thesis des primordinal gegebenen fremden Leibkörpers und desselben, nur in anderer Erscheinungsweise appräsentierten, und
von da aus sich ausbreitend durch die identifizierende Synthesis
derselben zugleich primordinal (in purer sinnlicher Originalität)
und appräsentativ gegebenen und bewährten Natur. Dadurch ur-
20 gestiftet ist die Koexistenz meines Ich (und meines konkreten ego
überhaupt) und des fremden Ich, meines und seines intentionalen
Lebens, meiner und seiner *Realitäten*, kurzum eine gemeinsame
Zeitform, wobei von selbst jede primordinale Zeitlichkeit die
bloße Bedeutung einer einzelsubjektiven originalen Erschei-
25 nungsweise der objektiven gewinnt. Man sieht hierbei, wie die
zeitliche Gemeinschaft der konstitutiv aufeinander bezogenen
Monaden untrennbar ist, weil wesensmäßig mit der Konstitution
einer Welt und Weltzeit zusammenhängend.

§ 56. *Konstitution der höheren Stufen der intermonadologischen Gemeinschaft.*

Hiermit ist also die erste und niederste Stufe der Vergemein-
30 schaftung zwischen mir, der für mich primordinalen Monade, und
der in mir als fremd und somit als für sich seiend, aber mir nur
appräsentativ ausweisbar konstituierten Monade aufgeklärt.
Daß die Anderen sich in mir als Andere konstituieren, ist die einzig denkbare Weise, wie sie als seiende und so seiende für mich
35 Sinn und Geltung haben können; haben sie das aus Quellen einer
beständigen Bewährung, so sind sie eben, wie ich aussagen

m u ß , aber dann ausschließlich mit dem Sinn, in dem sie konstituiert sind: Monaden, für sich selbst genau so seiend, wie ich
für mich bin; dann aber auch in Gemeinschaft, also (ich wiederhole betonend den schon früher gebrauchten Ausdruck) in Ver-
5 bindung mit mir als konkretem ego, als Monade. Zwar sind sie
reell von der meinen getrennt, sofern keine reelle Verbindung von
ihren Erlebnissen zu meinen Erlebnissen und so überhaupt von
ihrem Eigenwesentlichen zu dem meinen überführt. Dem entspricht ja die reale Trennung, die weltliche, meines psychophy-
10 sischen Daseins von dem des Anderen, die sich als räumliche darstellt vermöge der Räumlichkeit der objektiven Leiber. Andererseits ist diese ursprüngliche Gemeinschaft nicht ein Nichts. Ist
jede Monade reell eine absolut abgeschlossene Einheit, so ist das
irreale intentionale Hineinreichen der anderen in meine Primor-
15 dinalität nicht irreal im Sinne eines Hineingeträumtseins, eines
Vorstellig-seins nach Art einer bloßen Phantasie. Seiendes ist mit
Seiendem in intentionaler Gemeinschaft. Es ist eine prinzipiell
eigenartige Verbundenheit, eine wirkliche Gemeinschaft, und eben
die, die das Sein einer Welt, einer Menschen- und Sachenwelt,
20 transzendental möglich macht.

Nachdem die erste Stufe der Vergemeinschaftung und, was
fast gleichgilt, die erste Konstitution einer objektiven Welt von
der primordinalen aus hinreichend geklärt ist, bieten die höheren
Stufen relativ geringe Schwierigkeiten. So sehr auch in Bezug auf
25 sie zu Zwecken einer allseitigen Auslegung umfangreiche Untersuchungen mit einer sich differenzierenden Problematik notwendig
sind, können uns hier rohe und auf dem gelegten Grunde leicht
verständliche Hauptstriche genügen. Von mir aus, konstitutiv
der Urmonade, gewinne ich die für mich anderen Monaden bzw.
30 die Anderen als psychophysische Subjekte. Darin liegt, ich gewinne sie nicht bloß als mir leiblich gegenüber und vermöge der
assoziativen Paarung auf mein psychophysisches Dasein zurückbezogen, das ja überhaupt, und in verständlicher Weise auch in
der vergemeinschafteten Welt jetziger Stufe *Zentralglied* ist ver-
35 möge ihrer notwendig orientierten Gegebenheitsweise. Vielmehr
im Sinne einer Menschengemeinschaft und des *Menschen*, der
schon als einzelner den Sinn eines Gemeinschaftsgliedes mit sich
führt (was sich auf tierische Gesellschaftlichkeit überträgt), liegt
ein Wechselseitig-für-einander-sein, das eine objektivierende

Gleichstellung meines Daseins und des aller Anderen mit sich bringt: also ich und jedermann als ein Mensch unter anderen Menschen. Dringe ich, mich in ihn einverstehend, in seinen Eigenheitshorizont tiefer ein, so werde ich bald darauf stoßen, daß, wie
5 sein Körperleib in meinem, so mein Leib sich in seinem Wahrnehmungsfeld befindet und daß er im allgemeinen mich ohne weiteres so als für ihn Anderen erfährt, wie ich ihn als meinen Anderen erfahre. Desgleichen, daß die Mehreren auch für einander als Andere erfahren sind; in weiterer Folge, daß ich den jeweilig An-
10 deren erfahren kann nicht nur als Anderen, sondern als selbst wieder auf seine Anderen bezogen, und eventuell in einer iterierbar zu denkenden Mittelbarkeit, zugleich auf mich selbst. Auch ist es klar, daß die Menschen nur apperzipierbar werden als nicht nur in Wirklichkeit, sondern in Möglichkeit und nach eigenem Belieben
15 Andere und wieder Andere vorfindende. Die offen endlose Natur selbst wird dann zu einer solchen, die auch in offener Mannigfaltigkeit unbekannt wie sich im unendlichen Raume verteilende Menschen, allgemeiner Animalien in sich faßt, als Subjekte möglicher Wechselgemeinschaft. Natürlich entspricht dieser Gemein-
20 schaft in transzendentaler Konkretion eine entsprechende offene Monadengemeinschaft, die wir als transzendentale Intersubjektivität bezeichnen. Sie ist, wie kaum gesagt werden muß, rein in mir, im meditierenden ego, rein aus Quellen meiner Intentionalität für mich konstituiert, aber als solche, die in jeder in der Mo-
25 difikation *Anderer* konstituierten als dieselbe, nur in anderer subjektiver Erscheinungsweise konstituiert ist, und konstituiert als dieselbe objektive Welt notwendig in sich tragend. Offenbar gehört zum Wesen der in mir (und ähnlich in jeder mir erdenklichen Monadengemeinschaft) transzendental konstituierten Welt,
30 daß sie wesensnotwendig auch eine Menschenwelt ist, daß sie in jedem einzelnen Menschen mehr oder minder vollkommen innerseelisch konstituiert ist in intentionalen Erlebnissen, potentiellen Systemen der Intentionalität, die als *Seelenleben* ihrerseits schon als weltlich seiend konstituiert sind. Die seelische Konstitution der
35 objektiven Welt versteht sich z.B. als meine wirkliche und mögliche Welterfahrung, meine, des sich selbst als Menschen erfahrenden Ich. Diese Erfahrung ist mehr oder minder vollkommen, aber doch zumindest als offen unbestimmter Horizont. In diesem Horizont liegt für jeden Menschen jeder Andere physisch,

psychophysisch, innerpsychisch als Reich offen endloser Zu-
gänglichkeiten, schlecht und recht, wenn auch zumeist eben
schlecht.

§ 57. Aufklärung der Parallelität innerpsychischer und egologisch-transzendentaler Auslegung.

Nicht schwer aufzuklären ist von hier aus die notwendige
5 Parallelität innerseelischer und egologisch-transzendentaler Auslegungen oder die Tatsache, daß die reine Seele, wie schon früher
gesagt, eine in der Monade sich vollziehende Selbstobjektivierung
derselben ist, deren verschiedene Stufen Wesensnotwendigkeiten
sind, wenn überhaupt für die Monade Andere sollen sein können.
10 Damit hängt zusammen, daß a priori jede transzendental-phänomenologische Analyse und Theorie — auch die soeben in
Grundzügen entworfene Theorie der transzendentalen Konstitution einer objektiven Welt — durch Aufgeben der transzendentalen Einstellung auch auf dem natürlichen Boden vollzogen
15 werden kann. In diese transzendentale Naivität versetzt, wird sie
zu einer innenpsychologischen Theorie. Eidetisch und empirisch
entspricht einer reinen Psychologie, d.i. einer ausschließlich das
intentionale Eigenwesen einer Seele, eines konkreten Menschen-
ich auslegenden — eine transzendentale Phänomenologie, und
20 umgekehrt. Das aber ist eine transzendental einsichtig zu ma-
chende Sachlage.

§ 58. Problemgliederung der intentionalen Analytik der höheren intersubjektiven Gemeinschaften. Ich und Umwelt.

Die Konstitution des Menschentumes bzw. derjenigen Gemeinschaft, die zum vollen Wesen desselben gehört, ist mit dem
bisherigen noch nicht abgeschlossen. Aber verständlich ist
sehr leicht, im Ausgange von der Gemeinschaft in dem zuletzt
25 gewonnenen Sinne, die Möglichkeit von Ich-Akten, die durch
das Medium der appräsentierenden Fremderfahrung in
das andere Ich hineinreichen, ja von spezifisch ichlich-perso-
nalen, die den Charakter von sozialen Akten haben, durch
30 welche alle menschliche personale Kommunikation hergestellt wird. Diese Akte in ihren verschiedenen Gestalten sorgsam
zu studieren und von da aus das Wesen aller Sozialität transzendental verständlich zu machen, ist eine wichtige Aufgabe. Mit der

eigentlichen, der sozialen Vergemeinschaftung konstituieren sich
innerhalb der objektiven Welt als eigenartige geistige Objektivitäten die verschiedenen Typen sozialer Gemeinschaften in ihrer
möglichen Stufenordnung, darunter die ausgezeichneten Typen,
5 die den Charakter von *Personalitäten höherer Ordnung* haben.
  In weiterer Folge käme in Betracht das von der angedeuteten
Problematik unabtrennbare und in gewissem Sinn korrelative
Problem der Konstitution der spezifisch menschlichen, und zwar
einer kulturellen Umwelt für jeden Menschen und jede Menschen-
10 gemeinschaft und ihrer obschon beschränkten Art der Objektivität. Beschränkt ist diese Objektivität, obschon für mich und jedermann die Welt konkret nur als Kulturwelt gegeben ist, und mit
dem Sinn der Zugänglichkeit für Jedermann. Aber eben diese Zugänglichkeit ist aus konstitutiven Wesensgründen, wie bei ge-
15 nauer Sinnesauslegung alsbald hervortritt, keine unbedingte. Sie
ist darin offenbar unterschieden von der absolut unbedingten
Zugänglichkeit für jedermann, die wesensmäßig zum konstitutiven Sinn der Natur, der Leiblichkeit und damit des psychophysischen Menschen, letzterer in einer gewissen Allgemeinheit ver-
20 standen, gehört. Allerdings reicht in die Sphäre der unbedingten
Allgemeinheit noch dies hinein (als Korrelat der Wesensform der
Weltkonstitution), daß jedermann, und a priori, in derselben Natur lebt, und einer Natur, die er in notwendiger Vergemeinschaftung seines Lebens mit dem Anderer in individuellem und verge-
25 meinschaftetem Handeln und Leben zu einer Kulturwelt, einer
Welt mit menschlichen Bedeutsamkeiten gestaltet hat — mag sie
auch noch so primitiver Stufe sein. Aber das schließt ja nicht aus,
wie a priori so faktisch, daß die Menschen einer und derselben
Welt in loser oder gar keiner kulturellen Gemeinschaft leben
30 und danach verschiedene kulturelle Umwelten konstituieren, als
konkrete Lebenswelten, in denen die relativ oder absolut gesonderten Gemeinschaften leidend und wirkend leben. Jeder
Mensch versteht zunächst einem Kerne nach und mit einem un-
enthüllten Horizont s e i n e konkrete Umwelt bzw. seine Kul-
35 tur, eben als Mensch der sie historisch gestaltenden Gemeinschaft.
Ein tieferes Verständnis, ein solches, das den Horizont der für
das Verständnis der Gegenwart selbst mitbestimmenden Vergangenheit eröffnet, ist jedermann aus dieser Gemeinschaft prinzipiell
möglich, in einer gewissen nur ihm möglichen Ursprünglichkeit,

die einem mit dieser Gemeinschaft in Beziehung tretenden Menschen aus einer anderen Gemeinschaft verschlossen ist. Zunächst versteht er die Menschen der fremden Welt, wie notwendig, als Menschen überhaupt und als solche einer *gewissen* Kulturwelt;
5 von der aus muß er sich erst schrittweise die weiteren Verständigungsmöglichkeiten schaffen. Er muß von dem allgemeinst Verständlichen aus sich erst Zugang zu dem Nachverstehen immer größerer Schichten der Gegenwart und von da der historischen Vergangenheit erschließen, das dann wieder für ein erweitertes
10 Erschließen der Gegenwart hilft.

Die Konstitution von *Welten* irgendwelcher Art, von dem eigenen Erlebnisstrom angefangen mit seinen offen endlosen Mannigfaltigkeiten bis hinauf zur objektiven Welt in ihren verschiedenen Objektivationsstufen, steht unter der Gesetzmäßigkeit
15 *orientierter* Konstitution, einer Konstitution, die in verschiedenen Stufen, aber innerhalb eines weitest zu fassenden Sinnes primordinal und sekundär Konstituiertes voraussetzt. Dabei tritt immer das Primordinale in die sekundär konstituierte Welt so ein mit einer neuen Sinnesschicht, daß es zum Zen-
20 tralglied in orientierten Gegebenheitsweisen wird. Sie ist als *Welt* notwendig gegeben als von ihm aus zugänglicher und geordnet erschließbarer Seinshorizont. So schon für die erste, die immanente *Welt*, die wir den Erlebnisstrom nennen. Er ist als System des Außereinander orientiert gegeben um die primordinal
25 sich konstituierende lebendige Gegenwart, von der aus alles außer ihr, das der immanenten Zeitlichkeit, zugänglich ist. Wieder ist mein Leib innerhalb der in unserem spezifischen Sinne primordinalen Sphäre Zentralglied für die *Natur*, als der sich erst durch sein Walten konstituierenden *Welt*. Ebenso ist mein psychophysischer
30 Leib primordinal für die Konstitution der objektiven Welt des Außereinander und geht in deren orientierte Gegebenheitsweise als Zentralglied ein. Wenn die in unserem ausgezeichneten Sinn primordinale *Welt* nicht selbst Zentrum der objektiven Welt wird, so liegt es daran, daß sich dieses Ganze so objektiviert, daß
35 sie kein neues Außereinander schafft. Dagegen ist die Mannigfaltigkeit der Fremdwelt um die meine orientiert gegeben, also eine Welt, weil sie sich mit einer ihr immanenten gemeinsamen objektiven Welt konstituiert, deren raumzeitliche Form zugleich die Funktion einer Zugangsform für sie hat.

Kehren wir zu unserem Fall der Kulturwelt zurück, so ist auch sie als Welt von Kulturen orientiert gegeben auf dem Untergrunde der allgemeinen Natur und ihrer raumzeitlichen Zugangsform, die für die Zugänglichkeit der Mannigfaltigkeiten der Kulturge-
5 bilde und Kulturen mitzufungieren hat. So, ist, sehen wir, auch die Kulturwelt *orientiert* gegeben in Beziehung auf ein Nullglied, bzw. auf eine *Personalität.* Hier sind Ich und meine Kultur das Primordinale gegenüber jeder *fremden* Kultur. Sie ist mir und meinen Kulturgenossen nur zugänglich in einer Art *Fremderfah-*
10 *rung,* einer Art *Einfühlung* in die fremde Kulturmenschheit und ihre Kultur, und auch diese Einfühlung fordert ihre intentionalen Untersuchungen.

Die genauere Erforschung der Sinnesschicht, welche der Menschheits- und Kulturwelt als solcher ihren spezifischen Sinn
15 gibt, sie also zu einer mit spezifisch *geistigen* Prädikaten ausgestatteten macht, müssen wir uns versagen. Die konstitutiven Auslegungen, die wir durchgeführt haben, wiesen die intentionalen Motivationszusammenhänge aus, in denen die zusammenhängende Unterschicht der konkreten vollen Welt konstitutiv
20 erwuchs, welche uns verbleibt, wenn wir von allen Prädikaten des *objektiven Geistes* abstrahieren. Wir behalten die ganze Natur, schon in sich konkret einheitlich konstituiert, in sie einbezogen die menschlichen und tierischen Leiber, aber das Seelenleben nicht mehr konkret vollständig, da menschliches Sein als solches
25 bewußtseinsmäßig auf eine seiende praktische Umwelt, als mit Prädikaten menschlicher Bedeutsamkeit immer schon ausgestattete, bezogen ist und diese Beziehung psychologische Konstitution dieser Prädikate voraussetzt.

Daß jedes solche Prädikat der Welt aus einer zeitlichen Gene-
30 sis zuwächst, und zwar einer solchen, die im menschlichen Leiden und Tun verwurzelt ist, bedarf keines Beweises. Vorausgesetzt für den Ursprung solcher Prädikate in den einzelnen Subjekten und für den ihrer intersubjektiven Geltung, als der gemeinsamen Lebenswelt zugehörig verbleibenden, ist danach, daß eine Men-
35 schengemeinschaft, und daß sie wie jeder einzelne Mensch, in eine konkrete Umwelt hineinlebt, auf sie in Leiden und Tun bezogen — daß all das schon konstituiert ist. In diesem beständigen Wandel der menschlichen Lebenswelt wandeln sich offenbar auch die Menschen selbst als Personen, sofern sie korrelativ immer neue habituelle Eigenheiten annehmen müssen. Hier werden

weitreichende Probleme der statischen und genetischen Konstitution, letztere als Teilproblem der rätselvollen universalen Genesis, sehr empfindlich. Z.B. hinsichtlich der Personalität nicht nur das Problem der statischen Konstitution einer Einheit des
5 personalen Charakters gegenüber der Mannigfaltigkeit gestifteter und wieder aufgehobener Habitualitäten, sondern auch das genetische, das auf Rätsel des *angeborenen* Charakters zurückführt.

Es muß uns genügen, diese höherstufige Problematik als konstitutive angedeutet und dadurch verständlich gemacht zu ha-
10 ben, daß sich uns im systematischen Fortgang der transzendental-phänomenologischen Auslegung vom apodiktischen ego schließlich der transzendentale Sinn der Welt auch in der vollen Konkretion enthüllen muß, in der sie unser aller beständige Lebenswelt ist. Das betrifft mit alle umweltlichen Sondergestalten, in
15 denen sie sich für uns je nach unserer persönlichen Erziehung und Entwicklung oder nach unserer Mitgliedschaft dieser oder jener Nation, dieses oder jenes Kulturkreises darstellt. In all dem herrschen Wesensnotwendigkeiten, bzw. ein wesensmäßiger Stil, der im transzendentalen ego und dann in der in ihm sich erschließen-
20 den transzendentalen Intersubjektivität die Quellen seiner Notwendigkeit hat, also in den Wesensgestalten transzendentaler Motivation und transzendentaler Konstitution. Gelingt deren Enthüllung, so gewinnt dieser apriorische Stil eine rationale Erklärung höchster Dignität, diejenige einer letzten, einer tran-
25 szendentalen Verständlichkeit.

§ 59. *Ontologische Explikation und ihre Stelle im Ganzen der konstitutiven transzendentalen Phänomenologie.*

Durch die zusammenhängenden Stücke ausführender Analyse und zum Teil durch die damit Hand in Hand gehende Vorzeichnung einer unabweisbaren neuen Problematik und der von ihr aus geforderten Ordnungsform haben wir philosophisch grund-
30 legende Einsichten gewonnen. Ausgehend von der als seiend vorgegebenen Erfahrungswelt und, im Übergang in die eidetische Einstellung, von einer als seiend vorgegeben gedachten Erfahrungswelt überhaupt, haben wir transzendentale Reduktion geübt, d.i. wir sind zurückgegangen auf das in sich die Vorgegeben-
35 heit und alle Weisen nachfolgender Gegebenheit konstituierende

transzendentale ego bzw. in eidetischer Selbstabwandlung auf
ein transzendentales ego überhaupt.

Es war somit gefaßt als ein in sich welterfahrendes, Welt in
Einstimmigkeit ausweisendes. Dem Wesen solcher Konstitution
5 und ihren egologischen Stufen nachgehend haben wir ein neuartiges Apriori, eben das der Konstitution sichtlich gemacht. Wir
haben abscheiden gelernt die Selbstkonstitution des ego für sich
selbst und in seiner *primordinalen* Eigenwesentlichkeit und die
Konstitution aller Fremdheiten verschiedener Stufe aus Quellen
10 der Eigenwesentlichkeit. Es resultierte die universale Einheit der
in meinem eigenen ego sich vollziehenden Gesamtkonstitution in
ihrer Wesensform, als deren Korrelat die objektiv seiende Welt
für mich und ein ego überhaupt beständig vorgegebene ist und
sich in Sinnesschichten fortgestaltende ist; das aber in einem
15 korrelativen apriorischen Formstil. Und diese Konstitution ist
selbst ein Apriori. Es zeigt sich in diesen radikalsten und konsequenten Auslegungen des in *meinem* ego und in meinen Wesens-
abwandlungen selbst intentional Beschlossenen und sich intentional Motivierenden, daß die allgemeine faktische Struktur der
20 gegebenen objektiven Welt, ihr Aufbau als bloße Natur, als Animalität, als Menschlichkeit, Sozialität verschiedener Stufen und
Kultur, in sehr weitem Maße, und vielleicht viel weiter, als wir
schon einsehen können, eine Wesensnotwendigkeit ist. Das ergibt als verständliche und notwendige Folge, daß auch die Auf-
25 gabe einer apriorischen Ontologie der realen Welt, die eben die
Herausstellung des zu ihrer Universalität gehörigen Apriori ist,
eine unabweisbare ist, aber andrerseits eine einseitige und nicht
im Endsinne philosophische. Denn ein derart ontologisches Apriori
(wie das der Natur, der Animalität, der Sozialität und der Kul-
30 tur) verleiht zwar dem ontischen Faktum, der faktischen Welt in
ihren *Zufälligkeiten* eine relative Verständlichkeit, die einer einsichtigen Notwendigkeit des Soseins aus Wesensgesetzen, aber
nicht die philosophische, d.i. die transzendentale Verständlichkeit. Die Philosophie fordert ja Erklärung aus den letzten und
35 konkretesten Wesensnotwendigkeiten, und das sind diejenigen,
die der wesensmäßigen Verwurzelung jeder objektiven Welt in
der transzendentalen Subjektivität genugtun, also die Welt als
konstituierten Sinn konkret verständlich machen. Und damit erst

erschließen sich die *höchsten und letzten* Fragen, die sich selbst noch an die so verstandene Welt stellen lassen.

Es war ein Erfolg schon der anfangenden Phänomenologie, daß ihre Methode reiner, aber zugleich eidetischer Intuition zu Versuchen einer neuen Ontologie geführt hat, grundwesentlich verschieden von der mit anschauungsfernen Begriffen logisch operierenden des 18. Jahrhunderts, oder was dasselbe, zu Versuchen eines aus konkreter Anschauung direkt schöpfenden Aufbaus apriorischer Einzelwissenschaften (reine Grammatik, reine Logik, reine Rechtslehre, Wesenslehre der intuitiv erfahrenen Natur usw.) und einer sie umspannenden allgemeinen Ontologie der objektiven Welt. Es steht in dieser Hinsicht nichts im Wege, zunächst ganz konkret mit unserer menschlichen Lebensumwelt und mit dem Menschen selbst als wesensmäßig auf diese Umwelt bezogenem anzufangen und eben rein intuitiv das überaus reichhaltige und nie herausgestellte Apriori einer solchen Umwelt überhaupt zu erforschen, es zum Ausgang einer systematischen Auslegung der Wesensstrukturen menschlichen Daseins und sich korrelativ in ihm erschließender Weltschichten zu nehmen. Aber was da geradehin gewonnen wird, obschon ein System des Apriori, wird erst ein philosophisch verständliches — nach dem vorhin Gesagten — und auf letzte Verständnisquellen zurückbezogenes Apriori, wenn eben die konstitutive Problematik als die der spezifisch philosophischen Stufe eröffnet, wenn damit der natürliche Erkenntnisboden mit dem transzendentalen vertauscht wird. Darin liegt, daß alles Natürliche, geradehin Vorgegebene in neuer Ursprünglichkeit wieder aufgebaut, und nicht etwa bloß nachkommend als schon Endgültiges interpretiert wird. Daß überhaupt ein aus eidetischer Intuition schöpfendes Verfahren phänomenologisch genannt wird und philosophische Bedeutung beansprucht, das hat einzig sein Recht darin, daß im konstitutiven Zusammenhang jede echte Intuition ihre Stelle hat. Daher dient jede in der Positivität intuitiv vollzogene ontologische Feststellung der prinzipiellen (axiomatischen) Grundlagensphäre als eine sogar a priori unentbehrliche Vorarbeit, deren Ergebnis nun zum transzendentalen Leitfaden werden muß für die Herausstellung der vollen konstitutiven Konkretion in ihrer noetisch-noematischen Doppelseitigkeit. Wie Bedeutsames und völlig Neues dieser Rückgang in das Konstitutive erschließt — abgesehen von der

mit ihm sich vollziehenden Erschließung verborgener Sinnes-
horizonte auf ontischer Seite, deren Übersehen den Wert der
apriorischen Feststellungen wesentlich beschränkt und ihre An-
wendung unsicher macht —, das zeigen die *monadologischen* Er-
5 gebnisse unserer Untersuchung.

§ 60. *Metaphysische Ergebnisse unserer Auslegung der Fremderfahrung.*

Sie sind metaphysisch, wenn es wahr ist, daß letzte Seinser-
kenntnisse metaphysische zu nennen sind. Aber nichts weniger
als Metaphysik im gewohnten Sinne ist hier in Frage, als welche
eine historisch entartete Metaphysik ist, die nichts weniger als
10 dem Sinn gemäß ist, mit dem Metaphysik als *Erste Philosophie*
ursprünglich gestiftet worden war. Die rein intuitive, konkrete
und zudem apodiktische Ausweisungsart der Phänomenologie
schließt alle *metaphysischen Abenteuer*, alle spekulativen Über-
schwenglichkeiten aus. Heben wir einiges aus u n s e r e n me-
15 taphysischen Ergebnissen heraus unter Beifügung weiterer Kon-
sequenzen. Mein mir selbst apodiktisch gegebenes ego, das einzige in absoluter Apodiktizität von mir als seiend zu setzende,
kann a priori nur welterfahrendes ego sein, indem es mit anderen
seinesgleichen in Gemeinschaft ist, Glied einer von ihm aus orien-
20 tiert gegebenen Monadengemeinschaft. Konsequentes Sich-ausweisen der objektiven Erfahrungswelt impliziert konsequentes
Sich-ausweisen von anderen Monaden als seienden. Umgekehrt
ist keine Monadenmehrheit für mich denkbar denn als eine expli-
cite oder implicite vergemeinschaftete; darin liegt: eine objek-
25 tive Welt in sich konstituierende und in ihr sich selbst — als
animalische und im besonderen menschliche Wesen — verräum-
lichende, verzeitlichende, realisierende. Das Zusammensein von
Monaden, ihr bloßes Zugleichsein bedeutet wesensnotwendig
Zeitlich-zugleichsein, und dann auch Verzeitlicht-sein in der
30 Form *realer* Zeitlichkeit.

Aber daran schließen sich noch weitere höchst wichtige metaphysische Ergebnisse. Ist es erdenklich (für mich, der ich das sage,
und von mir aus wieder für jeden Erdenklichen, der das sagen
mag), daß mehrere getrennte, d.i. miteinander nicht vergemein-
35 schaftete Monadenvielheiten koexistieren, deren jede also eine
eigene Welt konstituiert, also zwei ins Unendliche getrennte Wel-

ten, zwei unendliche Räume und Raum-Zeiten? Offenbar ist das statt einer Erdenklichkeit ein purer Widersinn. A priori hat jede solche Monadengruppe freilich als Einheit einer Intersubjektivität, und einer möglicherweise jeder aktuellen Gemeinschaftsbe-
5 ziehung mit der anderen entbehrenden, ihre möglicherweise ganz anders aussehende *Welt*. Aber diese beiden Welten sind dann notwendig bloße *Umwelten* dieser Intersubjektivitäten und bloße Aspekte einer einzigen, ihnen gemeinsamen objektiven Welt. Denn die beiden Intersubjektivitäten stehen nicht in der Luft;
10 als von mir erdachte stehen sie beide mit mir als der konstituierenden Urmonade für sie (bzw. mit mir in einer Möglichkeitsabwandlung meiner selbst) in notwendiger Gemeinschaft. Sie gehören also in Wahrheit in eine einzige, mich selbst mit umschließende Allgemeinschaft, die alle als koexistierend zu den-
15 kenden Monaden und Monadengruppen in eins faßt. Es kann also nur eine einzige Monadengemeinschaft, die aller koexistierenden Monaden, in Wirklichkeit geben, demnach nur eine einzige objektive Welt, nur eine einzige objektive Zeit, nur einen objektiven Raum, nur eine Natur, und es m u ß, wenn überhaupt in mir
20 Strukturen angelegt sind, die das Mit-sein der anderen Monaden implizieren, diese eine einzige Natur geben. Nur das ist möglich, daß verschiedene Monadengruppen und Welten so zueinander stehen, wie die den für uns unsichtigen Gestirnwelten eventuell zugehörigen zu uns selbst stehen, also mit Animalien, die jedes
25 aktuellen Konnexes mit uns entbehren. Ihre Welten sind aber Umwelten mit offenen, nur faktisch, nur zufälligerweise für sie nicht erschließbaren Horizonten.
   Der Sinn dieser Einzigkeit der monadologischen Welt und der ihr *eingeborenen* objektiven Welt muß aber recht verstanden wer-
30 den. Natürlich hat L e i b n i z recht, wenn er sagt, daß unendlich viele Monaden und Monadengruppen denkbar sind, aber darum nicht alle diese Möglichkeiten kompossibel, und wieder, daß unendlich viele Welten hätten *geschaffen* sein können, aber nicht mehrere zugleich, da sie inkompossibel sind. Es ist hier zu
35 beachten, daß ich zunächst mich selbst, dieses apodiktisch-faktische ego, in freier Variation umdenken kann, und so das System der Möglichkeitsabwandlungen meiner selbst gewinnen, deren jede aber durch jede andere und durch das ego, das ich wirklich bin, aufgehoben ist. Es ist ein System apriorischer Inkompos-

sibilität. Ferner, das Faktum *Ich bin* schreibt vor, ob und welche
anderen Monaden für mich andere sind; ich kann sie nur finden,
aber nicht, welche für mich sein sollen, schaffen. Denke ich mich
in eine reine Möglichkeit um, so schreibt auch sie wieder vor, wel-
5 che Monaden für sie als andere sind. Und so weitergehend erkenne ich, daß jede Monade, die als konkrete Möglichkeit Geltung
hat, ein kompossibles Universum, eine geschlossene *Monaden-*
welt vorzeichnet, und daß zwei Monadenwelten in derselben Art
inkompossibel sind wie zwei Möglichkeitsabwandlungen meines
10 ego und ebenso irgendeines vorausgesetzt gedachten ego überhaupt.

Man versteht von solchen Ergebnissen und von dem Gang der
zu ihnen führenden Untersuchungen aus, wie Fragen sinnvoll
werden (gleichgültig, wie sie sich entscheiden mögen), die für die
15 Tradition jenseits aller wissenschaftlichen Grenzen liegen mußten,
so Probleme, an die wir früher schon rührten.

§ 61. *Die traditionellen Probleme des ,,psychologischen Ursprungs''*
und ihre phänomenologische Aufklärung.

Innerhalb der Menschen- und Tierwelt tritt uns die bekannte
naturwissenschaftliche Problematik der psychophysischen, phy-
siologischen und psychologischen Genesis entgegen. Darin ist
20 beschlossen das Problem der seelischen Genesis. Es ist uns nahe-
gelegt durch die kindliche Entwicklung, in der jedes Kind sich
seine *Weltvorstellung* aufbauen muß. Das apperzeptive System, in
dem für es eine Welt als Reich wirklicher und möglicher Erfahrung da und immerzu vorgegeben ist, muß sich in der kindlichen
25 Seelenentwicklung erst konstituieren. Das Kind *kommt*, objektiv
betrachtet, *auf die Welt*; wie kommt es zu einem *Anfang* seines
Seelenlebens?

Dieses psychophysische *Auf-die-Welt-kommen* führt auf das
Problem der leibkörperlichen (rein *biologischen*) Individualent-
30 wicklung und der Phylogenese, welches seinerseits eine Parallele
hat in einer psychologischen Phylogenese. Aber weist das nicht
auf entsprechende Zusammenhänge der transzendentalen absoluten Monaden, da doch Menschen und Tiere in seelischer Hinsicht Selbstobjektivierungen der Monaden sind? Sollten in all dem
35 nicht ernsteste Wesensprobleme einer konstitutiven Phänomenologie als Transzendentalphilosophie sich anzeigen?

In einem weiten Maße sind allerdings genetische Probleme, und zwar natürlich die der ersten und fundamentalsten Stufen, schon in die wirkliche phänomenologische Arbeit eingetreten. Diese Fundamentalstufe ist natürlich die *meines* ego in seiner primor-
5 dinalen Eigenwesentlichkeit. Die Konstitution des inneren Zeit-bewußtseins und die ganze phänomenologische Theorie der Assoziation gehört hierher, und was in ursprünglicher anschaulicher Selbstauslegung mein primordinales ego findet, überträgt sich auf jedes andere ego ohne weiteres, und aus Wesensgründen. Nur daß
10 damit freilich noch die oben bezeichneten generativen Probleme von Geburt und Tod und Generationszusammenhang der Anima-lität nicht berührt sind, die offenbar einer höheren Dimension an-gehören und eine so ungeheure auslegende Arbeit der unteren Sphären voraussetzen, daß sie noch lange nicht zu Arbeitsproble-
15 men werden können.

Doch innerhalb der Arbeitssphäre seien hier noch gewaltige Problemgebiete genauer angedeutet (und zwar sowohl als sta-tische wie als genetische Probleme), die uns in eine nähere Be-ziehung setzen zu der philosophischen Tradition. Die zusammen-
20 hängenden intentionalen Klärungen, die wir hinsichtlich der Fremderfahrung und der Konstitution einer objektiven Welt durchgeführt haben, vollzogen sich auf einem innerhalb der transzendentalen Einstellung uns vorgegebenen Boden, dem einer strukturellen Gliederung der primordinalen Sphäre, in der wir
25 schon eine Welt, eine primordinale, vorfanden. Sie war uns zu-gänglich geworden im Ausgang von der als Phänomen genomme-nen konkreten Welt und durch jene eigentümliche primordinale Reduktion derselben auf das Eigenheitliche, auf eine *Welt* im-manenter Transzendenzen. Sie befaßte die gesamte Natur, re-
30 duziert auf die mir selbst zugehörige Natur aus m e i n e r reinen Sinnlichkeit, aber auch den psychophysischen Menschen, dar-unter seine Seele, in entsprechender Reduktion. Hinsichtlich der *Natur* gehörten nicht bloß dergleichen wie *Sehdinge, Tastdinge* usw. sondern auch schon gewissermaßen volle Dinge als Sub-
35 strate kausaler Eigenschaften mit den universalen Formen Raum und Zeit hinein. Offenbar ist es das für die konstitutive Auf-klärung des Seinssinnes der objektiven Welt erste Problem, den Ursprung zunächst dieser primordinalen *Natur* und der primor-dinalen leibseelischen Einheiten aufzuklären, ihre Konstitution

als immanente Transzendenzen. Seine Ausführung erfordert
außerordentlich umfangreiche Untersuchungen. Wir werden
hier von neuem erinnert an die so vielfach im letzten Jahrhundert
und von den bedeutendsten Physiologen und Psychologen be-
5 handelten Probleme des psychologischen Ursprungs der *Raumvorstellung*, der *Zeitvorstellung*, der *Dingvorstellung*. Zu wirklichen
Aufklärungen ist es bislang, so sehr die großen Entwürfe den
Stempel ihrer bedeutenden Urheber zeigten, nicht gekommen.
    Gehen wir von ihnen nun zu der von uns umgrenzten und dem
10 phänomenologischen Stufensystem eingefügten Problematik zurück, so ist es evident, daß die ganze neuzeitliche Psychologie wie
auch Erkenntnistheorie den eigentlichen Sinn der hier psychologisch wie transzendental zu stellenden Probleme, nämlich als
Probleme intentionaler Auslegung, statischer und genetischer,
15 nicht erfaßt hat. Das war ja auch nicht möglich, selbst bei denen,
die Brentanos Lehre von den *psychischen Phänomenen* als intentionalen Erlebnissen angenommen hatten. Es fehlte das Verständnis für das Eigentümliche einer intentionalen *Analyse* und
für die gesamten Aufgaben, die durch das Bewußtsein als solches
20 nach Noesis und Noema eröffnet sind, und für die prinzipiell neuartige Methodik, die für sie erforderlich ist. Für die Probleme des
„psychologischen Ursprungs der Raumvorstellung, der Zeitvorstellung, der Dingvorstellung" hat keine Physik und Physiologie
irgend etwas zu sagen, und keine sonst in induktiven Äußerlich-
25 keiten sich bewegende experimentelle oder nicht experimentelle
Psychologie. Es sind ganz ausschließlich Probleme intentionaler
Konstitution für Phänomene, die uns schon als *Leitfäden* vorgegeben sind (ev. auch durch ein hilfreiches Experiment insonderheit vorgegeben werden können), die aber nun erst in inten-
30 tionaler Methode und in den universalen Zusammenhängen der
seelischen Konstitution befragt werden müssen. Was für Universalität hier gemeint ist, zeigt hinreichend deutlich der systematische Einheitszusammenhang der Konstitutionen, die die
Einheit meines ego entfalten nach Selbsteigenem und Fremdem.
35 Die Phänomenologie bedeutet eben auch für die Psychologie eine
prinzipielle Neugestaltung. Demnach gehört der bei weitem
größte Teil ihrer Forschungen in eine apriorische und reine (d.h.
hier, von allem Psychophysischen freigehaltene) intentionale
Psychologie. Es ist dieselbe, von der wir schon wiederholt ange-

deutet haben, daß sie durch Veränderung der natürlichen Einstellung in die transzendentale eine „kopernikanische Umwendung" zuläßt, in der sie den neuen Sinn einer völlig radikalen transzendentalen Weltbetrachtung annimmt und allen phäno-
5 menologisch-psychologischen Analysen einprägt. Erst dieser neue Sinn ist es, der sie alle transzendental-philosophisch verwertbar macht und sogar sie einer transzendentalen *Metaphysik* einordnet. Eben hierin liegt die letzte Aufklärung und Überwindung des transzendentalen Psychologismus, der die ganze neuzeitliche
10 Philosophie beirrt und gelähmt hat. Offenbar ist nun also, wie für die transzendentale Phänomenologie so für die ihr parallele intentionale Psychologie (als *positive* Wissenschaft), durch unsere Darstellung eine fundamentale Struktur vorgezeichnet, eine Scheidung der parallelen eidetisch-psychologischen Untersuchungen in
15 solche, die das konkret Eigenwesentliche einer Seele überhaupt intentional auslegen, und solche, welche die Intentionalität des in ihr sich konstituierenden Fremden auslegen. Der ersteren Forschungssphäre gehört das Haupt- und Grundstück der intentionalen Auslegung der *Weltvorstellung* an, genauer gesprochen, des in-
20 nerhalb der menschlichen Seele auftretenden *Phänomens* der daseienden Welt, als Welt der universalen Erfahrung: wird diese Erfahrungswelt reduziert auf die in der einzelnen Seele primordinal konstituierte, so ist sie nun nicht mehr jedermanns Welt, nicht mehr die aus vergemeinschafteter menschlicher Erfahrung
25 ihren Sinn empfangende, sondern das intentionale Korrelat ausschließlich des einzelseelischen, zunächst meines erfahrenden Lebens, und seiner stufenweisen Sinnbildungen in primordinaler Originalität. Ihnen nachgehend, hat die intentionale Explikation diesen primordinalen Kern der phänomenalen Welt konstitutiv
30 verständlich zu machen, den jeder von uns Menschen, und vor allem jeder Psychologe, durch die früher beschriebene Ausschaltung der Sinnesmomente der *Fremdheit* gewinnen kann. Abstrahieren wir in dieser primordinalen *Welt* von dem in ihr reduziert auftretenden psychophysischen Wesen Ich-Mensch, so verbleibt die
35 primordinale bloße Natur als Natur meiner eigenen *bloßen Sinnlichkeit*. Hier tritt als Urproblem des psychologischen Ursprungs der Erfahrungswelt das des Ursprungs des *Dingphantoms* oder *Sinnendings* mit seinen Schichten (Sehding usw.) und deren synthetischer Einheit ‹hervor›. Es ist (immer im Rahmen dieser prim-

ordinalen Reduktion) rein als Einheit sinnlicher Erscheinungsweisen und ihrer Synthesen gegeben. Das Dingphantom in seinen
synthetisch zusammengehörigen Abwandlungen von *Nahding* und
Fernding ist noch nicht das *reale Ding* der primordinalen seeli-
5 schen Sphäre, das sich vielmehr, und schon hier, höherstufig als
kausales Ding, als identisches Substrat (*Substanz*) kausaler Eigenschaften konstituiert. Substantialität und Kausalität bezeichnen
offenbar höherstufige Probleme der Konstitution. Das konstitutive Problem des Sinnendinges und der ihm im Grunde wesent-
10 lichen Räumlichkeit und Raumzeitlichkeit ist nun die soeben angedeutete Problematik, die nur den synthetischen Zusammenhängen der Dingerscheinungen (Apparenzen, perspektivischen
Aspekten) deskriptiv nachfragt, und zwar einseitig; die Gegen-
seite ist die intentionale Rückbeziehung der Erscheinungen auf
15 den fungierenden Leib, der seinerseits in seiner Selbstkonstitution und in der ausgezeichneten Eigenheit seines konstitutiven
Erscheinungssystems beschrieben werden muß.

In dieser Weise fortgehend, ergeben sich immer neue deskriptive Probleme der Auslegung, die alle systematisch durchge-
20 führt werden müssen, wenn auch nur die Konstitution der primordinalen *Welt* als *Welt* von *Realitäten* und in ihr die großen Probleme der Konstitution der Räumlichkeit und der Zeitlichkeit —
als dieser weltlichen — ernstlich behandelt werden sollen. Schon
das bildet, wie die Ausführung erweist, ein gewaltiges Untersu-
25 chungsgebiet, und dabei ist es erst die Unterstufe für eine volle
Phänomenologie der Natur, als objektiver, aber purer Natur, die
selbst noch lange nicht die konkrete Welt ist.

Die Anknüpfung an die Psychologie hat uns veranlaßt, die
Scheidung zwischen Primordinalem und als fremd Konstituiertem
30 in das rein Seelische zu übersetzen und die konstitutive Problematik der Konstitution einer primordinalen und einer objektiven
Natur als psychologische, wenn auch flüchtig, vorzuzeichnen.

Kehren wir aber wieder in die transzendentale Einstellung
zurück, so ergeben nun umgekehrt unsere Vorzeichnungen für die
35 Problematik vom psychologischen Ursprung der *Raumvorstellung*
usw. auch wieder Vorzeichnungen für transzendental-phänomenologische parallele Probleme, nämlich die einer konkreten Auslegung der primordinalen Natur und Welt überhaupt — womit
eine große Lücke in unserer früher entworfenen Problematik der

Weltkonstitution als transzendentales Phänomen sich ausfüllt.

Wir dürfen den außerordentlich großen Komplex der auf die primordinale Welt bezüglichen Forschungen (der eine ganze Disziplin ausmacht) auch bezeichnen als „transzendentale Ästhetik"
5 in einem sehr erweiterten Sinn, wobei wir den K a n t i s c h e n Titel darum übernehmen, weil die Raum- und Zeitargumente der Vernunftkritik offenbar, wenn auch in außerordentlich beschränkter und nicht abgeklärter Weise, auf ein noematisches Apriori sinnlicher Anschauung hinzielen, das, zum konkreten Apriori der
10 rein sinnlich anschaulichen Natur (und zwar der primordinalen) erweitert, seine phänomenologisch-transzendentale Ergänzung fordert durch Einbeziehung in eine konstitutive Problematik. Allerdings würde es nicht dem Sinn des Kantischen Gegentitels „transzendentale Analytik" entsprechen, nun auch mit diesem
15 das höhere Stockwerk des konstitutiven Apriori, das der objektiven Welt selbst und das ihrer konstituierenden Mannigfaltigkeiten (in höchster Stufe der schließlich die wissenschaftliche Natur und Welt konstituierenden *idealisierenden* und theoretisierenden Akte) zu benennen. In das erste diese „transzendentale Äs-
20 thetik" übersteigende Stockwerk gehört die Theorie der Fremderfahrung, der sogenannten *Einfühlung*. Es bedarf nur des Hinweises darauf, daß hier dasselbe gilt, was wir für die psychologischen Ursprungsprobleme des unteren Stockwerkes gesagt haben, nämlich daß das Problem der Einfühlung erst durch die konsti-
25 tutive Phänomenologie seinen wahren Sinn empfangen hat und seine wahre Methode der Lösung. Eben darum sind alle bisherigen Theorien (auch diejenige Max Schelers) ohne wirkliches Ergebnis geblieben, wie auch nie erkannt worden ist, wie sich die Fremdheit des *Anderen* auf die ganze Welt als ihre *Objektivität* über-
30 trägt, ihr diesen Sinn erst gebend.

Es sei noch ausdrücklich darauf hingewiesen, daß es selbstverständlich zwecklos wäre, die intentionale Psychologie als positive Wissenschaft und die transzendentale Phänomenologie gesondert abzuhandeln, und daß in dieser Hinsicht offenbar der
35 letzteren die wirklich durchzuführende Arbeit zufallen wird, während die Psychologie, um die kopernikanische Wendung unbekümmert, aus ihr die Resultate entnehmen wird. Doch ist es auch wichtig, zu beachten, daß, wie die Seele und die objektive Welt überhaupt in der transzendentalen Betrachtung nicht ihr

Dasein und ihren Seinssinn verliert, sondern dieser nur zu ursprünglicher Verständlichkeit gebracht wird durch die Enthüllung seiner konkreten Allseitigkeit, ebenso auch die positive Psychologie ihren rechtmäßigen Gehalt nicht verliert, sondern nur,
5 von der naiven Positivität befreit, zu einer Disziplin der universalen Transzendentalphilosophie selbst wird. Von diesem Gesichtspunkt aus kann gesagt werden, daß in der Reihe der über
die naive Positivität erhobenen Wissenschaften die intentionale
Psychologie die an sich erste ist.
10   Ja sie hat noch einen Vorzug vor allen anderen positiven Wissenschaften. Wenn sie sich in der Positivität in der rechten Methode intentionaler Analyse aufbaut, so kann sie keine *Grundlagenprobleme* der Art wie die anderen positiven Wissenschaften
haben, Probleme, die aus jener Einseitigkeit der naiv konsti-
15 tuierten Objektivität herstammen, welche schließlich, um zur
Allseitigkeit zu kommen, den Übergang in die transzendentale
Weltbetrachtung fordert. Die intentionale Psychologie hat aber,
nur verborgen, das Transzendentale schon in sich — es bedarf
nur einer letzten Besinnung, um die kopernikanische Wendung
20 zu vollziehen, die ihre intentionalen Ergebnisse inhaltlich nicht
ändert, sondern nur auf ihren *letzten Sinn* zurückführt. Nur das
eine Fundamentalproblem schließlich, wie man auch einwenden
kann, auch ein, aber das einzige Grundlagenproblem, hat die
Psychologie: den Begriff der Seele.

§ 62. *Überschauende Charakteristik der intentionalen Auslegung der*
Fremderfahrung.

25   Kehren wir am Abschluß dieses Kapitels auf den Einwand zurück, von dem aus wir uns zunächst haben leiten · lassen, den
Einwand gegen unsere Phänomenologie, sofern sie von vornherein
den Anspruch erhöbe, Transzendentalphilosophie zu sein, also als
solche die Probleme der Möglichkeit objektiver Erkenntnis zu
30 lösen. Dazu sei sie im Ausgang von dem transzendentalen ego der
phänomenologischen Reduktion und daran gebunden nicht mehr
befähigt, sie verfalle, ohne es wahrhaben zu wollen, in einen
transzendentalen Solipsismus, und der ganze Schritt zur fremden
Subjektivität und echten Objektivität sei nur möglich durch eine
35 uneingestandene Metaphysik, durch eine geheime Übernahme
L e i b n i z i s c h e r Traditionen.

Der Einwand zerfließt in seiner Haltlosigkeit nach den durchgeführten Auslegungen. Es ist vor allem zu beachten, daß an keiner Stelle die transzendentale Einstellung, die der transzendentalen ἐποχή, verlassen worden ist und daß unsere *Theorie* der
5 Fremderfahrung, der Erfahrung von *Anderen,* nichts weiteres sein wollte und sein durfte als die Auslegung ihres Sinnes *Anderer* aus ihrer konstitutiven Leistung und des Limes *wahrhaft seiender Anderer* aus den entsprechenden Synthesen der Einstimmigkeit. Was ich als *Anderen* einstimmig ausweise und dabei also in Not-
10 wendigkeit und nicht in Willkür als eine zu erkennende Wirklichkeit gegeben habe, das ist in transzendentaler Einstellung eo ipso der seiende Andere, das alter ego, ausgewiesen eben innerhalb der erfahrenden Intentionalität meines ego. Innerhalb der Positivität sagen wir und finden es selbstverständlich: in meiner eigenen
15 Erfahrung erfahre ich nicht nur mich selbst, sondern in der besonderen Gestalt der Fremderfahrung den Anderen. Die zweifellose transzendentale Auslegung zeigte uns nicht nur das transzendentale Recht dieser positiven Aussage, sondern daß auch das transzendentale, konkret gefaßte ego (das in der transzendentalen
20 Reduktion vorerst mit unbestimmtem Horizont seiner selbst inne wird) sowohl sich selbst in seinem primordinalen Eigensein als auch, in Form seiner transzendentalen Fremderfahrung, Andere, andere transzendentale ego erfaßt, obschon sie nicht mehr in Originalität und schlichter apodiktischer Evidenz, sondern in
25 einer Evidenz *äußerer* Erfahrung gegeben sind. *In* mir erfahre, erkenne ich den Anderen, in mir konstituiert er sich — appräsentativ gespiegelt, und nicht als Original. Insofern kann in einem e r w e i t e r t e n Sinne sehr wohl gesagt werden, daß das ego, daß ich als meditierend Auslegender, durch *Selbstauslegung*, näm-
30 lich Auslegung dessen, was ich in mir selbst finde, alle Transzendenz gewinne, und als transzendental konstituierte, also nicht als in naiver Positivität hingenommene. So verschwindet der Schein, daß alles, was ich als transzendentales ego aus mir selbst als seiend erkenne und als in mir selbst Konstituiertes auslege, mir
35 selbst eigenwesentlich zugehören muß. Nur von den *immanenten Transzendenzen* gilt das; Konstitution als Titel für die mir als ego in der Eigenwesentlichkeit Sinn und Sein zueignenden Systeme synthetischer Aktualität und Potentialität besagt Konstitution von immanenter gegenständlicher Wirklichkeit. Zu An-

fang der Phänomenologie und in der Einstellung des erst Anfangenden, der eben erst die phänomenologische Reduktion als universalen Habitus konstitutiven Forschens zur Urstiftung bringt, ist das in den Blick tretende transzendentale ego zwar apodik-
5 tisch erfaßt, aber mit einem ganz unbestimmten Horizont, der bloß dadurch in Allgemeinheit gebunden ist, daß die Welt und alles, was ich von ihr weiß, zu bloßem *Phänomen* werden soll. Es fehlen also, wenn ich so anfange, alle Unterscheidungen, die erst die intentionale Auslegung schafft, und die doch, wie ich einsehe,
10 wesensmäßig zu mir gehören. Vor allem fehlt also die Selbstverständigung über mein primordinales Wesen, meine Eigenheitssphäre im prägnanten Sinne, und was in ihr selbst unter dem Titel Fremderfahrung als Fremdes, als ein appräsentiertes, aber prinzipiell nicht in meiner primordinalen Sphäre selbst orginal Ge-
15 gebenes und je zu Gebendes sich konstituiert. Ich muß erst das Eigene als solches auslegen, um zu verstehen, daß im Eigenen auch Nichteigenes Seinssinn bekommt, und zwar als analogisch Appräsentiertes. So verstehe ich, der Meditierende, am Anfang nicht, wie ich, da die anderen Menschen insgesamt *eingeklammert* sind,
20 überhaupt zu Anderen und mir selbst kommen soll. Im Grunde verstehe ich auch noch nicht und erkenne es nur widerwillig an, daß ich selbst, mich als Menschen und als menschliche Person *einklammernd*, nun doch als ego erhalten bleiben soll. So kann ich noch nichts wissen von einer transzendentalen Intersubjektivität;
25 unwillkürlich halte ich mich, das ego, für einen *solus ipse*, und halte alle konstitutiven Bestände, schon nachdem ich ein erstes Verständnis gewonnen habe für konstitutive Leistungen, immer noch für bloß eigene Gehalte dieses einzigen ego. So wären also die weitergehenden Auslegungen des vorliegenden Kapitels not-
30 wendige. Durch sie wird uns erst der v o l l e u n d e i g e n t - l i c h e S i n n d e s p h ä n o m e n o l o g i s c h - t r a n s z e n - d e n t a l e n „I d e a l i s m u s" verständlich. Der Schein eines Solipsismus ist aufgelöst, obschon der Satz die fundamentale Geltung behält, daß alles, was für mich ist, seinen Seinssinn aus-
35 schließlich aus mir selbst, aus meiner Bewußtseinssphäre schöpfen kann. Dieser Idealismus ergab sich als eine Monadologie, die bei allen absichtlichen Anklängen an Leibnizens Metaphysik ihren Gehalt rein aus der phänomenologischen Auslegung der in der transzendentalen Reduktion freigelegten transzendentalen

Erfahrung schöpft, also aus der ursprünglichsten Evidenz, in der alle erdenklichen Evidenzen gründen müssen — oder aus dem ursprünglichsten Recht, aus dem alle Rechte und insbesondere Erkenntnisrechte je schöpfen können. Phänomenologische Aus-
5 legung ist also wirklich nichts dergleichen wie *metaphysische Konstruktion,* und nicht, weder offen noch versteckt, ein Theoretisieren mit übernommenen Voraussetzungen oder Hilfsgedanken aus der historischen metaphysischen Tradition. Sie steht zu all dem in schärfstem Gegensatz durch ihr Verfahren im Rahmen reiner
10 *Intuition,* oder vielmehr der reinen Sinnesauslegung durch erfüllende Selbstgebung. Insbesondere tut sie hinsichtlich der objektiven Welt der Realitäten (wie auch jeder der mannigfachen idealen objektiven Welten, die Felder rein apriorischer Wissenschaften sind) nichts anderes — das kann nicht oft genug einge-
15 schärft werden — als den S i n n a u s l e g e n, d e n d i e s e
W e l t f ü r u n s a l l e v o r j e d e m P h i l o s o p h i e r e n
hat und offenbar nur aus unserer Erfahrung hat, ein S i n n,
d e r p h i l o s o p h i s c h e n t h ü l l t, a b e r n i e g e ä n-
d e r t w e r d e n k a n n und der nur aus Wesensnotwendig-
20 keit, und nicht aus unserer Schwäche, in jeder aktuellen Erfahrung Horizonte mit sich führt, die der prinzipiellen Klärung bedürfen.

SCHLUSS

§ 63. *Aufgabe einer Kritik der transzendentalen Erfahrung und Erkenntnis.*

In den Untersuchungen dieser Meditation und schon der beiden vorangehenden haben wir uns auf dem Boden der transzenden-
25 talen Erfahrung bewegt, der eigentlichen Selbsterfahrung und der Fremderfahrung. Wir haben ihr vertraut dank ihrer ursprünglich durchlebten Evidenz und haben auch in ähnlicher Weise der Evidenz der prädikativen Deskriptionen aller transzendentalwissenschaftlichen Erfahrungsweisen überhaupt vertraut. Wir haben
30 ben dabei die Forderung, die zu Anfang so ernstlich erhoben war, einer apodiktischen Erkenntnis, als der allein *echt wissenschaftlich* durchzuführenden, aus dem Auge verloren, sie aber keineswegs fallen gelassen. Nur daß wir es vorgezogen haben, die ungeheure

Problematik der ersten, in ihrer Art selbst noch mit einer *Naivität*
behafteten Phänomenologie (der apodiktischen Naivität), in der
die große und eigentümlichste Leistung derselben als einer neuartigen und höheren Gestaltung der Wissenschaft liegt, in Um-
5 rissen zu zeichnen, statt hier noch auf die weitere und letzte Problematik der Phänomenologie einzugehen, die Problematik ihrer
S e l b s t k r i t i k in Absicht auf die Bestimmung von Umfang
und Grenzen, aber auch Modis der Apodiktizität. Von der Art
der durchzuführenden Kritik der transzendentalphänomenolo-
10 gischen Erkenntnis geben unsere früheren Andeutungen eine
zum mindesten vorläufige Vorstellung, nämlich als Andeutungen
der Art, wie z.B. durch Kritik der transzendentalen Wiedererinnerung ein apodiktischer Gehalt derselben herausgestellt wird. Alle
transzendentalphilosophische Erkenntnistheorie als *Erkenntnis-*
15 *kritik* führt zuletzt auf die Kritik der transzendentalphänomeno-
logischen Erkenntnis (zunächst der transzendentalen Erfahrung)
zurück, und bei der wesensmäßigen Rückbeziehung der Phänomenologie auf sich selbst fordert auch diese Kritik eine Kritik. In
dieser Hinsicht bestehen aber keine mit irgendwelchen Schwierig-
20 keiten oder gar Widersinnigkeiten behafteten unendlichen Re-
gresse, trotz der evidenten Möglichkeit iterierbarer transzendentaler Reflexionen und Kritiken selbst.

§ 64. *Schlußwort.*

Unsere Meditationen haben, so dürfen wir wohl sagen, ihren
Zweck im wesentlichen erfüllt: nämlich die konkrete Möglichkeit
25 der Cartesianischen Idee einer Philosophie als einer universalen
Wissenschaft aus absoluter Begründung darzutun. Der Erweis
dieser konkreten Möglichkeit, die praktische Durchführbarkeit —
wenn auch, wie selbstverständlich, in der Form eines unendlichen
Programms —, besagt den Erweis eines notwendigen und zwei-
30 fellosen Anfangs und einer ebenso notwendigen, immer wieder zu
betätigenden Methode, mit welcher sich zugleich eine Systematik
der überhaupt sinnvollen Probleme vorzeichnet. So weit sind wir
in der Tat schon gekommen. Das einzige, was übrig bleibt, ist
die leicht verständliche Verzweigung der transzendentalen Phä-
35 nomenologie, wie sie als anfangende Philosophie erwächst, in objektive Einzelwissenschaften, und ihre Beziehung zu den exempla-

risch vorgegebenen Wissenschaften der naiven Positivität. Auf
diese letzteren lenken wir nun unseren Blick.

Das tägliche praktische Leben ist naiv, es ist ein in die vorgegebene Welt Hineinerfahren, Hineindenken, Hineinwerten,
5 Hineinhandeln. Dabei vollziehen sich alle die intentionalen Leistungen des Erfahrens, wodurch die Dinge schlechthin da sind,
anonym: der Erfahrende weiß von ihnen nichts; ebenso nichts
vom leistenden Denken: die Zahlen, die prädikativen Sachverhalte, die Werte, die Zwecke, die Werke treten dank den verborgenen
10 Leistungen auf, Glied für Glied sich aufbauend; sie sind allein im
Blick. Nicht anders in den positiven Wissenschaften. Sie sind
Naivitäten höherer Stufe, Werkgebilde einer klugen theoretischen
Technik, ohne daß die intentionalen Leistungen, aus denen alles
letztlich entspringt, ausgelegt worden wären. Wissenschaft be-
15 ansprucht zwar, ihre theoretischen Schritte rechtfertigen zu
können, und beruht überall auf Kritik. Aber ihre Kritik ist nicht
letzte Erkenntniskritik, das ist Studium und Kritik der ursprünglichen Leistungen, Enthüllung aller ihrer intentionalen Horizonte, durch die allein die ,,Tragweite'' der Evidenzen letztlich
20 erfaßt und korrelativ der Seinssinn der Gegenstände, der theoretischen Gebilde, der Werte und Zwecke ausgewertet werden kann.
Daher haben wir, und gerade auf der hohen Stufe der modernen
positiven Wissenschaften, Grundlagenprobleme, Paradoxien, Unverständlichkeiten. Die Urbegriffe, die, durch die ganze Wissen-
25 schaft hindurchgehend, den Sinn ihrer Gegenstandssphäre und
ihrer Theorien bestimmen, sind naiv entsprungen, sie haben unbestimmte intentionale Horizonte, sie sind Gebilde unbekannter,
nur in roher Naivität geübter intentionaler Leistungen. Das gilt
nicht nur für die Spezialwissenschaften, sondern auch für die
30 traditionelle Logik mit all ihren formalen Normen. Jeder Versuch, von den historisch gewordenen Wissenschaften her zu besserer Begründung, zu einem besseren Sich-selbst-verstehen nach
Sinn und Leistung zu kommen, ist ein Stück Selbstbesinnung des
Wissenschaftlers. Es gibt aber nur eine radikale Selbstbesinnung,
35 das ist die phänomenologische. Radikale und völlig universale
Selbstbesinnung sind aber untrennbar, und zugleich von der echten phänomenologischen Methode der Selbstbesinnung in Form
der transzendentalen Reduktion, der intentionalen Selbstauslegung des durch sie erschlossenen transzendentalen ego und der

systematischen Deskription in der logischen Gestalt einer intuitiven Eidetik. Universale und eidetische Selbstauslegung besagt aber Herrschaft über alle erdenklichen dem ego und einer transzendentalen Intersubjektivität „eingeborenen" konstitu-
5 tiven Möglichkeiten.

Eine konsequent fortgeführte Phänomenologie konstruiert also a priori, doch in streng intuitiver Wesensnotwendigkeit und -allgemeinheit, die Formen erdenklicher Welten, und diese wieder im Rahmen aller erdenklichen Seinsformen überhaupt und ihres
10 Stufensystems; das aber ursprünglich, das ist in Korrelation mit dem konstitutiven Apriori, dem der sie konstituierenden intentionalen Leistungen.

Da sie in ihrem Vorgehen keine vorgegebenen Wirklichkeiten und Wirklichkeitsbegriffe hat, sondern ihre Begriffe von vorn-
15 herein aus der Ursprünglichkeit der Leistung (der selbst in ursprünglichen Begriffen gefaßten) schöpft und durch die Notwendigkeit, alle Horizonte zu enthüllen, auch alle Unterschiede der Tragweite, alle abstrakten Relativitäten beherrscht, so muß sie zu den Begriffssystemen von sich aus kommen, die den Grund-
20 sinn aller wissenschaftlichen Gebiete bestimmen. Es sind die Begriffe, welche alle formalen Demarkationen der Formidee eines möglichen Seinsuniversums überhaupt, also auch einer möglichen Welt überhaupt vorzeichnen und demnach die echten Grundbegriffe aller Wissenschaften sein müssen. Für solche, so ur-
25 sprünglich gestaltete Begriffe kann es keine Paradoxien geben. Dasselbe gilt für alle Grundbegriffe, welche den Aufbau und die gesamte Aufbauform der auf die verschiedenen Seinsregionen bezogenen und zu beziehenden Wissenschaften betreffen. So sind die von uns im Vorangegangenen andeutungsweise vorgezeich-
30 neten Untersuchungen zur transzendentalen Konstitution einer Welt nichts anderes als der A n f a n g e i n e r r a d i k a l e n K l ä r u n g d e s S i n n e s u n d U r s p r u n g e s (bzw. des Sinnes aus dem Ursprung) d e r B e g r i f f e W e l t , N a t u r , R a u m , Z e i t , a n i m a l i s c h e s W e s e n , M e n s c h ,
35 S e e l e , L e i b , s o z i a l e G e m e i n s c h a f t , K u l t u r usw. Es ist klar, daß die wirkliche Durchführung der bezeichneten Untersuchungen zu all den Begriffen führen müßte, die unerforscht als Grundbegriffe der positiven Wissenschaften fungieren, aber in der Phänomenologie in allseitiger Klarheit und

Deutlichkeit erwachsen, die für keine erdenklichen Fraglichkeiten mehr Raum übrig lassen.

Wir können nun auch sagen, in der apriorischen und transzendentalen Phänomenologie entspringen in letzter Begründung
5 vermöge ihrer Korrelationsforschung alle apriorischen Wissenschaften überhaupt, und in diesem Ursprung genommen gehören sie in eine universale apriorische Phänomenologie selbst mit hinein als ihre systematischen Verzweigungen. Dieses System des universalen Apriori ist also auch zu bezeichnen als systematische
10 E n t f a l t u n g   d e s   u n i v e r s a l e n, im Wesen einer transzendentalen Subjektivität, also auch Intersubjektivität   e i n-
g e b o r e n e n   A p r i o r i, oder des universalen   L o g o s
a l l e s   e r d e n k l i c h e n   S e i n s. Wieder dasselbe besagt, die systematisch voll entwickelte transzendentale Phänomenolo-
15 gie wäre eo ipso die wahre und echte universale Ontologie; aber nicht bloß eine leer formale, sondern zugleich eine solche, die alle regionalen Seinsmöglichkeiten in sich schlösse, und nach allen zu ihnen gehörigen Korrelationen.

Diese universale   k o n k r e t e   O n t o l o g i e (oder auch
20 universale und konkrete Wissenschaftslehre, diese konkrete Logik des Seins) wäre also das an sich   e r s t e   W i s s e n s c h a f t s-
u n i v e r s u m aus absoluter Begründung. Der Ordnung nach wäre die an sich erste der philosophischen Disziplinen die *solipsistisch* beschränkte Egologie, die des primordinal reduzierten
25 ego, dann erst käme die in ihr fundierte intersubjektive Phänomenologie, und zwar in einer Allgemeinheit, die zunächst die universalen Fragen behandelt, um sich dann erst in die apriorischen Wissenschaften zu verzweigen.

Diese totale Wissenschaft vom Apriori wäre dann   d a s   F u n-
30 d a m e n t   f ü r   e c h t e   T a t s a c h e n w i s s e n s c h a f t e n
und für eine   e c h t e   U n i v e r s a l p h i l o s o p h i e   i m
C a r t e s i a n i s c h e n   S i n n e, eine universale Wissenschaft vom tatsächlich Seienden aus absoluter Begründung. Alle Rationalität des Faktums liegt ja im Apriori. Apriorische Wissen-
35 schaft ist Wissenschaft von dem Prinzipiellen, auf das Tatsachenwissenschaft rekurrieren muß, um letztlich eben prinzipiell begründet zu werden; — nur daß die apriorische Wissenschaft keine naive sein darf, sondern aus letzten transzendental-phänomenologischen Quellen entsprungen und so zu einem allseitigen, in

sich selbst ruhenden, sich aus sich selbst rechtfertigenden Apriori gestaltet sein muß.

Schließlich möchte ich, um kein Mißverständnis aufkommen zu lassen, darauf hinweisen, daß die Phänomenologie, wie wir schon
5 früher ausgeführt haben, nur jede naive und mit widersinnigen Dingen an sich operierende Metaphysik ausschließt, n i c h t aber M e t a p h y s i k ü b e r h a u p t, und daß sie nicht etwa die die alte Tradition in der verkehrten Fragestellung und Methode innerlich treibenden Problemmotive vergewaltigt und keines-
10 wegs sagt, daß sie vor den ,,höchsten und letzten" Fragen halt macht. Das an sich erste Sein, das jeder weltlichen Objektivität vorangehende und sie tragende, ist die transzendentale Intersubjektivität, das in verschiedenen Formen sich vergemeinschaftende All der Monaden. Aber innerhalb der faktischen monadischen
15 Sphäre, und als ideale Wesensmöglichkeit in jeder erdenklichen, treten alle die Probleme der zufälligen Faktizität, des Todes, des Schicksals auf, der in einem besonderen Sinne als ,,sinnvoll" geforderten Möglichkeit eines ,,echten" menschlichen Lebens, darunter also auch die Probleme des ,,S i n n e s" d e r G e-
20 s c h i c h t e, und so weiter aufsteigend. Wir können auch sagen, es sind die e t h i s c h - r e l i g i ö s e n P r o b l e m e, aber gestellt auf den Boden, auf den alles, was für uns soll möglichen Sinn haben können, eben gestellt sein muß.

So verwirklicht sich die Idee einer universalen Philosophie —
25 ganz anders, als Descartes und sein Zeitalter es sich, geleitet von der neuen Naturwissenschaft, dachten — nicht als ein universales System deduktiver Theorie, als ob alles Seiende in der Einheit einer Rechnung stünde, sondern — der grundwesentliche Sinn von Wissenschaft überhaupt hat sich damit radikal geän-
30 dert — als ein System von phänomenologischen, in der Thematik korrelativen Disziplinen auf dem untersten Grunde nicht des Axioms *ego cogito*, sondern einer universalen Selbstbesinnung.

Mit anderen Worten: Der notwendige Weg zu einer im höchsten Sinne letztbegründeten Erkenntnis oder, was einerlei ist,
35 einer philosophischen ist der einer universalen Selbsterkenntnis, zunächst einer monadischen, und dann intermonadischen. Wir können auch sagen: eine radikale und universale Fortführung Cartesianischer Meditationen oder, was dasselbe, einer univer-

salen Selbsterkenntnis ist Philosophie selbst und umspannt alle selbstverantwortliche, echte Wissenschaft.

Das Delphische Wort γνῶθι σεαυτόν hat eine neue Bedeutung
5 gewonnen. Positive Wissenschaft ist Wissenschaft in der Weltverlorenheit. Man muß erst die Welt durch ἐποχή verlieren, um
sie in universaler Selbstbesinnung wiederzugewinnen. *Noli foras
ire*, sagt Augustin, *in te redi, in interiore homine habitat veritas.*

C

HUSSERLS INHALTSÜBERSICHT IM URTEXT

SOMMAIRE DES LEÇONS DU PROFESSEUR E. HUSSERL

HUSSERLS INHALTSÜBERSICHT IM URTEXT

DIE CARTESIANISCHEN MEDITATIONEN UND IHRE KRITISCHE UM-
BILDUNG ZUR MEDITIERENDEN ERSCHLIESSUNG DES TRANSZEN-
DENTALEN EGO

1. Zur Einleitung. Eine Einführung in die transzendentale Phänomenologie knüpft naturgemäß an die *Meditationes* des
Descartes an, deren kritische Umbildung auf ihre Entstehung eingewirkt hat. — Descartes' Forderung einer absolut begründeten
5 Universalwissenschaft; nach Umsturz der überlieferten Wissenschaften ihr Neuaufbau auf absolutem Fundament. Subjektive
Wendung dieser Forderung und ihr vorbildlicher Charakter. Die
Idee des echten Philosophen im Werden, sein notwendiger Anfang mit Meditationen vom Typus der Cartesianischen: wie das
10 an sich erste und absolut gewisse Fundament zu finden sei. Das
Ergebnis: Der Meditierende muß die Existenz der Welt als fraglich ausschalten und dadurch sein reines ego als absolutes und
einziges ‹gewinnen›. Von da aus Weg des Aufbaus der Welter-
kenntnis und aller objektiven Wissenschaften rein unter Leitung
15 der dem ego eingeborenen Prinzipien.

Ewigkeitswert und historische Wirkung dieser meditierenden
Fundamentalbetrachtung. Die positiven Wissenschaften haben
sie beiseitegeschoben, aber philosophisch entsprang aus ihnen
der völlig neue Entwicklungssinn der neuzeitlichen Philosophie
20 in Richtung auf eine Transzendentalphilosophie, deren letzte und
radikalste Gestalt die Phänomenologie darstellt. Der Verfall und
die ratlose Zersplitterung der Philosophie seit Mitte des 19. Jahrhunderts fordert einen neuen Anfang und neue Cartesianische
Meditationen. Die Phänomenologie als ihre bewußte Aufnahme
25 und reinste Auswirkung.

2. Die Cartesianischen Meditationen in
kritischer Umbildung. Ich als radikal anfangender
Philosoph, alle vorgegebene Wissenschaften für mich außer Gel-

tung setzend. Auch die Idee universaler Wissenschaft aus absoluter Begründung hinsichtlich ihrer Möglichkeit und Erzielbar-
keit noch nicht entschieden, obschon das Meditieren leitend.
Auslegung ihres Sinnes durch Einfühlung in die Intention wissen-
5 schaftlicher Arbeit; wissenschaftliche Urteile nur zulässig als
durch Evidenz — Appell an die Sachen, die Sachverhalte „selbst"
— unmittelbar oder mittelbar vollkommen begründete. Nicht
okkasionelle Evidenzen und wahre Urteile des alltäglichen Lebens, sondern wissenschaftliche Wahrheiten, die ein für allemal
10 und für jedermann gelten. Der anfangende Philosoph mit den
Wissenschaften im „Umsturz" hat dergleichen nicht, aber doch
Evidenzen und Wahrheiten des Lebens. Er beginnt mit dem
Prinzip des Urteilens aus reiner Evidenz, und der kritischen Analyse der Evidenzen selbst hinsichtlich ihrer Vollkommenheit, ihrer
15 Tragweite, einer Analyse, wieder in Evidenzen höherer Stufe
durchgeführt. Von da aus stellt er die Frage, ob an sich erste
Evidenzen, als welche allen anderen vorausgehen, aufweisbar
sind, und zugleich als „apodiktische" — als ein für allemal gültige — angesprochen werden können.
20   Leben und positive Wissenschaften beziehen sich auf die selbstverständlich seiende Welt. — Ist, fragt der Meditierende, die
Existenz der Welt die an sich erste und apodiktische Gewißheit?
Descartes' erste, aber oberflächliche Kritik der sinnlichen Erfahrung: daß sie der Apodiktizität entbehre; und dadurch ver-
25 mittelt sein großer Schritt, diese Erfahrung universal in den Umsturz einzubeziehen und nun nachzuweisen, daß das *ego cogito*
vom möglichen Nichtsein der Welt unberührt bleibt.
    3. K r i t i s c h e   E i n g r e n z u n g   d e s   C a r t e s i a n i -
s c h e n   V o r g e h e n s. Alle positiven Wissenschaften setzen
30 die Geltung des in aller Welterfahrung liegenden Weltglaubens
voraus. — Diese universale Evidenz bedarf der Kritik, ist also
außer Geltung zu stellen. Aber diese Enthaltung von dem Weltglauben entzieht dem Meditierenden die Welt als den Seinsboden
für darauf zu beziehende Wissenschaften, aber nicht jeden Seins-
35 boden und jede Evidenz überhaupt. Vielmehr enthüllt sich hinter
dem Sein der Welt als letzte Seinsvoraussetzung, schon für Erfahrungsgeltung oder Nichtgeltung der Welt und ihr In-Frage-
stellen, das Sein der Erfahrungen selbst, das Sein des Erfahrenden
und seines ganzen meditierenden und sonstigen absoluten Lebens.

Mit der universalen ἐποχή als universaler Enthaltung von der
natürlichen Betätigung des Erfahrungsglaubens und der nun folgenden Blickwendung auf das erfahrende Leben, als worin die
Welt für mich Sinn und Sein (schlichte Wirklichkeit) hat, tritt
5 die *transzendentale* Subjektivität zutage als das meditierende ego,
das sich als die absolute und letzte Voraussetzung findet für alles,
was überhaupt ist, und das sich nun nicht mehr als Mensch in der
Welt, sondern als dasjenige ego findet, in dem wie die Welt überhaupt so dieser Mensch Seinssinn erhält. Als dieses ego und nur
10 als das bin ich für mich selbst apodiktisch gewiß und letzte Seinsvoraussetzung, zu der alles für mich sinnvoll Seiende relativ ist.
Ganz außer Frage bleibt hier und muß bleiben jede Mißdeutung,
als ob dieses ego ein letztübriges Reststückchen der Welt wäre,
das sonderlicherweise apodiktisch gegeben ist, und die Intention
15 auf ein Wieder-hinzubeweisen der übrigen Welt, um dann auf dem
alten Boden der Weltwissenschaft aufzubauen. Die Meditation
muß fortgehen zu konsequenter Selbstbesinnung des reinen ego,
um die sinnvollen Probleme klarzulegen, die in ihm als dem universalen Seins- und Erkenntnisgrund überhaupt liegen. So ist aus
20 der Cartesianischen Methode die Methode der transzendental-
phänomenologischen ἐποχή und der transzendental-phänomenologischen Reduktion — der auf das transzendentale ego — geworden.

II. VORLESUNG

25   E i n l e i t u n g: Was kann ich, der Meditierende, mit dem
transzendentalen ego cogito philosophisch anfangen? Vordeu-
tung auf seine Verwertung nicht als fundierendes Axiom sondern
als fundierende universale Erfahrungs- und Seinssphäre. Idee
einer neuen Begründungsart, der transzendentalen gegenüber der
30 objektiven, einer neuartigen transzendentalen Erfahrungserkenntnis und Wissenschaft aus rein egologischer Selbstbesinnung
— der ersten, egologischen Phänomenologie.
A u s f ü h r u n g: Schrittweise Freilegung des Feldes transzendentaler Selbsterfahrung durch phänomenologische Reflexion.
35 Psychologische und transzendentale Selbsterfahrung als Parallelen. Die psychologische auf dem Boden seiender Welt beansprucht objektive Gültigkeit, die transzendentale nur egologi-

sche. — Erste Grundfeststellungen: Das cogito als Bewußtsein *von etwas* (intentionales Erlebnis), das cogitatum qua cogitatum ein unabtrennbares deskriptives Moment im cogito. Fortgehende Selbstbesinnung als zusammenhängende Selbsterfahrung und
5 konsequente Enthüllung und reine Deskription der typischen Modi der intentionalen Erlebnisse und ihrer vermeinten (erscheinenden, gedachten, gewerteten usw.) Gegenständlichkeiten, genau wie sie bewußt sind. Zu dieser doppelten Beschreibungsrichtung tritt als dritte noch die des Ich der cogitationes selbst
10 hinzu. Die Welt trotz der ἐποχή; hinsichtlich jeder Stellungnahme zu ihr als ein Hauptthema phänomenologischer Deskriptionen: die Welt als *Phänomen*. Kontrastierung natürlicher und phänomenologischer Weltbetrachtung. Das phänomenologisch meditierende ego als transzendentaler Zuschauer seines
15 eigenen Seins und Lebens im Stande der Hingegebenheit an die Welt. Ich als *natürlich eingestelltes* Ich bin auch und bin immer transzendentales Ich, aber weiß davon erst durch Vollzug der phänomenologischen Reduktion. Durch diese transzendentale Einstellung sehe ich erst, daß alles natürlich Seiende für mich nur
20 ist als cogitatum wechselnder cogitationes, und nur das halte ich urteilend in Geltung. So habe ich überhaupt nur Gegenstände (wie reale so ideale) zu beschreiben in Korrelation mit ihren Bewußtseinsweisen.

Ein Stück Phänomenologie der Dingwahrnehmung als Beispiel
25 phänomenologischer Deskription unter Aufweisung der korrelativen Zusammengehörigkeit von Erscheinendem und Erscheinungsweisen. Einheit und Mannigfaltigkeit — die gegenständliche Einheit als Synthesis der identifizierenden Deckung der Erscheinungen von demselben. Die Synthesis als Grundtatsache
30 der Bewußtseinssphäre, als Verbindung von Bewußtsein und Bewußtsein zu einem neuen Bewußtsein von fundierter Intentionalität. Die universale Einheit des Bewußtseinslebens im ego eine Einheit der Synthesis, in der das ego für sich selbst bewußt wird als Einheit.

35 Das ego in der Potentialität möglichen Bewußtseins. Die intentionalen Horizonte an jedem cogito und ihre Enthüllung. Auslegung der intentionalen Implikationen die Hauptaufgabe intentionaler Analyse. Fundamentaler Unterschied phänomenologischer Analyse und Analyse im gewöhnlichen Sinne. In der

Phänomenologie immer ein Ineinander reeller und intentionaler Analyse. — Das Bewußtseinsleben als Heraklitischer Fluß und die Möglichkeit phänomenologischer Deskription als Deskription der Bewußtseinstypik. Übergang zur Phänomenologie der Ver-
5 nunft, ihrer Aktualitäten und Potentialitäten.

III. und IV. VORLESUNG.

Vernunft und Unvernunft, Erfüllung und Enttäuschung von Intentionen als Strukturformen der transzendentalen Subjektivität. Sein und mögliche Erfahrung — mögliche Evidenz; Möglichkeit als subjektive Zugänglichkeit, bezogen auf präsump-
10 tive Horizonte. Die konstitutiven Fragen als Fragen nach dem System voll ausweisender Erfahrung, die für jede Gegenstandsart in ihrer besonderen Typik in der transzendentalen Subjektivität als Möglichkeiten vorgezeichnet sind. Jeder vermeinte Gegenstand indiziert präsumptiv sein System. Die wesensmäßige Be-
15 zogenheit des ego auf eine Mannigfaltigkeit von vermeinten Gegenständen bezeichnet danach eine Wesensstruktur seiner gesamten wirklichen und möglichen Intentionalität. Die konstitutiven Probleme umspannen die ganze transzendentale Subjektivität, denn auch das Für-sich-selbst-sein des ego ist ein konstitu-
20 tives Problem. Die Selbstkonstitution des Ich im spezifischen Sinne als personales Ich. Ich als Pol der spezifischen Akte, der *stellungnehmenden*, und als Pol der Affektionen. Kontrast von Gegenstandspolarisierung und Ichpolarisierung. Das Ich ist aber nicht ein bloßer Pol flüchtiger Akte, jede Stellungnahme be-
25 gründet im Ich eine bleibende *Überzeugung*.
Fortschritt zur eidetischen Methode: alle transzendental-phänomenologischen Probleme sind Wesensprobleme, die transzendentale Phänomenologie eine Wissenschaft vom *eingeborenen Apriori* der transzendentalen Subjektivität.
30   Übergang zur Phänomenologie der Genesis. Phänomenologie der Assoziation als Wesensgesetzlichkeit der passiven Genesis. Die aktive Genesis. Vermöge der Genesis entspringen die bleibenden intentionalen Leistungen, darunter die Konstitution bleibender Welten für das ego, der realen und idealen (Welt der
35 Zahlen, der theoretischen Gebilde).

Die Theorie der transzendentalen Seinskonstitution und die traditionelle Erkenntnistheorie. Explikation des gewöhnlichen Problems der Transzendenz als Problem natürlicher menschlicher Erkenntnis und bezogen auf die Intentionalität als psychologi-
5 sche Tatsache. Wie kann ein Spiel in der immanenten seelischen Innerlichkeit und den in ihr erwachsenden Evidenzerlebnissen objektive Bedeutung gewinnen? Kritische Aufweisung des Widersinnes dieser Problemstellung. Jedes echte transzendentale Problem ist ein phänomenologisches. Die transzendentale Sub-
10 jektivität in ihrer Universalität hat kein sinnvolles Außerhalb. Die Aufgabe ist nicht, transzendentes Sein zu erschließen, sondern es als Vorkommnis in der transzendentalen Subjektivität durch Enthüllung der Konstitution zu verstehen. Der phänomenologische Idealismus als ein radikal neuartiger Idealismus kon-
15 trastiert mit dem Berkeley-Hume'schen und dem Kantischen.

Der Einwand des transzendentalen Solipsismus. Das konstitutive Problem des alter ego (Einfühlung), der Intersubjektivität, der Natur und der Welt als identischer Welt für jedermann. Die Methode der Lösung: Die methodische Schichtung der dem ego
20 gegebenen Bewußtseinssphäre durch Abstraktion von allen seinen Beständen, die das alter ego voraussetzen. Herstellung des eigentlichen ego, des konkreten Ich-selbst als Fundament für die analogisierende Einfühlung. Alles original Wahrnehmbare und Erfahrbare ist Bestimmung des Ich selbst. Das fremde ego in
25 der sekundären Erfahrung der Einfühlung ist nicht direkt wahrnehmbar, aber indirekt erfahren durch Indikation, die ihre Weise der einstimmigen Bewährung hat. In meiner original erfahrenden Monade *spiegeln* sich die anderen Monaden (Leibniz). Die Enthüllung der Konstitution des alter ego ergibt dieses als transzen-
30 dentales, und so erweitert sich die phänomenologische Reduktion auf die transzendentale Subjektivität als transzendentale Monadengemeinschaft. Diese ist nun der transzendentale Boden für die Konstitution der objektiven Welt als für alle Monaden der Gemeinschaft identisch seiende und für die intersubjektive Gel-
35 tung der idealen Gegenständlichkeiten.

Das Cartesianische Problem einer universalen Wissenschaft in absoluter Begründung und seine Lösung in der Phänomenologie. Naivität des vorwissenschaftlichen Lebens, Naivität der positiven Wissenschaften. Diese Naivität als Mangel einer tiefsten Be-

gründung aus der Enthüllung der transzendentalen Leistungen. Radikal begründete Wissenschaft muß alle ihre Prinzipien aus transzendentalen Forschungen ursprünglich schöpfen. Dann kann es keine *Paradoxien* mehr geben. Die systematische Aus-
5 gestaltung der apriorischen Phänomenologie enthält als Zweige in sich alle apriorischen Wissenschaften in absoluter Begründung. Sie erfüllt die Idee einer universalen, zugleich formalen und materialen Ontologie (einer Ersten Philosophie) oder, was gleichkommt, einer vollen, radikal begründeten Wissenschaftslehre.
10 Ihre erste Stufe: die solipsistisch beschränkte Egologie; diese Ontologie als apriorisches Fundament für die radikalste Begründung einer universalen Tatsachenwissenschaft, einer Philosophie des faktischen Seins. Die echten metaphysischen Probleme als die höchststufigen innerhalb einer Phänomenologie. Kontrastierung
15 der Cartesianischen und der phänomenologischen Ausführung der Idee einer Philosophie. Die phänomenologische Philosophie als universalste und konsequenteste Durchführung der Idee der Selbsterkenntnis, die nicht nur die Urquelle aller echten Erkenntnis ist, sondern auch alle echte Erkenntnis in sich befaßt.

SOMMAIRE DES LEÇONS DU PROFESSEUR E. HUSSERL

INTRODUCTION

A LA PHÉNOMÉNOLOGIE TRANSCENDANTALE

I. — *La méditation cartésienne et sa transposition critique*

1. I n t r o d u c t i o n. — Une introduction à la phénoménologie transcendantale doit se rattacher aux *Méditations* de Descartes. D'ailleurs, la transposition critique de ces *Méditations*
a déterminé la formation de la phénoménologie transcendantale. —
5 L'exigence cartésienne d'une science universelle absolue. —
Descartes fait table rase de la science traditionelle et la recon-
stitue sur une base absolue. Le caractère normatif de l'exigence
cartésienne et son application subjective. — Le devenir d'un
philosophe véritable; la nécessité de prendre son point de départ
10 dans une méditation du type cartésien. — Comment trouver
une base première et absolument certaine de toute vérité? — La
solution cartésienne: le philosophe s'abstient de la position du
réel, et, en laissant problématique l'existence du monde, retrouve
par là même son *Ego* pur. — C'est en partant de cet *Ego* qu'il
15 entreprend la constitution du savoir en ne mettant en œuvre,
pour l'élaboration de la science, que les principes innés à l'*Ego*. —
La valeur éternelle et le rôle historique de la méditation cartésienne: négligée par la science positive, elle a déterminé l'évolution
de la philosophie moderne vers la philosophie transcendantale,
20 dont la phénoménologie représente la forme dernière et la plus
radicale. — La nécessité de refaire l'effort cartésien qui seul
peut faire sortir la philosophie de l'état de décadence et de
marasme dans lequel elle est plongée depuis le milieu du dix-
neuvième siècle. C'est justement le but que se propose la
25 phénoménologie.

2. La transposition critique de la méthode cartésienne. — Il est évident qu'un philosophe qui prend son point de départ dans une méditation du type cartésien ne peut faire usage ni accepter comme donnée une vérité scientifique
5 quelconque. Il n'a même pas le droit d'admettre que l'idée d'une science universelle absolue — bien qu'elle guide sa méditation — soit une idée réalisable, ou même possible. Mais il peut néanmoins en préciser le sens à l'aide d'une analyse des tendances et des idéaux du travail scientifique. — Les jugements
10 ,,scientifiques'' ne sont acceptés (comme valables) par la science qu'en tant qu'ils sont · — immédiatement ou médiatement — fondés sur l',,évidence''; le jugement scientifique fait un appel aux choses elles-mêmes. — Les ,,évidences'' occasionnelles des jugements du sens commun ne sont pas admises par la science;
15 il lui faut des ,,vérités scientifiques'' valables une fois pour toutes et pour quiconque. — Le philosophe, qui a tout mis en doute, ne possède rien de tel; il a quand même des ,,évidences''. Il admet le *principe* du jugement évident et de l'analyse critique des ,,évidences'' elles-mêmes en ce qui concerne leur perfection
20 et leur importance; une analyse qui met en jeu des ,,évidences'' d'un ordre supérieur. Il se pose alors le problème: peut-on trouver des ,,évidences'' absolument premières, qui pourraient être considérées comme ,,apodictiques'', établies une fois pour toutes et qui serviraient de base à toutes les autres?
25   La vie et la science positive sont naturellement réalistes; mais, se demande le philosophe, l'existence du monde est-elle une ,,évidence'' apodictique? La critique cartésienne de l'expérience sensible cherche à montrer qu'il lui manque cette apodicticité, mais que le ,,je pense'' n'est pas affecté par la non-existence
30 possible du monde.
   3. Limitation critique de la méthode cartésienne. — La science positive est réaliste et ce réalisme est impliqué dans toute expérience. Le philosophe qui met ce réalisme en doute et pratique l'ἐποχή perd donc le monde en
35 tant que *fondement réel* des ,,évidences'' qui s'y rapportent. Mais il ne perd pas pour cela tout être et toute ,,évidence''. Bien au contraire: derrière l'être du monde se révèle à lui — en tant que prémisse nécessaire qui seule rend possible l'acceptation, la négation et même le doute — l'être de l'expérience elle-même,

l'être du sujet, de sa vie dans la méditation, des autres formes de sa vie absolue. Avec l'ἐποχή universelle et le transfert de l'attention du monde donné dans l'expérience à cette expérience elle-même dans laquelle seule le monde possède pour moi un sens et
5 un être, apparaît la subjectivité transcendantale, qui se saisit elle-même comme la prémisse dernière et absolue de tout ce qui, en général, est pour elle. Elle (l'*Ego* pur) ne se saisit point comme un homme déterminé, partie réelle d'un monde réel, mais comme ce *Moi* pur auquel seul l'existence d'un monde, et
10 de moi-même, présente un sens. C'est en tant que ce *Moi* (*Ego*), mais aussi seulement en tant que tel, que je suis pour moi-même cette dernière prémisse *apodictiquement* certaine à laquelle se rapporte tout ce qui pour moi possède un sens. Il faut donc se garder de voir dans cet *Ego* pur un morceau du monde réel, qui,
15 par hasard, serait donné d'une manière apodictique; et il est clair qu'il ne s'agit pas de s'en servir pour en tirer la preuve de l'existence du reste du monde. La méditation critique doit se constituer comme une analyse de l'*Ego* pur, et c'est dans et par cette analyse que l'on pourra déterminer le *sens* de tous les
20 problèmes philosophiques et trouver la solution de ceux qui en ont un. Car c'est là, dans ce domaine du *Moi* pur, que se trouve le fondement universel de l'être et de la connaissance.

C'est ainsi que la méthode cartésienne se transforme en une méthode de l'ἐποχή transcendantale et devient celle de la réduc-
25 tion phénoménologique à l'*Ego* transcendantal.

II. — *Le monde de l'expérience transcendantale et domaine de la description phénoménologique*

I. Le rôle philosophique de l'*Ego cogito* transcendantal. Premières constatations: le *cogito transcendantal* ne nous donne point un axiome fondamental, mais nous fait atteindre une région d'être et de connaissance qui forme la base de tout être et de toute
30 connaissance. — L'idée d'une méthode nouvelle, d'une science fondée sur l'expérience transcendantale, c'est-à-dire sur l'analyse *égologique* pure.

2. Délimitation progressive du champ de l'analyse transcendantale de l'*Ego* (de soi) par la réflexion phénoménologique. —
35 Le parallèle entre l'expérience psychologique de soi et l'expérien-

ce transcendantale. L'expérience psychologique est réaliste et émet une prétention à une valeur objective; l'expérience transcendantale ne pose aucun rapport réel et se confine à la région de l'*Ego* pur.

5   3. Premières propositions fondamentales. Le *cogito* en tant que conscience *de* quelque chose (états ou actes intentionnels [1]); le *cogitatum* en tant que tel est un moment descriptif essentiel de la *cogitatio* et inhérent à elle. — L'analyse réflexive du moi comme expérience méthodique et description pure des modalités
10 typiques des états intentionnels et des objectivités correspondantes et corrélatives à ces états ou actes.

A ces deux domaines de l'analyse descriptive s'ajoute encore, comme troisième, celui du moi lui-même, sujet des *cogitationes*. — Le monde, malgré l'ἐποχή généralisée, forme le sujet principal
15 des descriptions phénoménologiques, puisqu'il peut être pris comme ,,phénomène''. — Opposition entre l'attitude naturelle et l'attitude phénoménologique. — L'*Ego*, plongé dans la méditation phénoménologique, est le spectateur transcendantal de sa propre vie et de son propre être qui, eux, sont tournés vers le
20 monde. — En tant que ,,moi naturel'', le Moi est toujours et en même temps ,,Moi transcendantal'', mais il ne l'apprend et ne se saisit comme tel qu'en effectuant l'acte de la réflexion phénoménologique (la réduction phénoménologique). — C'est seulement en effectuant cette réduction que, dans mon attitude mentale
25 nouvelle, je m'aperçois que tout ce qui *est* naturellement pour mon Moi naturel, n'est plus que des *cogitata* possibles ou réels de *cogitationes* diverses. Ce n'est qu'en tant que tels que je les pose et que j'en fais des sujets de jugements. En tant que phénoménologue, je dois donc décrire les objets comme *correlata*
30 des actes intentionnels de la conscience et en corrélation exacte avec ceux-ci.

4. Un exemple de l'analyse descriptive selon la méthode phénoménologique. — Cette description s'attache à faire voir les rapports de corrélation
35 existant entre le phénomène (le représenté) et les modalités des représentations.

---

[1] Le terme *intentio* et ses dérivatifs (intentionnel, intentionalité, etc.), ne sont pas pris dans le sens d',,intention'', mais dans l'acception scolastique de ce mot. Repris par F. Brentano, il a été accepté par E. Husserl pour désigner le rapport de l'acte à son objet (le rapport de l'*idée* à l'*idéat*). — Note du Traducteur.

Unité et multiplicité .— L'unité de l'objet comme synthèse des identités partielles des phénomènes, identifiés comme représentations du même [objet]. — L'unité de l'objet comprise comme l'identité idéale du sens de différents phénomènes. — La synthèse, caractère général et essentiel du domaine de la conscience, comprise comme l'union [de différents actes] de conscience pour constituer un nouvel acte de conscience, qui les englobe et est fondé sur eux, et qui possède une *intentionalité* propre. — L'unité générale de la vie de la conscience dans l'*Ego* est une unité de synthèse dans laquelle l'*Ego* prend conscience de lui-même comme unité.

L'*Ego* en tant que sujet de multiplicités potentielles d'états de conscience. — Les ,,horizons intentionnels'' appartenant à chaque *cogito* et leur description. Analyse des ,,implications intentionnelles'', constituant la structure immanente de la conscience, tâche essentielle de l'analyse phénoménologique. — La vie de la conscience comprise comme ,,fleuve'' héraclitéen et la possibilité de la description phénoménologique en tant que celle des structures *typiques* de la conscience. — La phénoménologie de la raison; analyse descriptive de ses actes et de ses potentialités.

III et IV. — *Les problèmes constitutifs de la phénoménologie eidétique et l'idée d'une théorie de la connaissance. La réfutation du solipsisme transcendantal. La solution du problème cartésien d'une philosophie absolue*

Raison et déraison. — Les formes structurales de la subjectivité transcendantale. Les rapports immanents des actes intentionnels. Les *intentiones* ,,remplies'' et ,,déçues'' [1]. — L'être et l'expérience possible; l'évidence potentielle. — La ,,possibilité'' comme accessibilité subjective se rapportant à des ,,horizons présomptifs''. — Les problèmes de la constitution de l'être sont des problèmes de l'expérience confirmative et vérificatrice, dont la

---

[1] Le terme *Erfüllung*, difficilement traduisible en français, évoque à la fois l'idée d'un vide qui se remplit et d'une promesse que l'on tient. L'*intentio* d'un acte de pensée est, en quelque sorte, une promesse vide que l'*intuitio* correspondante doit **remplir. — Note du Traducteur.**

structure, propre à tout genre d'objectivité, est prédéterminée dans la subjectivité transcendantale en tant que possibilité idéale. — Tout objet d'un acte intentionnel est en même temps un indice (*index*) d'une multiplicité systématique d'actes dans
5 laquelle il se révèle. Le rapport de l'*Ego* à une multiplicité d'objets de la conscience exprime donc un moment essentiel de sa ,,structure intentionnelle''.

Les problèmes constitutifs de la subjectivité transcendantale elle-même: l'être pour soi de l'*Ego* pose également un problème
10 de constitution. Le caractère absolument universel et premier de ce problème. — L'auto-constitution du ,,Moi'' dans le sens spécifique du ,,Moi personnel''. Le ,,Moi'' comme pôle des actes spécifiques (décisions) et des états affectifs. — Deux modes de polarisation des actes: par rapport à l'objet et par rapport au
15 Moi. Eléments stables du Moi: le Moi n'est pas seulement le pôle d'actes passagers; toute ,,décision'' fonde dans le Moi une ,,conviction'' qui demeure. Qualités personnelles.

La méthode phénoménologique comme méthode ,,eidétique''; tous les problèmes de la phénomonologie sont des problèmes
20 d'essence; la phénoménologie transcendantale est une science de l'*apriori* inné de la subjectivité transcendantale.

Problème de la genèse et du devenir. Analyse phénoménologique de l'association; ses lois expriment l'essence du devenir passif. Le devenir actif. Constitution dans et par le devenir de
25 complexes intentionaux stables: ainsi, la constitution pour le Moi d'un Univers permanent.

La théorie de la constitution transcendantale de l'être et la théorie de la connaissance traditionnelle. Le problème de la transcendance interprété comme celui du sens commun. Son
30 rapport à l'intentionalité comme fait psychologique. Caractère contradictoire du problème traditionnel.

Tout problème transcendantal réel est un problème phénoménologique. Il n'y a rien ,,en dehors'' de la subjectivité transcendantale prise dans son universalité. La tâche de la philosophie
35 n'est donc pas d'atteindre l'être transcendant, mais de comprendre comment il se constitue en tant qu'élément immanent de la subjectivité transcendantale. L'idéalisme de la phénoménologie et ceux de Berkeley et de Kant.

L'objection du solipsisme transcendantal. Le problème con-

stitutif de l'*alter ego* (*Einfühlung*) et de l'intersubjectivité de la
Nature et du Monde comme identique pour tous. La délimitation
méthodique des éléments de la sphère de la conscience donnée
à *l'Ego* par abstraction de tous ses constituants qui impliquent
5 l'*alter ego*.

L'*Ego* proprement dit, ce „Moi-même concret", comme base de
l'*Einfühlung* aperceptive et analogisante. Tout ce qui peut
être l'objet d'une perception et d'une expérience originaires est
une détermination du „Moi-même". L'*alter ego* n'est pas *directè-*
10 *ment* perçu dans l'expérience secondaire de l'*Einfühlung*, mais
forme l'objet d'une expérience *indirecte*, qui possède ses modes
propres de vérification.

Dans ma propre „monade" dont je possède une expérience
originaire se reflètent les autres monades (Leibniz). L'analyse
15 de la constitution de l'*alter ego* le fait apparaître comme un *Ego*
transcendantal. La réduction phénoménologique s'élargit ainsi
jusqu'à l'intersubjectivité transcendantale, ensemble transcendantal des monades. Celle-ci est la base transcendantale de la
constitution du monde objectif, identique pour toutes les monades
20 de l'ensemble, et de la valeur intersubjective des objectivités
idéales.

Retour au problème initial et conclusion

Le problème cartésien d'une science universelle, absolument
fondée, et sa solution dans la phénoménologie. Naïveté de la vie
25 préscientifique et de la science positive. Une science parfaitement fondée doit puiser ses principes dans l'analyse transcendantale. Une telle science ne peut aboutir à des *crises* et à des
paradoxes. L'élaboration systématique de la phénoménologie
apriorique embrasse l'ensemble des connaissances *a priori*, et
30 confère un fondement absolu à la science. Elle réalise l'idée
d'une ontologie universelle, formelle et matérielle à la fois (la
philosophie première), ou, ce qui est la même chose, celle
d'une théorie de la science parfaitement générale. Son premier
degré est constitué par l'*égologie* solipsiste (l'analyse limitée
35 au Moi).

L'ontologie transcendantale constitue le fondement *a priori*

de toute science et de toute philosophie portant sur l'être réel
(*de facto*). Les vrais problèmes métaphysiques occupent dans la
phénoménologie le degré suprême. Descartes et la phénoménologie. La philosophie phénoménologique est un effort pour réaliser
5 l'idéal de la connaissance de soi, cette connaissance de soi qui
n'est pas seulement la source dernière de tout savoir véritable,
mais encore le contient tout entier.

BEILAGE

KRITISCHE BEMERKUNGEN VON PROFESSOR DR. ROMAN INGARDEN,
KRAKAU

(Siehe Einleitung S. XXVI)

Bemerkung zu Seite **49**, *Zeile 15.*

Das Wichtigste des Paragraphen 3 und zugleich die Lösung der ganzen Schwierigkeit, die in diesem Paragraphen entwickelt wird, liegt, wie mir scheint, in den Worten: „Nous accepterons cette idée comme une hypothèse p r o v i s o i r e" [1]. ‹„Wir nehmen sie als eine v o r l ä u f i g e Präsumption". (S. **49**, Z. 33f.) › (Meine Unterstreichung). Es scheint mir infolgedessen, daß die Vorläufigkeit, das Provisorische der Annahme dieser Hypothese etwas schärfer betont werden muß, wobei auch die Gründe dieser Provisorität angegeben würden. Außerdem wäre es notwendig, am Schluß der ganzen Betrachtung zu diesem Punkte zurückzukehren und die Frage der provisorischen Entscheidung noch einmal zu besprechen. Sonst scheint es mir nicht möglich zu sein, den schwierigen Punkt der v o r ge- faßten Annahmen zu überwinden. Diese vorgefaßten Annah- men sind hier aber in folgenden Punkten implicite enthalten: „de donner aux sciences un *fondement absolu*" ‹„... das allgemeine Ziel absoluter Wissenschaftsbegründung ..." (S. **49**, Z. 16) ›, „nous *possédons* cette idée" ‹„In dieser Form der ver- meinten ... Allgemeinheit haben wir sie ..." (S. **49**, Z. 30f.) ›. Was das letztere betrifft, so liegen bei diesem Satze zwei vorge- faßte, d. h. durch den meditierenden Philosophen nicht kon- trollierte Annahmen vor: 1. Annahme des B e s i t z e s dieser Idee, wobei es noch unklar ist, ob wir diese Idee im aufgeklärten oder im unaufgeklärten Zustande besitzen sollen; 2.) die Annah- me der U n z w e i f e l h a f t i g k e i t der Erkenntnis dessen, daß wir diese Idee besitzen.

Ergänzend wäre zu dem Paragraphen 3 noch zu bemerken: Wenn wir uns zu der Durchführung der ersten, die Resultate der

---

[1] ‹Die Zitate Ingardens beziehen sich auf die französische Übersetzung der „Cartesianischen Meditationen" (Vgl. Einleitung S. XXVI). Der Herausgeber hat jeweils zwischen keilförmigen Klammern die entsprechende Stelle des **Urtextes** hinzugefügt. ›

Wissenschaften betreffenden „Reduktion" entscheiden, so muß diese Entscheidung selbst *irgendwie motiviert* bzw. begründet werden. Und diese Motivation bzw. Begründung liegt in manchen Annahmen, deren Rechtmäßigkeit hier tatsächlich nicht untersucht wird. Und zwar wird da vorausgesetzt: 1. die Idee und der Wert der *absoluten Begründung*, 2. die Tatsache, daß das Vorhandensein der absoluten Begründung bei der naiven bzw. bei der wissenschaftlichen Erkenntnis mindestens noch nicht festgestellt wurde oder sogar nicht besteht. Die erste Annahme, die hier wichtiger ist, ist entweder ganz naiv, unkritisch durchgeführt und in diesem Sinne ein Dogma (das vielleicht die später entwickelten Bedingungen der apodiktischen Evidenz gar nicht erfüllt), oder sie wird nicht naiv durchgeführt, dann muß sie aber selbst transzendental-phänomenologisch gewonnen werden. M.a.W. man muß praktisch die transzendental-phänomenologische Reduktion schon geübt haben, um die Möglichkeit und die Notwendigkeit dieser Reduktion einsehen zu können. In beiden Fällen haben wir den Fall der Machtlosigkeit der bewußten, wissenschaftlich-kritisch geleiteten Methode im Vergleich zu den ganz zufälligen „Einfällen", genialen Erschauungen. Gibt es da einen Ausweg? (Das ist das Problem des *Anfangs*).

Bemerkung zu Seite **52**, *Zeile 20.*

Daraus, daß manche elementare Ideen der Idee der Wissenschaft von uns in kronkreter wissenschaftlicher Arbeit oder im kritischen Nachsinnen erlebt werden, folgt noch nichts Entscheidendes für den Gang der Meditationen. Denn nicht nur darum handelt es sich, daß die Idee der echten Wissenschaft von uns nicht völlig „aus der Luft gegriffen" wäre, sondern auch darum, ob — falls es von dieser Idee ganz konkrete Erlebnisse, Erfahrungen gibt — das in diesen Erlebnissen Erfahrene, d.h. die Idee der echten Wissenschaft (bzw. die entsprechenden elementaren Ideen), rechtmäßig ist. Noch mehr: Gerade die Tatsache, die Z. 9–10 <S. **52**, Z. 18f.> festgestellt wird („idée qui ... guide cet effort de la pensée scientifique") <„Idee, welche in allen Wissenschaften ... die ständig leitende ist ..."<, weist darauf hin, daß sogar der Versuch der ganzen Meditationen selbst durch Ideenerlebnisse tatsächlich geleitet wird, durch Erlebnisse also, die Erlebnisse 1. von (wenigstens für den Leser!) ungenügend geklärten Ideen sind, 2. von Ideen (z.B. von der Idee der absoluten Begründung), deren Rechtmäßigkeit bis zu der jetzigen Phase der Meditationen nicht aufgeklärt und fraglich (bezweifelbar) ist. Somit entsteht der weiter selbst zu begründende oder zu beseitigende Zweifel, ob der Meditationsversuch selbst ein rechtmäßiger ist usw. Es sind hier also entsprechende Ergänzungen nötig. Dazu gehört unzweifelhaft der Satz S. 11, Z. 18–20 ‹S. **53**, Z. 34–36›. Es wäre aber empfehlenswert, dies alles etwas ausführlicher zu besprechen.

Bemerkung zu Seite **58**, *Zeile 36.*

ad „qu'en vertu de l'expérience sensible que j'ai de leurs corps" ‹„... Menschen und Tiere ... nur Erfahrungsgegebenheiten vermöge der sinnlichen Erfahrung ihrer körperlichen Leiber ..."›.

Dies kann entweder im Sinne der Feststellung einer „bloßen Tatsache" verstanden werden, oder aber im Sinne einer Wesensfeststellung, so daß es überhaupt nicht m ö g l i c h wäre, das psychische Leben anderer Menschen und Tiere ohne die Teilnahme der „sinnlichen Erfahrung" zu erkennen. Für den Gang der Meditationen kommt das zweite in Betracht. Eine schärfere Formulierung wäre also empfehlenswert.

Außerdem: Was heißt hier ganz genau dieses „en vertu de" ‹„vermöge"›? Denn davon hängt es ab, ob durch die Reduktion der sinnlichen Erfahrung ipso facto die Reduktion der Erfassungsweise der fremden Subjekte bewirkt wird oder nicht. Dies würde nur dann der Fall sein, wenn die Geltung der Erfahrung der fremden Subjekte bzw. des fremden psychischen Lebens von der Geltung der sinnlichen Erfahrung a b h ä n g i g wäre, und zwar auf diese Weise abhängig, daß die erstere n u r dann Geltung besäße, wenn die letztere sie hätte. Dies mag in Wirklichkeit so sein, es wäre aber notwendig, hier darauf wenigstens hinzuweisen. Sonst könnten in dem Leser begründete Zweifel entstehen.

Bemerkung zu Seite **59**, *Zeile 15.*

ad „cette abstention est ce qu'elle est, et elle est incluse dans tout le courant de la vie perceptive" ‹„... so ist doch dieses Mich-Enthalten, was es ist, und es ist mitsamt dem ganzen Strom des erfahrenden Lebens"›. Es ist nicht ganz klar, in

welchem Sinne hier vom Enthalten-sein der „Abstinenz" (Epoché, Reduktion?) in „dem ganzen Strom des perzeptiven Lebens"
gesprochen wird. Soll man das so verstehen, daß im *Ganzen* dieses
Stromes sich sozusagen *irgendwo* auch die ganz besondere
Enthaltsamkeit vom Urteil, von Setzung befindet, oder aber
in dem ganz anderen Sinne, daß überall dort, wo sich im Strom
eine Realitäts- oder allgemeiner eine Seins-setzung vollzieht,
diese letztere „unterbunden" bzw. neutralisiert wird (außer
natürlich der Setzung des reinen Bewußtseins selbst)? Im zweiten
Falle müßte wohl die Tatsache, aber auch die Möglichkeit einer
solchen so weit gehenden Modifikation all dieser Setzungen
bezweifelt werden. Wahrscheinlich handelt es sich um die
„Ausschaltung" dessen, was in den *Ideen* „Generalthesis" genannt wird. (Die genaue Erfassung der „Generalthesis" (vgl.
Ideen) macht übrigens große Schwierigkeiten — ebenso wie die
Präzisierung ihres Begriffes). Es mag für das Folgende ohne
größere Bedeutung sein, aber der vorliegende Text bietet einen
möglichen Angriffspunkt bzw. einen Punkt der möglichen
Mißverständnisse.

Bemerkung zu Seite **60**, *Zeile 33.*

Wäre es nicht besser statt: „Tout son sens universel ..."
<„Ihren ganzen, ihren universalen ... Sinn"> zu sagen: „Ihren
ganzen universellen und partikulären Sinn, ihre ganze Seinsgeltung, s c h ö p f e i c h lediglich aus solchen Cogitationen"?
(Dasselbe betrifft S. 22, Z. 21ff. v.u. <S. **65**, Z. 11–13>. Im Rahmen der Epoché darf ich ja n u r ü b e r m i c h s e l b s t, und
nicht über die Welt Urteile fällen. — Der von mir hier bestrittene
Satz kann natürlich (in etwas modifiziertem Sinne) als das mögliche Resultat der transzendental-konstitutiven Betrachtung genommen werden. Aber in d i e s e m Sinne darf er d a nicht
verstanden werden, da hier doch erst der Weg zur Entwicklung
des transzendentalen Problems gesucht wird; es dürfen hier also
die Resultate der transzendentalen Betrachtung nicht vorausgesetzt werden!

Bemerkung zu Seite **60**, *Zeile 35–38.*

Analog: Statt „Je ne puis agir ..." <„Ich kann in keine andere
Welt hineinleben ..."> usw. würde ich vorschlagen: „Ich kann

in keiner anderen Welt handeln und Werturteile fällen denn in einer solchen, deren Sinn und Geltung (Sein?) ich im Vollzug meiner cogitationes erfasse''.

Bemerkung zu Seite **61**, *Zeile 6–13*

ad ,,Par conséquent ...'' <,,So geht ... ''> usw. Streng gesprochen darf auf Grund des bisher Gesagten nur folgendes behauptet werden: ,,Infolgedessen setzt tatsächlich die v o n m i r e r f a ß t e natürliche Existenz der Welt — der Welt, von der ich lediglich reden darf — die Existenz des reinen ego und seiner cogitationes als eine an sich *frühere* Existenz voraus.'' Etwas umformend könnte man da auch sagen: ,,Die Erfassung der natürlichen Existenz der Welt setzt ... '' usw. — Sollte aber das behauptet werden, was im Texte steht, so müßte zunächst ausdrücklich gezeigt werden, daß die beiden Begriffe: ,,die natürliche Existenz der Welt'' und ,,die von mir erfaßte natürliche Existenz der Welt'' streng ä q u i v a l e n t sind, was gar nicht selbstverständlich ist. (Daß sie bedeutungsverschieden sind, unterliegt ja keinem Zweifel). Es würde auch sehr schwer sein, diese Aquivalenz an d i e s e r Stelle der Meditationen aufzuweisen. Die im Texte hinzugefügte Bemerkung ,,du monde dont je puis parler'' <,,von der ich je rede und reden kann''> ist erstens nicht ganz klar; zweitens ist es aber noch nicht entschieden, von w e l c h e r Welt ich rechtmäßige Behauptungen aufstellen darf; drittens endlich reicht diese Bemerkung nicht aus. Denn auch bei der Welt, von der ich sprechen darf, ist die ,,Existenz'' und die ,,von mir erfaßte Existenz'' noch nicht identisch, und es ist eine erst in ihrer Rechtmäßigkeit aufzuweisende Verallgemeinerung, wenn man von der ,,von mir erfaßten Existenz'' zu der ,,Existenz'' schlechthin übergeht.

Und 'um es noch einmal zu betonen: Wenn sich auch die Rechtmäßigkeit der im Texte stehenden Behauptungen zeigen ließe, so kann (und darf) das nicht an d i e s e r Stelle der Meditationen geschehen, wo erst die W e g e zu einer transzendentalen Betrachtung gesucht und gebahnt werden, wo aber das mögliche E n d r e s u l t a t der transzendentalen Betrachtung noch nicht vorweggenommen werden darf. Das wäre jedenfalls ein ,,nicht-cartesianischer'' Schritt, ein Schritt, der freilich Descartes selbst passiert ist, den aber E. Husserl eben vermeiden will, da darin eine metaphysische Entscheidung enthalten ist, eine Entscheidung, die einer kategorischen These über etwas, was selbst kein Element der transzendentalen Subjektivität ist, gleicht.

Wenn ich vorschlagen darf: Ich würde den letzten Absatz des Paragraphen 8 einfach streichen.

Bemerkung zu Seite **65**, *Zeile 24–25.*

„Cette *transcendance* appartient au sens spécifique de l'être du monde" <„Zum eigenen Sinn alles Weltlichen gehört diese *Transzendenz* ..." >. Dieser Satz scheint für jeden, der sich mit der Gegebenheitsweise der Gegenstände der „äußeren" Welt beschäftigt hat, zunächst ganz plausibel zu sein, und scheint auch keine weiteren Entscheidungen mit sich zu führen. (Für den Anfänger in der Phänomenologie wird er wohl in seiner Richtigkeit schwer einzusehen sein). In Wirklichkeit birgt er in sich sehr schwerwiegende Entscheidungen, indem aus ihm geschlossen werden darf: „Alles, was durch diese Transzendenz nicht ausgezeichnet ist, ist nicht-weltlich", womit dann über die Nicht-Weltlichkeit der reinen Subjektivität (des konstituierenden, nicht-transzendenten Bewußtseins) entschieden wird. Diese Behauptung liegt unzweifelhaft im Sinne E. Husserls. Ob sie aber wirklich in der apodiktischen Evidenz einsehbar ist? Zunächst haben wir die voll zu unterschreibende Scheidung zwischen all dem, was sich in Mannigfaltigkeiten von Erlebnissen konstituiert, und der reinen Subjektivität (allerdings nur in der Form des reinen k o n s t i t u i e r e n d e n Bewußtseins). Dann gilt, daß vieles davon, was konstituiert ist, zu der „Welt" gehört. Ob sich dann aber sagen läßt, daß „zur Welt gehörig" nur das ist, was konstituiert ist? Aus einer Scheidung, die zunächst aus rein methodologischen Gründen — eben den echt Cartesianischen — vollzogen wird, da das Konstituierende in apodiktischer Evidenz als existierend gegeben ist, während sich dasselbe von dem Konstituierten nicht sagen läßt, erlangen wir hier eine metaphysische Behauptung, die mit der Statuierung eines e x i s t e n t i a l e n Unterschiedes zwischen dem Konstituierenden und der „Welt" zusammenfällt. Das k a n n richtig sein, der Leser — auch der, der kein richtiger Anfänger in der Phänomenologie ist — würde

sich aber freuen, wenn er zwingende Gründe für eine solche
Entscheidung bekäme. Diese können aber erst als ein ziemlich
spätes Resultat der transzendentalen Betrachtung, und nicht
bei der Einführung in eine solche Betrachtung gewonnen werden.
Außerdem darf die Möglichkeit einer transzendentalen Betrachtung sich nicht auf ein Resultat stützen, das diese Möglichkeit
voraussetzt. Aus der schlichten, sozusagen naiven Vertiefung
in den Sinn des „Weltlichen" als solchen läßt sich eben die im
Texte stehende Behauptung nicht einsehen. Da müssen Gründe
erst aus der k o n s t i t u t i v e n Betrachtung geschöpft werden.

Dagegen ist der Rest des besprochenen Satzes (von den
Worten „encore que nous ne puissions... " <„obschon es... ">
bis zum Schluß der Satzes) unzweifelhaft vollkommen unangreifbar. Es scheint mir auch, daß es für die Zwecke der I.
Meditation vollkommen ausreichen würde, bloß diesen Rest
stehen zu lassen. Ich würde es nur schärfer, mit größerem
Nachdruck formulieren. Es sollte zum Prinzip der ganzen Methode gemacht werden: Aus dem Gehalt der Erfahrungserlebnisse
(allgemeiner: der Erlebnisse, soweit sie „vernünftig" sind) und
nur aus diesem Gehalt kann und darf man schöpfen, jegliches
Wissen und jegliche Behauptung sowohl über die Erlebnisse
selbst wie auch über alles, was zu sein vorgibt und selbst nicht
Erlebnis ist, falls es überhaupt existiert. Dann wäre es leicht —
unter gleichzeitiger Scheidung zwischen Ich-Mensch und „Ich,
das reine Subjekt" — das transzendentale Ich als transzendentales
einzuführen, ohne Behauptungen zu verwenden, die an dieser
Stelle „metaphysisch" wirken müssen.

*Bemerkung zu Seite **67**, Zeile 1 bis Seite **68**, Zeile 29.*

Die Verschiebung auf einen späteren Zeitpunkt der „zweiten
Phase" der Untersuchung, die die Kritik der transzendentalen
Erfahrung durchführen soll, hat gewiß ihre methodologische
Berechtigung: z u n ä c h s t die Herausstellung des Sinnes der
Gegebenheiten einer Erfahrungsregion und d a n n erst die
Untersuchung der zugehörigen Erfahrungsoperationen selbst
und damit auch die Kritik der Rechtmäßigkeit des Sinnes der
zunächst „naiv" herausgestellten Gegebenheiten. Aber — und
da kommt die meiner Ansicht nach notwendige Korrektur des

Gedankenganges des § 13 — wenn dieser Gang der Untersuchung notwendig ist, dann muß auch notwendig die „Vorläufigkeit" der im Vollzug der transzendentalen Erfahrung gewonnenen Resultate betont werden, d.h. daß über die letzte Auswertung der Rechtmäßigkeit der da herausgestellten Gegebenheitssinne v o r l ä u f i g nichts entschieden wird. Das müßte im Text des § 13 irgendwie angedeutet werden. Zweitens ist es aber notwendig, daß diese letzte Auswertung in der Kritik der transzendentalen Erfahrung tatsächlich kommt, was aber im Rahmen der *Méditations cartésiennes* tatsächlich nicht der Fall ist. Da liegt, scheint mir, eine notwendige Ergänzung der Meditationen. Drittens aber wäre es notwendig, die Abschließbarkeit einer solchen Kritik zu erwägen, daß da nämlich kein regressus in infinitum vorliegt (wie ich es z.B. in meiner Schrift *Über die Gefahr einer Petitio Principii* zu zeigen suchte). Endlich: Für den nicht-phänomenologischen Leser der „Meditationen" bedeutet die Verschiebung der „Kritik" eine unangenehme Überraschung; denn was hat der Leser erwartet? Er hat erwartet, daß der Boden, den die Meditationen nach der ersten Reduktion gewinnen, durch eine a p o d i k t i s c h e Evidenz ausgezeichnet ist; und daß man sich auf diesem Boden nur dann aufhalten darf, wenn diese Bedingung erfüllt ist. Denn darin liegt eine der Haupttendenzen des richtig verstandenen und radikal zu Ende durchgeführten Cartesianischen Versuches. Indessen jetzt, nach der Durchführung der ersten Reduktion und der Gewinnung des Feldes des reinen Bewußtseins, erfährt der Leser, daß 1.) auch auf diesem Boden Zweifelsmöglichkeiten vorliegen (vgl. § 12), 2.) daß diese Möglichkeiten aber jetzt und — wie sich weiter zeigt — im Rahmen des Buches überhaupt nicht untersucht werden. Der Leser weiß also nicht, ob der Boden der transzendentalen Erfahrung — bzw. der Boden der transzendental gereinigten, aber konstituierten Bewußtseinserlebnisse — schon die Bedingungen erfüllt, die die erste Meditation als unentbehrlich für einen echt Cartesianischen oder besser: für einen echt philosophischen Versuch aufstellt. —

Bemerkung zu Seite **75**, *Zeile 27-29.*

ad Satz „Moi, qui demeure . . . " ‹„Ich als natürlich eingestelltes Ich. . . "› usw. In der vorliegenden Formulierung scheint mir dieser Satz, wenn ich ihn verstehe, nicht richtig zu sein. Wenn ich die Wendung „moi qui demeure dans l'attitude naturelle" in dem Sinne verstehe, daß es sich um das r e i n e Ich handelt, das in der natürlichen Einstellung ist, so ist der Satz nur dann richtig, wenn man das „aussi" ‹„... bin auch..." › streicht. Denn in Beziehung worauf soll dieses „aussi" gelten? Das Ich, das der G e g e n s t a n d der transzendentalen Betrachtung ist und sich gegebenenfalls in der natürlichen Einstellung befindet, wurde sofort als das transzendentale Ich eingeführt, das Ich dagegen, das das S u b j e k t der transzendentalen Betrachtung ist, wurde überhaupt noch nicht als transzendentales eingeführt, und es liegt da das große Problem der Identität bzw. der Identifikation dieser beiden Iche vor. Soll dieses „aussi" in Bezug auf dieses „Ich = Subjekt der transzendentalen Betrachtung" gelten? Es scheint mir nicht, daß das die Intention dieses Satzes ist. Dann könnte man nur das reale Ich, das sich in Mannigfaltigkeiten von Erlebnissen konstituiert, in Betracht ziehen, um den zweiten Beziehungspunkt dieses „aussi" zu haben. Aber dann wäre dieser Satz eben falsch, denn das konstituierte, reale Ich ist nicht das transzendentale. Wenn man dagegen das Wort „aussi" streicht, dann ist der Satz wahr, aber sein Wert liegt nur in der Feststellung, daß das reine Ich sich ohne die Reduktion von seiner Reinheit bzw. von sich selbst nicht Rechenschaft gibt. — Wenn man dagegen die oben angeführte Wendung in dem Sinne versteht, daß es sich um das reale, konstituierte Ich handelt, dann ist der Satz ebenfalls falsch, denn das konstituierte Ich ist wiederum nicht das reine, transzendentale. Und doch ist man geneigt, diesen Satz aufrechtzuerhalten, weil man geneigt ist, eine I d e n t i t ä t zwischen *mir* als dem reinen Ich und *mir* als dem realen Ich des psychophysischen Individuums, das Teil der Welt ist, zu statuieren. Aber dann bleibt die große Schwierigkeit, auf die meines Wissens noch niemand hingewiesen hat, w i e   e i n   u n d   d a s s e l b e   z u g l e i c h   k o n s t i t u i e - r e n d e s ,   r e i n e s   I c h   u n d   k o n s t i t u i e r t e s   r e a - l e s   I c h   s e i n   k a n n ,   wenn die ihnen zugesprochenen Eigenheiten sich gegenseitig ausschließen und somit nicht in der Einheit e i n e s Gegenstandes zusammen bestehen können? Nur wenn man das konstituierte Ich von vornherein für eine

I l l u s i o n halten würde — ebenso wie die ganze konstituierte reale Welt — ließe sich diese Schwierigkeit in dem Sinne lösen, daß einzig und allein das reine Ich existiert und das reale Ich nur eine dem reinen Ich transzendente, wenn auch durch den Ablauf seiner Erlebnisse vorgeschriebene F i k t i o n ist. Husserl würde aber scharf gegen eine solche Interpretation des Idealismus protestieren, bei welcher das Konstituierte einer Fiktion gleichgesetzt wäre. Der Ausweg, der darauf beruhte, daß man das Sein des reinen Ichs als das absolute Sein, das Sein des realen Ichs dagegen als das vollberechtigte, aber nicht seins-autonome Sein auffassen würde, führt hier insofern zu keiner Lösung, als die beiden Ich sozusagen im Rahmen ein und derselben Gegenständlichkeit zusammenbestehen sollen, falls man darauf besteht, die Beziehung zwischen beiden Ich doch im Sinne einer Identität zu deuten, und als auch in diesem Falle sich ausschließende Bestimmtheiten im Rahmen dieser e i n e n Gegenständlichkeit zusammenbestehen müßten. Oder soll man sagen, daß der ontologische Satz vom Widerspruch keine allgemeine Geltung besitzt, sondern nur für die Sphäre der konstituierten Gegenständlichkeiten gelte, oder daß er in eine Reihe von Sätzen uminterpretiert werden soll, von denen jeder nur für e i n e bestimmte Seinssphäre eines bestimmten Seinstypus gelten würde? Aber auch dann bliebe das Problem: wie ist die Einheit einer Gegenständlichkeit zu verstehen, deren Elemente (konstituierendes Bewußtsein — konstituierte Gegenständlichkeit) durch die Intentionalität des einen von ihnen zur Einheit ein und desselben Gegenstandes gebracht werden?

Bemerkung zu Seite **87**, *Zeile 34 bis Seite* **88**, *Zeile 2.*

Ich stimme der Unterscheidung der ,,Operationen'', die zu realen Gegenständlichkeiten, und derjenigen, die zu ,,kategorialen'' Gegenständen führen, vollkommen zu. Läßt sich aber wirklich behaupten, daß die synthetischen Operationen, die zu den realen Gegenständen führen, *rein passiver* Natur sind bzw. daß die entsprechende Synthese solcher Natur ist? Das scheint mir schon bei den Operationen, die zu den wahrnehmungsmäßig gegebenen anschaulichen Dingen führen, nicht zu stimmen; und in viel höherem Grade bei zahlreichen Erkenntnisoperationen, welche in der wissenschaftlichen Arbeit zu der Konstruktion z.B. der physikalischen Gegenständlichkeiten führen, die doch „real" sein sollen. Hat überhaupt die Aktivität oder Passivität der Synthese hier große Bedeutung? Eher würde ich hier ein anderes Moment hervorheben, das vielleicht das Unterscheidungsmerkmal der beiden verschiedenartigen Synthesen bzw. Operationen ergeben kann: daß nämlich die Synthesen, die zu realen Gegenständen führen, durch den Charakter der Gebundenheit, der Unfreiheit, sowie durch eine instinktive Anpassungstendenz, durch eine Tendenz zur Hingabe an das Reale und damit auch durch eine gewisse Passivität ausgezeichnet sind, während das bei manchen wenigstens der Synthesen, die zu irrealen, „kategorialen" Gegenständen führen, nicht der Fall ist. — Daß aber die letzteren auch eine fast wie beabsichtigte Aktivität auszeichnet, die Schritt für Schritt die Bildung des Gegenstandes durchführt, ist unzweifelhaft ganz richtig.

Bemerkung zu Seite **100**, *Zeile 27 bis Seite* **101**, *Zeile 20.*

Die Behauptungen über die Existenz und über die Entstehungsweise der habituellen Eigenschaften, die ein wichtiges — und mir persönlich sehr sympathisches — Novum im Vergleich zu den *Ideen* bilden, führen zu verschiedenen Fragen und Schwierigkeiten. Von ihrer Aufklärung hängt sowohl die richtige Erfassung des Sinnes der Theorie der habituellen Eigenschaften ab wie aber auch das, ob sich diese Theorie rasch durchsetzt. So erlaube ich mir, diese Schwierigkeit hier anzudeuten. Es würde nichts schaden, wenn der Nachdruck der ganzen IV. Meditation auf der Entwicklung dieses Punktes und Besprechung der sich da eröffnenden Schwierigkeiten liegen würde.

1. Sind die „Habitualitäten" auch nur „bloße intentionale Korrelate" von entsprechenden Systemen einheitlich zusammengehörender Erlebnisse, oder ist ihre Existenz eine „absolute"? Sowohl aus erkenntnistheoretischen wie auch aus metaphysischen Gründen ist die Entscheidung dieser Frage sehr wichtig. Die habituellen Eigenschaften sind — soviel ich verstehe — den Erlebnissen selbst transzendent, und transzendent insbesondere auch denjenigen Erkenntnisakten, in denen sie originär erfaßt werden. Ihre Existenz ist somit ebenso bezweifelbar wie die eines jeden Transzendenten. Sind sie voll, adäquat und allseitig erfaßbar oder nicht? Und gegebenenfalls in welchem Sinne nicht?

Liegt es an erkenntnistheoretischen Gründen — an der Gegebenheitsweise einer Gegenständlichkeit — oder an dem materialen
Wesen einer Gegenständlichkeit, inbesondere einer habituellen
Eigenschaft, wenn sie z.B. „ein bloßes Korrelat" einer Erlebnis-
mannigfaltigkeit, oder im Gegenteil ein absolut seiender Gegenstand ist? —

2.) Wie steht es mit der „Konstitution" der habituellen Eigen-
schaften? Es eröffnen sich mir da folgende Möglichkeiten:
A. Entweder ist es wahr, daß der volle Sinn des Konstiuierten
(der volle „Gehalt des intentionalen Gegenstandes" in meiner
Terminologie aus meinem Buch *Das literarische Kunstwerk*) von
der „Materie" und von der „Qualität" der konstituierenden
Erlebnisse abhängig ist und ausschließlich durch sie bestimmt
wird; dann ist es notwendig, anzunehmen, daß es ganz besondere
Akte gibt, in welchen sich die Habitualitäten „konstituieren".
Man könnte auch sagen, daß es keine besonderen Akte sind,
daß aber der wesensnotwendige Aufbau eines jeden Bewußt-
seinserlebnisses als solchen mit sich führt, daß es eine besondere
Materie-Komponente in jedem Erlebnisse gibt, die sich auf das
Erlebnis selbst bezieht und zu der Konstituierung von habituellen Eigenschaften führt. Darauf scheint auch der letzte
Absatz des § 33 ‹vgl. S. 102, Z. 29 bis S. 103, Z. 3› hinzuweisen.
M.a.W. und in meiner Terminologie: Es wäre in diesem Falle
notwendig, die Existenz des „Durchlebens" in jedem Bewußtseinserlebnis anzunehmen (vgl. *Über die Gefahr einer Petitio
Principii*). Indessen weist, so viel ich weiß, Husserl die Existenz
des Durchlebens zurück. Man müßte dann also wenigstens in
gewissen Fällen, bei denen es nach Husserl zu der Konstitution
der habituellen Eigenschaften kommen soll, die Existenz besonderer Akte (oder wenigstens Aktmomente) annehmen, die
einen solchen „Inhalt" hätten, daß sie zur Konstitution der
genannten Eigenschaften führen. Gibt es wirklich solche Akte?
Und wie wären sie näher zu beschreiben? Führt dies nicht auf
einen regressus? — B. Oder ist die oben gemachte Voraussetzung
nicht wahr; d.h. es ist zuzugeben, daß nicht ein jeder Sinn des
Konstituierten durch die „Materie" und die „Qualität" der
konstituierenden Erlebnisse bestimmt wird. Positiv gesagt:
Es gibt solche Fälle der Konstitution, in welchen nicht der Gehalt des Erlebnisses (seine Materie und seine Qualität in der

Terminologie der *Logischen Untersuchungen*), sondern der einfache V o l l z u g des Aktes zur Konstitution einer Gegenständlichkeit führen kann: in den habituellen Eigenschaften hätten wir eben eine solche Gegenständlichkeit zu sehen. Dann wäre aber das Grundprinzip der konstitutiven transzendentalen Phänomenologie durchbrochen: man dürfe dies und nur dies als Existierendes und so und so qualitativ Bestimmtes annehmen, was sich in einer konstitutiven Betrachtung durch Analyse der Erlebnisgehalte als solches ausweist. Das, was hier durch das bloße Faktum des Vollzuges eines Aktes konstituiert wäre (und Konstitution bedeutet ja auf dem Standpunkt des transzendentalen Idealismus eine Art existentialer Genese!), das ist k e i n K o r r e l a t der entsprechenden Erlebnisse, sondern sozusagen eine mit dem Vollzug des Aktes zugleich entstehende z w e i t e Wirklichkeit, die aber dem Akte selbst transzendent wäre und somit keine Seinseinheit mit ihm bilden würde. — C. Oder es ist zwischen der ,,Konstitution'' und der ,,Genese'' zu unterscheiden. ,,Konstitution'' wäre nur ,,Sinnbestimmung'' bei Akten, in denen die konstituierte Gegenständlichkeit zur Gegebenheit gelangte; und die Verfolgung der Konstituierung würde uns erlauben, die Weisen des Entstehens und Bestimmens dieses Sinnes zu explizieren und somit auch die Rechtmäßigkeit des bei der Konstitution entspringenden Sinnes herauszustellen. Dagegen wäre ,,Genese'' Erzeugung der Gegenständlichkeit selbst und hätte mit der Erkenntnis eines Gegenstandes und mit seiner Gegebenheitsweise nichts zu tun. Nicht um die Bestimmung seines Sinnes, sondern um seine einfache Entstehung handelte es sich in diesem Falle. Das Entstandene brauchte in diesem Falle auch kein Korrelat irgendeines Erfassungsaktes zu sein, um überhaupt zu sein. Man müßte somit sagen, daß die habituellen Eigenschaften, falls sie auf diesem Wege entstehen, keine ,,bloßen Korrelate von Bewußtseinserlebnissen'' seien, sondern daß sie auf absolute Weise existieren. Führt diese Lösung des Problems aber nicht zu umfangreichen Änderungen in der Methode der transzendentalen Phänomenologie? — D. Oder endlich ist die Existenz der habituellen Eigenschaften zu leugnen. Dann würden wir auf den Standpunkt der *Ideen* zurückkehren und das reine Ich für einen bloßen leeren Quellpunkt der Akte halten müssen, was gewiß nicht haltbar ist. So

scheint mir einzig der Ausweg möglich zu sein, der unter A angedeutet ist und der auf der Annahme des „Durchlebens" beruht. —

3.) Es wäre sehr wichtig, die „habituellen Eigenschaften"
von den sogenannten „psychischen Dispositionen" scharf
abzugrenzen, andererseits aber auch von den „Charaktereigenschaften" zu unterscheiden und die Beziehungen zwischen ihnen
herauszustellen. —

4.) Es wäre näher zu begründen, daß die habituellen Eigenschaften zu dem reinen, transzendentalen und nicht zu dem
„psychologischen", „menschlichen" Ich gehören. Oder gilt dies
nicht?

Bemerkung zu Seite **111**, *Zeile 20–23 und Seite* **111**, *Zeile 34 bis
Seite* **112**, *Zeile 1*

Ich könnte nicht sagen, daß die e c h t e n idealen Gegenstände: die Ideen, die idealen Begriffe und die Wesenheiten,
„Produkte", „intentionale Gebilde" sind, die in subjektiven
Operationen g e s c h a f f e n werden. Und dies nicht nur aus
dem Grunde, weil mir meine Intuition diese Gegenständlichkeiten als unschaffbar, unentstehbar zeigt, sondern auch aus
dem wissenschaftstheoretischen Grunde, daß dann die Idee einer
eidetischen W i s s e n s c h a f t sich entweder widersinnig
zeigt oder sich in die Idee: „Schöpfung besonderer Art" verwan-
delt. M.a.W. unter der im Texte angedeuteten Voraussetzung
wäre es unmöglich, irgendetwas eidetisch zu e r k e n n e n,
jede solche „Erkenntnis" wäre gleich einer Abwendung von dem
Zu-erkennenden und einer Erschaffung von etwas, was gar nicht
erkannt werden sollte. Wohl können solche Gegenständlichkeiten, die in den *Logischen Untersuchungen* ursprünglich für ideale
gehalten wurden, d.h. Bedeutungen, Sätze, Satzzusammenhänge,
keine idealen Gegenstände sein (das will u.a. mein Buch *Das
literarische Kunstwerk* zeigen), aber daraus folgt noch nicht,
daß überhaupt a l l e s, was ursprünglich für „ideal" erklärt
worden ist, seine Seinsursprünglichkeit, seine Idealität im stren-
gen Sinne verlieren sollte. — Auch die Schwierigkeit, die mit dem
Problem einer intersubjektiven Verständigung und einer intersubjektiven Wissenschaft verbunden sind, erlauben mir nicht,
die hier angegriffene Behauptung anzuerkennen.

TEXTKRITISCHER ANHANG

TEXTKRITISCHER ANHANG

I. ZUR TEXTGESTALTUNG

a. DIE WICHTIGSTEN FASSUNGEN DER „CARTESIANISCHEN MEDITATIONEN" [1]

α. *Die Handschriften*

Das gesamte handschriftliche Material, das unmittelbar zu den *Cartesianischen Meditationen* in Beziehung steht, ist in dem offiziell von Husserl und seinen Mitarbeitern im Jahre 1935 mit der Signatur F II 5 bezeichneten Manuskript zu finden [2]).

Das Manuskript liegt in einem Gesamtumschlag mit der Aufschrift: „Pariser Vorlesungen. Darin die ursprünglichen Vorträge". Darin befindet sich ein Sonderumschlag, der folgenden Vermerk trägt: „Pariser Vorlesungen 1–15. Originaltext. Nichts mehr wert, da vielfach überschrieben. Eingeordnet". Im Sonderumschlag ruhen die Blätter 3–24 (Paginierung des Husserl-Archives), unmittelbar im Gesamtumschlag die Blätter 26–100. Die Blätter haben das Format 21 × 16$^{1}/_{2}$ cm. Der Text ist ganz oder überwiegend mit Tinte in Gabelsberger-Kurzschrift abgefaßt, enthält jedoch zahlreiche Änderungen, Einschübe, Verbesserungen, darunter auch solche mit Blei-, Blau- und Rotstift. Dies gilt vor allem für die älteren Blätter, während der auf einer etwas verschiedenen Papiersorte geschriebene jüngere Text keine nachträglichen Änderungen und beinahe keine Unterstreichungen aufweist. Dies kann wohl als Zeichen dafür aufgefaßt werden, daß es sich bei den jüngeren Blättern um eine neuerliche Niederschrift eines vielfach schon umgearbeiteten Textes handelt.

Das Konvolut F II 5 umfaßt eigentlich zwei Manuskripte. Das eine ist, wie zahlreiche Indizien beweisen, der Urtext der Pariser Vorlesungen. Er ist, wie Husserl selbst sagt, am 25. Januar 1929 begonnen und muß am 23. Februar fertig vorgelegen haben. Er sollte sich im erwähnten Sonderumschlag befinden, doch sind zahlreiche Blätter in das andere Manuskript „eingeordnet". Das zweite Manuskript nennt Husserl „Ausarbeitung für

---

[1]) Vgl. hierzu die Einleitung.

[2]) Genaueres über die Bedeutung der Signaturen kann der Leser in der *Revue Néoscolastique de Philosophie* (Louvain), 43 (1940–1945), S. 346–350, in *Philosophy and Phenomenological Research* (Buffalo), 7 (1947), S. 487–491 und in *Theoria, A Swedish Journal of Philosophy and Psychology*, 13 (1947), S. 65–70 finden.

den Druck". Husserl gibt als Datum hierfür den 15. März bis 6. April sowie den 15. April bis 16. Mai 1929 an, doch dürfte ein Teil des genannten Zeitraumes für die wiederholten Umarbeitungen der Maschinschrift-fassung, von der sogleich die Rede sein wird, benutzt worden sein.

Auf die Frage, auf Grund welcher Indizien der Herausgeber die ver-mutlich zum Urtext der *Pariser Vorlesungen* gehörigen Teile wieder-erkannt und zusammengestellt hat, kann im Rahmen dieses Anhanges kaum eingegangen werden. Die sich hier ergebenden Probleme würden Anlaß zu langen Erörterungen geben, deren Wert umso geringer wäre, da gerade die wichtigsten Fragen nur an Hand des Original-Manuskriptes oder von Photokopien desselben entschieden werden könnten. Die textkritische Untersuchung berechtigt uns aber jedenfalls zu der Fest-stellung, daß sich die Entstehung des Textes der *Cartesianischen Medi-tationen* in mindestens drei Abschnitten vollzogen hat, denen folgende Manuskripte entsprechen:

1.) der Urtext der Pariser Vorträge mit dem Titel: „Einleitung in die transzendentale Phänomenologie";
2.) das stenographierte Manuskript der Ausarbeitung für die Maschinen-abschrift;
3.) das Maschinenmanuskript mit dem der französischen Übersetzung zugrundeliegenden Text, betitelt: „Cartesianische Meditationen. Eine Einleitung in die Phänomenologie".

β. *Das Schreibmaschinenmanuskript von 1929*

Ein Exemplar des – nach verschiedenen Hinweisen in zumindest drei Exemplaren – im April–Mai 1929 hergestellten Schreibmaschinenmanu-skripts ist im Husserl-Archiv zu Löwen in zwei Kartonmappen erhalten, die die Signaturen M II 5 I und M II 5 II tragen; und zwar liegt das Manuskript der ersten vier Meditationen (Blatt 1–188) in der einen, das der fünften Meditation (Blatt 189–332) in der anderen Mappe. Die Blätter haben – soweit sie nicht zerschnitten sind – das Format 21 × 16½ cm. Sie sind auf zwei verschiedenen Maschinen geschrieben. Es handelt sich um erste und zweite Maschinenschriftdurchschläge, die anscheinend regellos vermischt sind. Die Titel der Paragraphen finden sich auf nach-träglich aufgeklebten Papierstreifen. Die Blätter tragen größtenteils eine ältere, maschinengeschriebene nebst einer neueren, Bleistiftpaginierung. Einige sind lediglich durch eine Bleistiftseitenzahl bezeichnet.

Aus der Originalpaginierung läßt sich ohne weiteres erschließen, daß der *maschinengeschriebene Text*, wie er vorliegt, aus einer zumindest dreimaligen Überarbeitung hervorgegangen ist. Zunächst lag offenbar eine durchlaufende Maschinenschriftpaginierung vor. Bei der ersten Bearbeitung wurden bereits manche Blätter ersetzt und zahlreiche einge-schoben, was sich dann in Bezeichnungen der Blätter wie z.B. „8a", „8b" usw. bis „8q" auswirkt. Dann wurde eine durchlaufende Bleistiftpagi-nierung eingeführt, die Schreibmaschinenpaginierung gestrichen; die

Blätter, die ausschließlich eine Bleistiftseitenzahl aufweisen, sind jedenfalls neu hinzugekommen. Schließlich zeigen Bleistiftpaginierungen wie z.B. ,,270a'', ,,270b'', daß danach noch ein drittes Mal Blätter eingefügt wurden. Bemerkenswert ist, daß die erste Bearbeitung vor allem die I., die II. und die III. Meditation betraf, während die IV. und vor allem die V. Meditation Gegenstand der zweiten und dritten Umarbeitung waren.

(Dieser Mangel an Einheitlichkeit in der Bezeichnung der Blätter machte hier wie in allen anderen Manuskripten Husserls die Einführung einer durchlaufenden Numerierung nötig. Das Husserl-Archiv hat eine derartige ,,offizielle'' Paginierung vorgenommen, bei der auch alle Umschläge, Einlagen, Zettel usw. berücksichtigt wurden. Die Vorderseite jedes Blattes trägt dabei außer der Nummer die Bezeichnung ,,a'', die Rückseite ist mit ,,b'' gekennzeichnet. Auf diese Paginierung bezieht sich unser Nachweis der Originalseiten.)

Was die *handschriftlichen Verbesserungen* im Maschinenmanuskript des Husserl-Archivs betrifft, so finden sich zunächst auf den Seiten 5a, 6a, 8a und 12a einige kleine Stilkorrekturen von einer unbekannten Hand. *Mit Tinte vorgenommene Verbesserungen* von Husserls Hand reichen bis zur Seite 28a. Von da ab sind zahlreiche mit Tinte von der Hand Eugen Finks eingetragene Verbesserungen festzustellen. Vermutlich handelt es sich hierbei um eine – von Husserl selbst begonnene, sodann von Fink fortgesetzte – Übertragung ursprünglich von Husserl in einem anderen Exemplar des Maschinenmanuskripts vorgenommener handschriftlicher Verbesserungen.

Alle bisher erwähnten Erweiterungen und Veränderungen des Textes, mögen sie nun ganze Seiten oder nur vereinzelte Wendungen betreffen, dürften vor dem 17. Mai 1929, d.h. vor der Absendung eines Exemplars des Manuskripts nach Straßburg vorgenommen worden sein; denn sie sind in der französischen Übersetzung berücksichtigt. Doch ist hier sogleich auch zu erwähnen: Aus Abweichungen der französischen Übersetzung vom Text des in Löwen erhaltenen Exemplars des Schreibmaschinenmanuskripts von 1929 (in seinem bisher beschriebenen sowohl als auch in seinem schließlichen Zustande, der sogleich zu beschreiben sein wird) geht hervor, daß dieses Löwener Manuskript weder materialiter noch in irgendeinem seiner Textzustände mit dem als Unterlage für die französische Übersetzung nach Straßburg gesandten Manuskript in seiner endgültigen Form identisch ist. In das im Besitz des Husserl-Archivs befindliche Exemplar sind offenbar nicht *sämtliche* Verbesserungen eingetragen, welche in dem ,,Straßburger'' Exemplar vorgenommen worden sind; vielleicht (teilweise) infolge bloßer Versehen bei der Übertragung (s.o.), vielleicht (teilweise), weil bei einer allerletzten Durchsicht des für die Übersetzung bestimmten Exemplars hierin noch nach Vornahme jener Übertragung von Husserl einiges verändert wurde [1]).

---

[1]) Interessant ist die folgende Erklärungsmöglichkeit: Nach einer persönlichen Mitteilung von Professor Alexandre K o y r é wurden nach Fertigstellung der französischen Übersetzung im Manuskript dieses sowie das deutsche Manuskript, das ihr zugrundegelegen hatte, zunächst noch einmal Husserl zugesandt. Husserl muß die

Andererseits aber enthält das Löwener Manuskript M II 5 I–II über die bisher erwähnten hinaus sehr zahlreiche weitere, und zwar *mit Bleistift eingetragene Veränderungen* und angefügte Bemerkungen *sowie beigelegte stenographische Blätter*, sämtlich von Husserls Hand, die in der französischen Übersetzung keinerlei Berücksichtigung gefunden haben. Sie dürften nach dem 17. Mai 1929 hinzugekommen sein und weisen das in Löwen aufbewahrte Exemplar des Maschinenmanuskripts als dasjenige aus, das Husserl nach dem genannten Zeitpunkt als Hand- und Arbeitsmanuskript diente. Doch stellen sie keine einheitliche, konsequent durchgeführte Überarbeitung des Ganzen dar und konnten daher in unserer Ausgabe nicht anders als in den Textkritischen Anmerkungen gebracht werden.

γ. Das „Typescript C"

Im Besitz von Dorion Cairns (New York) befindet sich ein anderes Schreibmaschinenmanuskript der *Cartesianischen Meditationen*, das Husserl selbst ihm gegen Ende des Jahres 1932 zugeeignet hat. Cairns bezeichnet es – in seiner jüngst erschienenen englischen Übersetzung der *Meditationen* [1]), worin die Abweichungen des Textes dieses Manuskripts von dem in der 1. Auflage (1950) vorliegender Ausgabe veröffentlichten in Fußnoten vermerkt sind – als „Typescript C". Das Husserl-Archiv zu Löwen dankt der Freundlichkeit von Professor Cairns die Überlassung einer Mikrofilmaufnahme dieses Manuskripts.

Das „Typescript C" trägt auf der ersten Seite die folgende Aufschrift von Husserls Hand: „Cartes. Meditationen / Originaltext 1929 / E. Husserl / für Dorion Cairns". Cairns charakterisiert das Manuskript – und seine Benutzung in der englischen Übersetzung – wie folgt: „Its use of emphasis and quotation marks conforms more closely to Husserl's practice, as exemplified in works published during his lifetime. In this respect the translation usually follows Typescript C [2]). Moreover, some of the variant readings in this typescript are preferable and have been used as the basis for the translation ... The published text [3]) and Typescript C have been compared with the French translation by Gabrielle Peiffer and

---

Übersetzung mit einiger Sorgfalt durchgesehen haben, denn er entdeckte bei dieser Gelegenheit, daß eine Seite Text fehlte – was allen anderen entgangen war. Vielleicht hat er auch erst bei dieser Gelegenheit die letzten Veränderungen des „Straßburger" Manuskripts vorgenommen, die im „Löwener" Manuskript fehlen. – Der Verbleib des „Straßburger" Manuskripts ist unbekannt: Prof. Levinas erinnert sich nur, es Prof. Koyré zurückgesandt zu haben, Prof. Koyré nur, es Husserl zurückgesandt zu haben.

[1]) Edmund Husserl, *Cartesian Meditations. An Introduction to Phenomenology.* Translated by Dorion Cairns. The Hague, Martinus Nijhoff, 1960.

[2]) Es ist hier darauf hinzuweisen, daß im Interesse größerer Übersichtlichkeit und Lesbarkeit des Textes in diesem I. Bande der *Husserliana* von Husserl zwischen Anführungszeichen gesetzte Worte fast stets *ohne* Anführungszeichen, aber in *Kursivdruck* wiedergegeben wurden; auch in der vorliegenden 2. Auflage gibt im Text nur S p e r r d r u c k Unterstreichungen in den Manuskripten wieder, *Kursivdruck* stets nur zwischen Anführungszeichen gesetzte Worte.

[3]) Nämlich derjenige der 1. Auflage (1950) vorliegenden Bandes.

Emmanuel Levinas (...). The use of emphasis and quotation marks in the French translation corresponds more closely to that in Typescript C than to that in the published text. Often, where the wording of the published text and that of Typescript C differ, the French translation indicates that it was based on a text that corresponded more closely to one or the other – usually to Typescript C ..." [1]).

Hierin liegt in der Tat die – von Cairns, vielleicht allzu vorsichtig, nur angedeutete – Bedeutung dieses „Typescript C", daß von allen bekannten deutschen Originalfassungen sein Text – den Husserl selbst ausdrücklich als den „Originaltext 1929" bezeichnet hat – demjenigen am nächsten steht, der der französischen Übersetzung, und d.h. der einzigen von Husserl eigens autorisierten Veröffentlichung der *Meditationen*, zugrunde-gelegen haben muß [2]).

Das Schreibmaschinenmanuskript „C", das insgesamt 167 Seiten zählt und im Unterschied zu dem im Husserl-Archiv zu Löwen befindlichen (M II 5 I–II) das Format 33 × 21 cm hat, also nicht etwa lediglich ein anderes Durchschlagsexemplar von diesem ist, weist – mit einer einzigen Ausnahme [2]) – keinerlei sachlich bedeutsame handschriftlichen Verände-rungen auf; lediglich offenkundige Schreibversehen sind (teils von Cairns', teils von einer unbekannten Hand) korrigiert und im Maschinentext für griechische Wörter gelassene Lücken (teilweise von Husserls Hand?) handschriftlich ausgefüllt. Die in M II 5 I–II auf den ersten Seiten von Husserls Hand, im weiteren von Fink *mit Tinte* eingetragenen Ver-besserungen und Zusätze – diejenigen also, die durchweg in der fran-zösischen Übersetzung berücksichtigt sind, also vor dem 17. Mai 1929 angebracht sein dürften (s.o.) – finden sich im „Typescript C" in den maschinenschriftlichen Text aufgenommen. Hingegen sind die in M II 5 I–II nach dem 17. Mai 1929 von Husserls Hand *mit Bleistift* oder in Form von *stenographischen Einlageblättern* vorgenommenen Textveränderungen, die in die französische Übersetzung nicht eingegangen sind, im „Typescript C" ebenfalls nicht berücksichtigt. Endlich aber sind nicht ganz wenige Abweichungen des maschinenschriftlichen Textes des „Typescript C" gegenüber dem maschinenschriftlichen sowohl als auch gegenüber dem durch die handschriftlichen Veränderungen entstandenen Text des Löwener M-Manuskripts festzustellen, die sachlich bedeutsam sind. Hier

---

[1]) Aus der von Dorion Cairns seiner Übersetzung vorangestellten „Note", a.a.O., S. VII.

[2]) Unter den gelegentlichen Abweichungen der französischen Übersetzung vom Text des „Typescript C" scheint einzig die folgende bedeutsam zu sein: Die Über-setzung gibt nicht die Worte „sinnlichen und in Sinnlichkeit fundierten" wieder, die an der Stelle S. 59, Zeile 11–12 vorliegender Ausgabe zwischen „jedes" und „Erfah-rungsglaubens" im „Typescript C" (vgl. Cairns, a.a.O., S. 19, Anm. 2) eingefügt sind; doch zugleich handelt es sich hierbei um die einzige bedeutsame handschriftliche Veränderung (von unbekannter Hand) im „Typescript C". – Übrigens ist auf der-selben S. 59 nach dem maschinenschriftlichen Text von „C" Zeile 29 statt „Erfah-rung" „Welterfahrung", Zeile 31 statt „erfahrenden" „welterfahrenden" zu lesen. Wenn die französische Übersetzung dies mit „expérience naturelle" bzw. einfach „empiriques" wiedergibt, so ist darin – z.B. – schwerlich eine bedeutsame Abweichung zu erblicken.

dürfte das „Typescript C" auf handschriftlichen Verbesserungen Husserls in einem anderen als dem in Löwen erhaltenen Exemplar des Schreibmaschinenmanuskripts von 1929 fußen. Bemerkenswerterweise handelt es sich bei diesen Textänderungen im „Typescript C", die sich im Löwener M-Manuskript nicht finden, in mehreren nachprüfbaren Fällen [1]) um Wiederherstellung des ursprünglichen Textes des stenographischen Manuskripts F II 5 (s.o.), wo dessen maschinenschriftliche Wiedergabe im M-Manuskript von diesem abgewichen war, bzw. um die Beseitigung von Irrtümern bei der Redaktion des M-Manuskripts, die aus der Zweideutigkeit des Stenogramms entstehen konnten, aber, einmal erkannt, als Irrtümer evident sind. Und ebenso bemerkenswert ist es, daß insbesondere in all diesen Fällen unter den Abweichungen des „Typescript C" von M II 5 I–II die französische Übersetzung eindeutig dem Text des „Typescript C" entspricht.

Somit stellt sich das „Typescript C" alles in allem als eine Reinschrift des Textes der *Cartesianischen Meditationen* in der Fassung dar, die dieser Text in dem am 17. Mai 1929 (oder wenige Tage danach) nach Straßburg abgesandten Manuskript zu eben diesem Zeitpunkt angenommen hatte [2]). Allerdings dürfte das „Typescript C" – nach von Dorion Cairns persönlich mitgeteilten Tatsachen und begründeten Vermutungen – erst im Laufe des Jahres 1932 – von einem der jüngeren Freunde und Schüler Husserls oder für ihn – hergestellt worden sein, doch offenbar als Abschrift entweder des zuvor nach Straßburg gesandten Manuskripts selbst [3]) in seinem erhaltenen Zustande vom 17. Mai 1929 oder aber noch eines anderen Exemplars des Maschinenmanuskripts von 1929, das gleichfalls (und jedenfalls genauer als das in Löwen aufbewahrte Exemplar) in den Zustand des „Straßburger" Manuskripts vom 17. Mai 1929 gebracht und in diesem erhalten worden war [4]).

Der in vorliegender Ausgabe gedruckte Text der *Cartesianischen Meditationen* fußt grundsätzlich auf dem des Löwener Exemplars des Maschinenmanuskripts von 1929 (M II 5 I–II), unter Einschluß der (bis

---

[1]) Für die Mehrzahl der in das Maschinenmanuskript von 1929 nachträglich eingefügten maschinengeschriebenen Blätter (s.o.) fehlen im Husserl-Archiv die stenographischen Unterlagen.

[2]) Die Fixierung des Datums vom 17. Mai 1929 – hier und in den folgenden Zeilen – steht unter dem Vorbehalt der S. 223, Anm. 1 erwogenen Möglichkeit.

[3]) Vgl. S. 223, Anm. 1.

[4]) Ein solches Exemplar des Maschinenmanuskripts von 1929, das offenbar genauer in den Zustand des „Straßburger" Manuskripts vom 17. Mai 1929 gebracht und darin erhalten war, jedoch anscheinend ebenfalls ohne mit diesem materialiter oder im Textbestand gänzlich identisch zu sein, hat Prof. Cairns nach einer persönlichen Mitteilung noch 1931 bei Husserl konsultieren können. Auch der Verbleib dieses Manuskripts ist unbekannt. – Der endlich doch nicht ausgeschlossenen Möglichkeit, daß das „Typescript C" ein Durchschlag einer Reinschrift wäre, die um den 17. Mai 1929 als Unterlage für die französische Übersetzung noch eigens hergestellt worden wäre, ist der Bearbeiter vorliegender 2. Auflage nachgegangen. Die Erinnerungen der Befragten widersprechen dieser Möglichkeit nicht ausdrücklich, lassen sie aber auch nur als vage Möglichkeit zu; Dorion Cairns hält sie für fast ausgeschlossen.

zum 17. Mai 1929 abgeschlossenen) in ihm mit Tinte angebrachten Verbesserungen, jedoch unter Ausschluß der (nach dem 17. Mai 1929) in dieses Manuskript mit Bleistift eingetragenen Veränderungen und Bemerkungen sowie der stenographischen Einlageblätter; deren Wiedergabe ist in den Anhang verwiesen. In der vorliegenden 2. Auflage wurde an solchen Stellen, an denen im ,,Typescript C'' offensichtlich irrige Wiedergaben der stenographischen Vorlagen im Maschinentext von M II 5 I–II bereinigt sind, der Text von M II 5 I–II durch den des ,,Typescript C'' ersetzt. An diesen Stellen geben die Textkritischen Anmerkungen die Quelle unter Verweis auf die Fußnoten in Dorion Cairns' Übersetzung der *Meditationen* an und die Varianten von M II 5 I–II wieder.

b. DAS VERHÄLTNIS DER FASSUNGEN ZUEINANDER

Aus dem Text zweier Vorträge machte Husserl im Laufe seiner Ausarbeitung eine allerdings meist sehr allgemein gehaltene Übersicht über beinahe alle Zweige der transzendentalen Phänomenologie. Damit ist bereits gesagt, daß der heute vorliegende Text der *Cartesianischen Meditationen* im Vergleich mit der Urfassung ein Vielfaches an Umfang darstellt. Aus knappen Andeutungen und kurzen Behauptungen wurden im Laufe der Ausgestaltung ganze Paragraphen (etwa zu Beginn der III. Meditation). Aber nicht nur ausführlicher, auch wuchtiger und eindrucksvoller wurde die Sprache Husserls (wofür etwa der Beginn der V. Meditation ein gutes Beispiel bietet), leider auch – infolge seines Bestrebens, so umfassend und genau wie möglich zu sein – kompliziert und unübersichtlich. Daneben machen sich natürlich verschiedene Einzelbestrebungen geltend, so etwa die Betonung des neugewonnenen transzendentalen Standpunktes, die Befürchtung, seine Philosophie als Neu-Cartesianismus mißverstanden zu sehen usw.

Im allgemeinen steht der Text des Maschinenmanuskriptes dem der ,,Ausarbeitung'' sehr nahe. Vielfach handelt es sich hierbei nur um eine verständnisvolle Transkription. Doch finden wir auch schon in der I. bis III. Meditation ganze Stellen, die Husserl abgeändert oder hinzugefügt hat. Meist handelt es sich dabei um ein besonderes Anliegen der transzendentalen Phänomenologie (wie etwa den Radikalismus des Beginns in der I. Meditation). Je weiter der Gang der Meditationen fortschreitet, desto größer wird der Unterschied zwischen den beiden Fassungen. Dies ist aber vermutlich – und in manchen Fällen nachweisbar – auf die zahlreichen Einschübe und Veränderungen am Maschinenmanuskript zurückzuführen. Zählte doch bereits die erste Meditation, wie aus der Originalpaginierung hervorgeht, ursprünglich 23 Maschinenschriftseiten, während wie in der heute vorliegenden Form im Original 49 Seiten umfaßt.

Analoges läßt sich von dem Verhältnis der ,,Ausarbeitung'' zu dem Text der *Pariser Vorlesungen* sagen. Was als ,,Ausarbeitung'' begann, nahm sehr bald den Charakter einer völligen Umarbeitung an.

So kann man sich die Entstehung der *Cartesianischen Meditationen* vom textkritischen Standpunkt folgendermaßen vorstellen: Der Text der Vorlesungen bildete die Grundlage zu einer Bearbeitung, die im Laufe der Arbeit den Charakter einer völligen Neufassung annahm. Diese Ausarbeitung wurde dann abgetippt, doch erfuhr das Maschinenmanuskript seinerseits noch zahlreiche Veränderungen und vor allem umfangreiche Erweiterungen [1]).

c. DIE ZU DEN „CARTESIANISCHEN MEDITATIONEN" IN UNMITTELBARER BEZIEHUNG STEHENDEN MANUSKRIPTE

Der Text der Inhaltsübersicht zu den *Pariser Vorlesungen* befindet sich auf einer Reihe loser Blätter im Format $28^1/_2 \times 22^1/_2$ cm. Es handelt sich um Durchschläge von Maschinenschrift. Der Durchschlag des ersten Blattes ist beschädigt und wurde von Husserl handschriftlich ergänzt. — Das für das französische Publikum bestimmte „Sommaire ..." ist gedruckt. Die beiden genannten Manuskripte tragen die Signatur M II 5 VII 1 bzw. M II 5 VII 2.

Die kritischen Bemerkungen Roman Ingardens sind maschinengeschrieben und weisen handschriftliche Ergänzungen von dem Autor auf. Husserl hat sie mit zahlreichen Zeichen und Bemerkungen versehen. Auch hat er diejenigen Bemerkungen, die ihm wichtig schienen, besonders gekennzeichnet. Dieses Manuskript wird im Husserl-Archiv unter der Signatur M II 5 VIII bewahrt.

---

[1]) Vgl. die Übersicht über die Entsprechung der Texte der *Pariser Vorträge* und der *Cartesianischen Meditationen*, S. 248.

TEXTKRITISCHE ANMERKUNGEN

[Am Beginn jeder Anmerkung befinden śich zwei Ziffern. Hiervon verweist die erste, fettgedruckte auf die Seite, die zweite, in gewöhnlichem Druck gehaltene auf die Zeile des Textes, auf die sich die betreffende Anmerkung bezieht.

Das Ende jeder Anmerkung ist durch zwei senkrechte Striche gekennzeichnet.

Als ,,Manuskript'' gelten die jeweiligen Originalunterlagen. Diese sind für die *Pariser Vorträge* die stenographierte Handschrift F II 6, für die *Cartesianischen Meditationen* und für Husserls Inhaltsübersicht die Manuskripte M II 5 I und II bzw. M II 5 VII 1 und 2 (vgl. ,,Zur Textgestaltung'', S. 221ff.). Verweisen auf das ,,Typescript C'' (s.o., ,,Zur Textgestaltung'') ist jeweils der Hinweis auf die entsprechenden Fußnoten in Dorion Cairns' englischer Übersetzung der *Cartesianischen Meditationen* (Den Haag, Martinus Nijhoff, 1960) beigegeben, und zwar in der Form: ,,(*vgl. Cairns, S. ..., Anm. ...*)''.

Wo der Herausgeber sich genötigt sah, offensichtliche Auslassungen oder Schreibfehler richtigzustellen, dort hat er jeweils den ursprünglichen Wortlaut in den ,,Textkritischen Anmerkungen'' angegeben, und zwar in der folgenden Form: ,,*Statt ... im Ms.: ...*''

Alle Ausdrücke wie ,,verbessert'', ,,ersetzt'', ,,eingefügt'' usw. beziehen sich auf Änderungen, die Husserl selbst oder ein von ihm selbst beauftragter Mitarbeiter vorgenommen hat.

Wo nichts anderes angegeben ist, sind die Zusätze, Verbesserungen, Durchstreichungen usw. im Original mit Bleistift vorgenommen.

In den Anmerkungen ist alles vom Herausgeber Stammende in kursivem, alles zum Text Gehörige in gewöhnlichem Druck wiedergegeben].

ANMERKUNGEN ZU DEN ,,PARISER VORTRÄGEN''

3,1 *Am Rande oben*: Paris, 23. und 25. Februar 1929. ‖ **3**,1 *Vgl. Einleitung* S. XXIII ‖ **3**,10 *Von* und *bis* **3**,12 *in eckigen Klammern* ‖ **3**,28 *Statt* universaler *Ms.:* universalen ‖ **3**,30 *Am Rande:* (funditus omnia semel in vita esse evertenda atque a primis fundamentis denuo inelevandum.) ‖ **4**,3

Wissenschaften *verbessert in* Meinung. || **4**,17 *Statt* Philosophen *Ms.*:
Philosophes || **4**,31 *Statt* läßt *Ms.*: lassen || **4**,35 *Der gesamte Text von* **4**,35
bis **5**,19 *ist zwischen eckige Klammern gesetzt, quer durchgestrichen und mit
zwei Nullen am Rande versehen.* || **5**,38 *Am Rande*: Auch müssen verführe-
rische Abirrungen, in die Descartes und die Folgezeiten verfallen sind,
aufgeklärt und vermieden werden. (*Im Ms.*: ... müssen aufgeklärt
...) || **5**,39 *bis* **6**,2 *verbessert wie. folgt*: Wir fangen also neu an ... mit dem
Entschluß radikal anfangender Philosophen, alle unsere bisher gebildeten
Überzeugungen und zunächst also auch alle uns < ? > vorgegebenen
Wissenschaften außer Spiel zu setzen. || **6**,5 *Der gesamte Text von* **6**,5 *bis zu*
7,3 in Anspruch nehmen *kreuzweise durchgestrichen.* || **6**,8 *Am Rande*:
Natürlich auf Wissen aus durchgängiger Begründung. Das sagt, so dürfen
wir auslegen: || **6**,10 d.h. auszuweisen *geändert in*: d.h. was auszuweisen
ist || **6**,13 *Nach* uns *eingefügt*: selbst || **6**,16–19 *Von* Haben wir *an vielleicht
späterer Zusatz.* || **6**,20–**7**,13 *ist zwischen doppelte eckige Bleistiftklammern
gesetzt.* || **6**,33 *Am Rande*: Zweifellos, diese Evidenz ist die an sich erste des
Weltlebens und der Weltwissenschaft. || **7**,12 *Nach* für uns *eingefügt*: auf
Grund der natürlichen Erfahrungsevidenz || **7**,18 an sich *verbessert in*:
schlechthin || **7**,22 recht *verbessert in* rechter Weise || **7**,23f. *Statt* als dem
Ms.: als den || **7**,33 *Von* für mich *an verbessert in*: ja nur Erfahrungsge-
gebenheiten vermöge der sinnlichen Erfahrung ihrer körperlichen Leiber ||
7,37 Welt *ersetzt durch*: Lebensumwelt || **7**,39 *Statt* mag *Ms.*: vermag || **8**,8
Zu Kulturobjekten usw. *hinzugefügt*: als erscheinende || **8**,8 *Am Rande der
obigen Stelle Bemerkung*: kürzen, *aber anscheinend später wieder durch-
gestrichen.* || **8**,13 sie *ersetzt durch*: ihre Setzungsgehalte || **8**,14 nämlich
verbessert in: sondern ihr Verbleiben || **8**,22 *Nach* ist für mich *hinzugefügt* —
das heißt: gilt für mich, und zwar || **8**,30 *Nach* Weltleben *hinzugefügt*:
wohin auch mein wissenschaftlich forschendes und begründendes Leben
gehört. || **8**,31f. *Verbessert*: ... -handeln, als die in mir || **8**,38–**9**,4 *Der
Absatz ist mit Bleistift kreuzweise durchgestrichen.* || **9**,15–17 aus *bis* Vorur-
teile *abgeändert in*: aus der Bewunderung der mathematischen Naturwissenschaft herstammenden und uns selbst als alte Erbschaft bestimmen-
den Vorurteile || **9**,18–21 *Der Satz wurde von* um ein *an abgeändert wie folgt*:
um ein apodiktisches „Axiom" handle, das im Verein mit aufzuweisenden
anderen und dazu eventuell induktiv begründeten Hypothesen das
Fundament für eine deduktive „erklärende" Weltwissenschaft abzugeben
habe, eine „nomologische" Wissenschaft, eine Wissenschaft „ordine
geometrico", eben ähnlich wie die mathematische Naturwissenschaft. ||
9,22 *Nach* es *eingefügt*: auch || **9**,32 *Nach* des *eingefügt*: (wie hier noch nicht
ersichtlich werden kann) widersinnigen || **9**,35 *Nach* also *eingefügt*: hier ||
10,8 *Das* ja *durchgestrichen. Am Rande*: Die Seitenbemerkungen bzw.
Einfügungen gehörten ursprünglich nicht zur Vorlesung. || **10**,12ff. *Am
Rande mit Bleistift, später mit Tinte überschrieben*: Dieses Ich und Ich-
Leben, das für mich, den radikal Philosophierenden, dadurch allein
sichtlich wird, daß ich die naiv-natürliche Seinsgeltung der Welt außer
Spiel setze, ist nicht ein Stück der Welt, ist nicht die Seele, das was der
Mensch, sich an die bloß innere Erfahrung haltend, von sich selbst als

seinen ,,animus", seine reine ,,mens" erfaßt. ‖ **10**,13 *Von* Person *ab bis zum Satzende zwischen roten eckigen Klammern, die mit Bleistift durchgestrichen sind.* ‖ **10**,21 *Nach* in der Welt *am Rande Bleistiftbemerkung, mit Tinte überschrieben*: und das gilt natürlich auch von dem eigenen Seelenleben, das ich in psychologisch innerer Erfahrung rein für sich betrachte. ‖ **10**,24f. *Von* überhaupt *bis* Welttatsachen *durchgestrichen. Am Rande unleserliche Bleistiftbemerkung, da sie mit folgendem mit Tinte geschriebene Text überdeckt ist*: also wie die Seinsgeltung aller objektiv apperzipierten Tatsachen auch diejenige der Tatsachen der inneren Erfahrung. ‖ **10**,26 *Nach* Für mich *eingeschoben*: für das radikal philosophierende Ich, das sich selbst ausschließlich als Seins- und Geltungsgrund aller objektiv geltenden Gründe setzt ‖ **10**,27 *Nach* Akte, *eingefügt*: keine ‖ **10**,29 auch *durchgestrichen* ‖ **10**,31f. *Von* und *bis* allein *durchgestrichen* ‖ **10**,33–34 mit dem *bis* enthalte(n) *gestrichen?* ‖ **10**,35 *Nach* dieser Welt *eingefügt*: mit allen ihren Objekten und ihrem *Das folgende und des Textes ist durchgestrichen, so daß zu lesen wäre*: und ihrem jeweiligen So-sein. ‖ **10**,36–39 *Der Satz sollte vermutlich abgeändert werden wie folgt*: Heißt die Welt meiner Erfahrung, da ... dieses mein reines Sein nicht aufheben könnte, transzendent, so kann dann dieses mein reines Ich und Ich-Leben transzendental genannt werden. ‖ **11**,3 *Ende des i. Vortrages bzw. der ersten Hälfte des i. Doppelvortrages.* ‖ **11**,4 *Am Rande Querstrich und rot*: II ‖ **11**,15–22 *Der Satz ist mit Blaustift eingeklammert und mit Bleistift durchgestrichen.* ‖ **11**,28 *Nach* Begründung *hinzugefügt*: gegenüber der objektiven oder positiven ‖ **12**,2 *Von* reines Ich *an abgeändert wie folgt*: reines Ich, und ich bin also zunächst (wie darüber ein Hinauskommen möglich ist, weiß ich nicht) in gewissem Sinne ‖ **12**,3 *Nach* ipse *eingefügt*: natürlich ‖ **12**,12f. gelten soll *geändert in* gelten zu können scheint ‖ **12**,13 *Nach* Wissenschaft *eingefügt*: Jedenfalls ‖ **12**,19 *Nach* als die unterste *eingefügt*: Jedenfalls ‖ **12**,19 *Nach* die unterste *eingefügt*: in der Tat zunächst wirklich solipsistisch begrenzte ‖ **12**,20 *Vor* also nicht *eingefügt*: sage ich, ‖ **12**,38 *Eine hier folgende Passage, die einen ausführlichen Vergleich zwischen der Betrachtungsweise der Psychologie und der transzendentalen Phänomenologie bringt, ist teilweise zwischen blaue eckige Klammern gesetzt und in ihrer Gänze mit Bleistift durchgestrichen. Am Rande ist vermerkt*: nicht gelesen. ‖ **12**,39 *Am Rande*: Intentionalität ‖ **13**,14 *Nach* usw. *eingefügt*: Also ‖ **13**,25–37 *Der Absatz ist mit Bleistift kreuzweise durchgestrichen. Er sollte, wie durch Zeichen angedeutet ist, durch den Wortlaut des folgenden Absatzes entweder — dies ist nicht deutlich — ersetzt oder ergänzt werden. Jedenfalls dürften die Ausführungen über die ,,zwei Beschreibungsrichtungen" zum Text des Vortrages gehört haben; darauf deuten die Art und die ,,Schichten" der Unterstreichungen sowie spätere Bezugnahmen auf diese Stelle. Sie ist mit Blaustift am Rande überschrieben*: Zwei Beschreibungsrichtungen, Blickrichtungen ‖ **13**,35 *Nach* als solche *mit andersartiger Tinte, vermutlich später hinzugefügt*: genau wie sie im ersten stummen Blick der Reflexion anschaulich vorliegt, und dann ist es die Aufgabe, sie sich selbst aussprechen zu lassen, sie auf das getreueste ‖ **13**,36 Erscheinungsmodis *verändert in*: Erscheinungs- oder Bewußtseinsmodis. ‖ **14**,18–33 *Der Absatz ist zwischen rote eckige Klammern* *gesetzt, mit Bleistift durchgestrichen und am Rande mit Nullen versehen. Ob diese Stelle gelesen wurde, kann bezweifelt werden. — Das Folgende am Rande überschrieben*: Die Welt als cogitatum || **14**,34 zu beachten *abgeändert in*: klar, || **16**,4–16 *steht zwischen blauen eckigen Klammern, ist mit Bleistift kreuzweise durchgestrichen und am Rande mit Nullen bezeichnet. Die Stelle wurde vielleicht nicht gelesen* || **16**,17 *Am Rande mit Rotstift*: Zweiseitigkeit – Zusammengehörigkeit. || **16**,23 *Am Rande*: Einheit und Mannigfaltigkeit. Synthesis || **17**,1 *Ms.*: reflektieren || **17**,4 *Statt der Ms.*: des || **17**,6f. *Der Satz bis möglich. mehrfach durchgestrichen* || **17**,7–12 *Der Text von* Fangen wir *bis* Zeitlichkeit *vielleicht erst später eingeschoben* || **17**,12–15 *Die beiden Sätze sind geändert wie folgt*: Sie ist eine universale, zum Bewußtseinsleben gehörige Form der Synthesis. So ist z.B. jede Dingwahrnehmung als ein Dahindauern ... *Darunter am Rande*: Synthesis. Identität || **17**,18–20 *Von* Jede *an abgeändert wie folgt*: Jede Teilung dieses strömenden Sich-forterstreckens, die wir ... Typus, von jeder solchen Teilstrecke ... sagen wir dasselbe, z.B. dasselbe, das Hexaeder, sei wahrgenommen. So für jedes Erlebnis. *Am Rande mit Rotstift*: Identität || **17**,21–23 *Von* Aber diese *an abgeändert und erweitert wie folgt*: Diese Identität des cogitatum ist ein ... Zug jedes intentionalen Erlebnisses, das als stetiges cogito, ‹als› eine kontinuierliche Synthesis der Identifikation verläuft, die freilich kein aktives Identifizieren im gewöhnlichen Sinne ist, sondern kontinuierliche Deckung der mannigfaltigen zeitlichen Darstellungen im Einen || **17**,34 *Am Rande*: Reelle Teile, Gehalte. Intentionale (irreelle) Gehalte || **18**,25–30 *Von* Ihr ist es *an eingeklammert und kreuzweise durchgestrichen. Wurde vielleicht nicht gelesen.* || **18**,31 *Am Rande*: Potentialität, Horizont. || **19**,8–9 *Von* und an jeder *an zwischen Bleistiftklammern.* || **19**,16 *Am Rande*: Intentionale und reelle Analyse || **19**,33 *Im Ms.*: Moment *statt* momentan || **20**,9 *Im Ms.*: es *statt* sie || **20**,13 *Am Rande Bleistiftbemerkung, mit Tinte nachgezogen*: Sum cogitans als Phänomenologe in einer höheren Stufe. Ich bin, was ich bin, als Subjekt von Sinnesleistungen. Mich Be-trachten ist, mein sinnkonstituierendes Leisten und meine Sinngebilde Betrachten und von ihnen aus wieder mich als Sinnhabenden in immer neu beigestellten Sinnesleistungen Auslegen. *Daneben mit Rot- und Blaustift*: Stufen || *Von* **20**,23 und zwar *bis* **20**,26 Stück *zwischen eckigen Klammern.* || **20**,30 *Am Rande mit Blaustift*: Typen. || **21**,2 *Am Rande mit Tinte*: Diese sich immer weiter besondernde Typik bewegt sich innerhalb der allgemeinsten, zu dem dreifachen Titel „Ego-cogito-cogitatum" gehörigen, wohin das Allgemeine gehört, das wir selbst besprechen mußten, wie z.B. das Allgemeine der Synthesis. || **21**,2–8 *Von* Immer kommt es *an zwischen eckigen Blei- und Rotstiftklammern.* || **21**,9 *Am Rande*: Leitfaden || **21**,14–17 *Der Satz mehrfach durchgestrichen* || **21**,18 *Am Rande mit Blaustift*: Übergang zu den Universalproblemen || **22**,3 *Nach* intentionalen *eingefügt*: aktuellen und potentiellen || **22**,7 *Ende des II. Vortrages bzw. der zweiten Hälfte des I. Doppelvortrages.* || **22**,8 *Am Rande rechts oben*: II Zweite Doppelvorlesung. *Darunter mit Blaustift*: Vernunft, Evidenz. || **22**,10–12 *Von* zunächst *an bis* Frage *zwischen*

Cart. Meditationen   15

Blaustiftklammern und mit Bleistift durchgestrichen ‖ **22,**27 *Nach* in dem *eingefügt*: schließlich ‖ **23,**1–30 *Von* Immer und notwendig *an mit Bleistift durchgestrichen und mit einer Null versehen.* ‖ **23,**7–10 *Von* und nach *an zwischen eckigen Klammern.* ‖ **23,**13 präsumiere *geändert in*: präsumieren kann ‖ **23,**17–22 *Von* Das bleibt *an vermutlich späterer Zusatz* ‖ **23,**27 *Nach* ausweisender *eingefügt*: und immer wieder herzustellender ‖ **23,**31 *Am Rande mit Rotstift*: Wahrhaft Seiendes. ‖ **23,**35 *Nach* vereinzelten *eingefügt*: und selbst evidenten ‖ **23,**34–38 *Von* Freilich *bis* mich *mit Tinte durchgestrichen und durch folgende, vermutlich spätere Fassung ersetzt*: Nicht schafft schon irgendein vereinzeltes Bewußtsein, und sei es selbst ein evidentes, für mich Wirklichkeit des Seins; z.B. nicht die vereinzelte noch so gute Wahrnehmung die Wirklichkeit des· Dinges. Aber sie verweist mich selbst auf weitere Wahrnehmungen ‖ **24,**2–4 *Von* und ihre *an bis* aufhebt *vermutlich späterer Zusatz.* ‖ **24,**4 *Geändert in*: Sie sind ... vorausgesetzt ... ‖ **24,**10 *Im Ms.*: ... zugehörigen, die antizipierenden Horizonte. *Später* die antizipierenden *gestrichen.* ‖ **24,**12 *Nach* eine und *eingefügt*: immer ‖ **24,**17f. *Von* ja *bis* großen *durchgestrichen* ‖ **24,**20 *Am Rande mit Rot- und Blaustift*: Konstitutive Probleme unten! ‖ **24,**30 *Am Rande Zeichen Null.* ‖ **24,**37–**25,**9 *steht im Ms. am Rande des Blattes. Nichts deutet aber darauf hin, daß es sich um einen späteren Zusatz oder eine Randanmerkung handelt* ‖ **25,**7–9 *Von* Schließlich *an zwischen eckigen Klammern* ‖ **25,**23 *Das Wort* Wesenseigenheit *beruht auf einer späteren Verbesserung. Der ursprüngliche Wortlaut ist ausradiert. Vielleicht stand da*: Wesensnatur. ‖ **25,**27 *Am Rande mit Blaustift*: Für-sich-selbst-sein des ego ‖ **25,**29f. *Von* auch sein Sein *bis* es *zwischen eckigen Klammern.* ‖ **25,**30 *Am Rande*: Hier Konstitution des personalen ego. ‖ **26,**28–30 *Von* in deren *an mit abweichender Schrift. Vielleicht späterer Zusatz* ‖ **27,**1–5 *Der Absatz steht zwischen eckigen Klammern. Am Rande*: Hier das Ich im spezifischen Sinn von 29. Vergleiche die entsprechende Randanmerkung bei 28,25f.* ‖ **27,**1–9 *Die beiden Absätze kreuzweise durchstrichen. Roter Querstrich. Am Rande mit Blaustift*: Eidos ‖ **27,**18 *Im Ms. statt* bald *vermutlich verschrieben*: er ‖ **27,**34 *Am Rande mit Blaustift*: Die Intuition wird zur generellen Intuition ‖ **27,**35 *Der Text des folgenden Absatzes steht im Ms. am Rande rechts. Da es sich dabei weder um eine Randbemerkung noch um eine Verbesserung des danebenstehenden Wortlautes handelt, hat der Herausgeber die Stelle dort eingefügt, wo allein sie sinngemäß zu passen scheint* ‖ **28,**25f. *Von* den der *an zwischen eckigen Klammern. Am Rande*: Ich, schon früher ‖ **28,**27–**29,**7 *Der Text der beiden Absätze ist mit Bleistift durchgestrichen.* ‖ **29,**1–7 *Der Text dieses Absatzes steht am Rande und ist zwischen eckige Klammern gesetzt. Vielleicht handelt es sich hier um einen späteren Zusatz.* ‖ **29,**8 *Am Rande mit Blaustift*: Statische und genetische Phänomenologie. ‖ **29,**15 *Am Rande mit Blaustift*: Genesis ‖ **30,**19 *Am Rande*: Wissenschaften, transzendentale Logik ‖ **30,**8–25 *Der Absatz ist quer durchgestrichen. Zu Beginn des Absatzes vor* Zu *den ein einzelnes eckiges Klammerzeichen* ‖ **30,**27–30 *Von* die alles *an bis* herausstellt *zwischen blauen eckigen Klammern* ‖ **30,**26–35 *Der Absatz ist kreuzweise mit Rot- und Blaustift durchgestrichen. Am Rande rechts davon folgende — vermutlich spätere —*

Neufassung: Mit der Reduktion der phänomenologischen Problematik auf den einheitlichen < ? > Gesamttitel der (statischen und genetischen) Konstitution der Gegenständlichkeiten möglichen Bewußtseins scheint die Phänomenologie sich rechtmäßig auch als transzendentale Erkenntnistheorie zu kennzeichnen. Kontrastieren wir die in diesem Sinne transzendentale mit der traditionellen Erkenntnistheorie: Ihr Problem ... || **30**,36 *Am Rande mit Blaustift*: Die gewöhnliche Erkenntnistheorie || **31**,7f. *Der Satz* Es ist für mich *bis* cogitationes *verbessert in*: Erkennt man, Brentano folgend, die Intentionalität an, so sagt man: || **31**,11 *Statt* gehörige *Ms*: zugehörige || **31**,15 Und so sagen wir ... *abgeändert wie folgt*: Die Ich-Rede dieses Anfangs ist und bleibt die natürliche Ich-Rede; sie hält sich und auch die ganze Problemführung weiterhin auf dem Boden der gegebenen Welt. Und so heißt es nun, und ganz verständlich: || **31**,28 *Von* Jede *an verbessert in*: Jede Begründung, jede Ausweisung von || **31**,31 *Am Rande mit Blaustift*: Das ,,Problem" || **31**,38 *Nach* Es ist *eingefügt*: (unter Beiseitelegung der vielleicht nicht so gleichgültigen Ausschaltung der Seinsgeltung der Welt) || **32**,1 *Am Rande mit Blaustift*: Widerlegung. || **32**,3f. *Von* Descartes *an verbessert in*: Descartes selbst verfallen mußte, weil ... Sinn seiner ... || **32**,6 *Nach* gröber *eingefügt*: eben durch völlige Mißachtung der Cartesianischen Epoché, || **32**,7 das transzendentale *verbessert in*: das solche ,,transzendentalen" || **32**,25-27 *Ursprüngliche Fassung*: ... daran geht, das ego in systematischer Selbstbesinnung, sein gesamtes Bewußtseinsfeld ... enthüllen zu wollen, ... *Da der Satzbau grammatisch nicht einwandfrei ist, wurde die Wendung in der von Husserl verbesserten, jüngeren Form wiedergegeben* || **32**,29 jede als *verbessert in*: jede in irgendeinem Sinn als *Am Rande mit Blaustift, mit Bleistift durchgestrichen*: Transzendenz || **32**,31 *Nach* Transzendenz *eingefügt*: in jeder Form || **32**,36 *Von* sie ist *bis* Konkretion *gestrichen* || **33**,5f. *Verbessert in*: Ist sie das ..., so ist ein ... Unsinn. *Dieser Satz wurde vielleicht später hinzugefügt.* || **33**,8 *Nach* ego und *eingefügt*: das, || **33**,11 *Nach* also *eingefügt*: auch || **33**,13 *Am Rande mit Blaustift*: Nur phänomenologische Erkenntnistheorie. || **33**,18 wird *verbessert in*: verständlich werden muß || **33**,19 *Am Rande mit Blaustift, mit Bleistift durchgestrichen*: Verständlichkeit || **33**,19 *Nach* Seiendes *eingefügt*: selbst || **33**,24-26 *Nach* Horizonte *eingefügt und abgeändert*: ... und für die zugehörigen Aufgaben der Enthüllung der impliziten Intentionalität. Werden sie erschaut und ergriffen, so ergibt sich als Konsequenz eine universale Phänomenologie als eine in reiner Evidenz und dabei in Konkretion ... || **33**,26 *Das vermutlich ursprüngliche* zu *wurde ausradiert und ersetzt durch*: mit ihr aber in || **33**,28 *Am Rande mit Rotstift*: Transzendentaler Idealismus || **33**,28 *Nach* Sinnes; nicht *eingefügt*: in dem || **33**,36 *Nach* Selbstauslegung *eingefügt*: meines ego als Subjekts jeder möglichen Erkenntnis, und zwar in Hinsicht auf || **33**,37 *Am Rande folgender mit Tinte — vermutlich später — hinzugefügter Satz*: Nur wer den tiefsten Sinn der intentionalen Methode mißversteht und damit den der Phänomenologie selbst, kann Phänomenologie und transzendentalen Idealismus trennen wollen. || **33**,38 ist aber *verbessert in*: ist also || **34**,5 *Nach* selbst *eingefügt*: Also || **34**,6 *Vermutlich Ende des III. Vortrages bzw.*

der ersten Hälfte des II. Doppelvortrages || **34**,7 *Am Rande mit Rotstift, mit Bleistift durchgestrichen*: Intersubjektivität || **34**,8 *Nach* kommen *eingefügt*: und im Zusammenhang damit noch eine letzte besonders bedeutsame Problemsphäre der Phänomenologie behandelt werden, durch welche sich erst der bestimmtere Sinn dieses Idealismus erschließt || **34**,13 *Am Rande mit Rotstift, mit Bleistift durchgestrichen*: Solipsismus || **34**,21-25 *Von* und erfahre sie *bis* sondern erfahre sie *mit Tinte durchgestrichen und wurde — vermutlich später — durch folgenden am Rande mit Tinte notierten Wortlaut ersetzt*: und normalerweise in synthetisch-einstimmigen Erfahrungsreihen, in denen sich für mich ihr wirkliches Dasein kontinuierlich bewährt. Ich erfahre sie freilich in besonderer Weise: einerseits als Weltobjekte, nicht als bloße Naturdinge, aber doch mit Naturdingen als Leibern eigentümlich verflochten und so als psycho-physische Objekte in der Welt; andererseits erfahre ich sie aber zugleich als Subjekte für diese Welt || **34**,28f. Bewußtseinslebens alles und jedes *verändert in*: Bewußtseinslebens die Welt als || **34**,30f. *Von* für jedermann *bis* zugängliche *vielleicht späterer Zusatz.* || **34**,34 *Von* in meinem intentionalen Leben *an verbessert in*: nur in meinem ... Leben durch konstitutive Synthesen Sinn ... || **34**,36-**35**,8 *Die Stelle vom Beginn des Absatzes an bis* Fühlen, Wollen *ist durchgestrichen und wurde — vermutlich später — durch folgenden am Rande mit Tinte notierten Wortlaut ersetzt*: Hier kann nur eine systematische Entfaltung der offenen und impliziten Intentionalität Klarheit schaffen, die in der Fremderfahrung selbst (der ,,Einfühlung'') vorliegt, eine Enthüllung ihrer Horizonte in möglichen Erfahrungen mit den zugehörigen noetisch-noematischen Zusammenhängen, in deren < ? > Synthesis der Sinn Anderer zugleich mit den von ihm unabtrennbaren Sinnbeziehungen an den Tag tritt <*Ms.*: treten>.

Die Tragweite einer solchen transzendentalen Theorie der Einfühlung ist, näher besehen, eine noch viel größere, als es zunächst scheint.

Der letzte Absatz ist mit veränderter Schrift geschrieben und stellt vielleicht einen noch späteren Zusatz dar. || **35**,2 *Im Ms. ursprünglich*: unterscheidet *statt* scheidet || **35**,11 *Am Rande mit Blaustift*: Monadenlehre || **35**,26 *Am Rande mit Blaustift*: Das erste ego der transzendentalen Reduktion hat noch keine Scheidung. || **36**,7 *Unterhalb dieses Absatzes Entwurf eines Schlußwortes mit Tinte, aber veränderter Schrift, mit Blaustift durchgestrichen. Die Stelle gehört keinesfalls zum Text des Vortrages.* || **36**,8 *Am Rande mit Blaustift*: Das Cartesianische Problem der Philosophie. *Darunter mit Tinte*: Neues Blatt! *In der Tat scheint Husserl dieses wie vermutlich auch andere Blätter wegen der zahlreichen Verbesserungen neu geschrieben zu haben. Doch deutet vieles — u.a. die Paginierung, die Schrift, die Unterstreichungen — darauf hin, daß dies erst nach dem Vortrag geschehen ist.* || **36**,12 *Nach* daß sie *eingefügt*: in Form einer unendlichen Aufgabe || **36**,26 *Am Rande mit Blaustift*: Naivität der Wissenschaften. Ihre Kritik nicht letzte Kritik. || **36**,34 *Am Rande mit Blaustift*: Daher Paradoxien. || **37**,10 ist aber *verbessert in*: sind aber || **37**,23 *Am Rande mit Blaustift*: Phänomenologische Begriffe ursprünglich erzeugt; || **37**,25f. *Von* der selbst *bis* gefaßten, *später eingeklammert.* || **37**,37 *Am Rande mit Tinte, aber in* *wesentlich andersartiger Schrift wurde* — *vermutlich später* — *folgendes eingefügt*: So sind die von uns im vorangegangenen andeutungsweise vorgezeichneten Untersuchungen nichts anderes als <der> Anfang einer radikalen Klärung des Sinnes und Ursprungs (bzw. des Sinnes aus dem Ursprung) der Begriffe Welt, Natur, Raum, Zeit, animalisches Wesen, Mensch, Seele, Leib, soziale Gemeinschaft, Kultur usw.: Es ist klar, daß die wirkliche Durchführung der bezeichneten Untersuchungen zu all den Begriffen führen müßte, die unerforscht als Grundbegriffe der positiven Wissenschaften fungieren, aber in der Phänomenologie in einer allseitigen Klarheit und Ursprünglichkeit erwachsen, die für keine erdenklichen Fraglichkeiten mehr Raum übrig lassen. ‖ **38**,15f. *Das Eingeklammerte verändert wie folgt*: (oder auch universale und konkrete Wissenschaftslehre, diese Logik des Seins) ‖ **38**,34 *Am Rande mit Blaustift*: Metaphysik ‖ **39**,6f. Möglichkeit einzelsubjektiven und gemeinschaftlichen Lebens *mit Tinte, aber in abweichender Schrift verbessert wie folgt*: Möglichkeit eines ,,echten" menschlichen Lebens ‖ **39**,30 *Unterhalb des Textes findet sich im Ms. folgende Bleistiftnotiz*: über intersubjektive Reduktion nur flüchtige mündliche Andeutungen, systematisch näher ausgeführt in Straßburg. ‖

ANMERKUNGEN
ZU DEN ,,CARTESIANISCHEN MEDITATIONEN"

42, *Stenographische Bemerkung Husserls unterhalb des Titels*: Beginn der Ausarbeitung der Pariser Vorlesungen 25.I.29. Ausarbeitung für den Druck von etwa 15. März ab bis 6. April und dann von etwa 15. April bis 16. Mai und dann sogleich nach der Abreise nach Tremezzo (17. Mai) von Fink nach Straßburg geschickt. ‖ **43**,1 *Am Rande von unbekannter Hand*: blau unterstrichen heißt kursiv. ‖ **43**,1 *Vergleiche Einleitung, S. XXIII.* ‖ **43**,5–8 *An dieser Stelle finden sich Änderungen von unbekannter Hand, denen zufolge der Text folgendermaßen umgestellt werden sollte*: ... Impulse gegeben, deren Studium ... eingewirkt hat. Fast könnte man diese ... ‖ **44**,22 führen könnte *verbessert in*: zu führen verspricht ‖ **44**,25f. Darstellung erster ... Begründungen *verbessert in*: Darstellung seiner philosophischen Grundlegungen ‖ **44**, *Fußnote 1*): *Dazu bemerkt*: Seitenzitat! nachsehen! *Vergleiche*: ,,Oeuvres" *herausgegeben von* C. ADAM *und* P. TANNERY, *Paris* 1904, *Band IX, S. 1–20.* ‖ **44**, *Fußnote 2*): *Die vermutlich ältere Fassung der Einlage lautet*: ad 4 nach dem Absatz. Einlage. Wendet man hier ein, daß doch Wissenschaft, Philosophie in Zusammenarbeit vieler einzelner, als Gebilde der wissenschaftlichen Gemeinschaft der Philosophierenden erwachsen sollte und in jeder Stufe der eventuellen Vollkommenheit erwachsen ist, so wäre zu antworten: den anderen mag ich, der einzelne Philosophierende, vieles verdanken, aber was ihnen, und günstigenfalls aus ihrer Einsicht gilt, muß ich aus eigener absoluter Einsicht rechtfertigen, wenn es eben für mich absolut begründet sein soll. Darin besteht meine theoretische Autonomie, meine und jedes echten Wissenschaftlers.

Im Vorhaben einer absolut begründeten — vom Philosophen in der absoluten, autonomen theoretischen Verantwortung begründeten Wissenschaft liegt vorausgesetzt: Es ist Welt, ein Universum von an sich Seiendem, mir dem Erkennenden zugänglich in Einsicht; es ist Wissenschaft als Einsicht und letzte einsichtig zu begründende Aussage möglich, für mich oder für andere ein vermögliches Erzeugnis, das, wenn ich es einsichtig erkenne, notwendig identisch dasselbe ist, das jedermann in seiner Einsicht erzeugen würde usw. *Dazu bemerkte Husserl*: Das bleibt zunächst unüberlegt, verschwiegen. *Darum wohl verfaßte er den im Text wiedergegebenen jüngeren Zusatz* || **45**,9 *Über dem Worte* Zweifelsmöglichkeit *stenographiert*: die Erdenklichkeit eines Zweifels || **45**,17 *Zu* . . . diese Welt . . . *Randbemerkung*: außer dem ego || **45**,18 *Die Worte* so reduzierte *sind eingeklammert und verbessert in*: so erkenntnismäßig reduzierte || **45**,29 *Nach* dieser Gedanken *hinzugefügt*: oder eines abzuklärenden Kerns dieser Gedanken || **45**,36: *Nach* ihrer Grundlagen *hinzugefügt*: ihrer Grundbegriffe und Grundmethoden || **45**,37 ihrer Grundlagen *von unbekannter Hand geändert in*: dieser Grundlagen || **46**,9 *Nach* hinzustreben scheint *hinzugefügt*: in welcher sich vielleicht erst sein wahrer Sinn und derjenige der radikalen Umwandlung selbst enthüllt. || **46**,28 *Die Worte*: Unechtheit und *später gestrichen.* || **46**,31 *Die Stelle*: wachsende, aber fast *wurde später durch die Worte*: wachsende, wohl literarische, aber nicht ernstlich wissenschaftliche *ersetzt* || **46**,38 *Die Worte* nichts weniger als *von unbekannter Hand abgeändert in*: keineswegs || **47**,6–10 *Der Satz von*: Wir haben zwar noch *bis* wirken könnten *später gestrichen* || **47**,10f. *Die Stelle*: innerhalb einzelner *wurde abgeändert wie folgt*: innerhalb der einzelnen unter den mannigfaltigen ,,Schulen'' oder ,,Richtungen'' etwas besser steht; || **47**,36–**48**,2 *Der Satz von* Sollte nicht die . . . an *wurde folgendermaßen geändert*: Sollte nicht die einzig fruchtbare Renaissance eben die sein, die den Impuls der Cartesianischen Meditationen wiedererweckt: nicht diese inhaltlich zu übernehmen, sondern den Radikalismus ihrer Gesinnung, der Selbstverantwortlichkeit desto mehr zu erneuern, ihn durch letzte Steigerung allererst wahr zu machen, eben dadurch den echten Sinn des notwendigen Rückganges auf das ego allererst zu enthüllen und in weiterer Folge die immer noch verborgene, obschon bereits empfindlich gewordene Naivität des früheren Philosophierens zu überwinden || **48**,3 der Weg *abgeändert in*: einer der Wege || **48**,5f. Cartesianisch *abgeändert in*: quasi Cartesianisch || **48**,7 natürlich *später gestrichen* || **48**,8 *Nach* notwendigen *eingefügt*: und sei es noch so tiefgreifenden || **48**,15 *Nach* Idee sei *hinzugefügt*: zunächst || **48**,25–29 *Der Text von* oder gar an *wurde geändert wie folgt*: oder ein ganzes Normensystem, in dem in vermeintlichen Evidenzen < ? > die Stilform echter Wissenschaft umschrieben sei. Denn das hieße, eine ganze Logik als Wissenschaftstheorie voraussetzen, während doch auch diese in den Umsturz aller Wissenschaft einbegriffen sein muß. || **49**,1f. kritisch unerwogen *ersetzt durch*: im geheimen || **49**,2 *Nach* für Descartes *eingefügt*: offenbar || **49**,2–12 *Die Stelle von* Es war für Descartes an *bis zum Ende des Absatzes wurde später zwischen eckige Klammern gesetzt. Am Rande mehrere ,,deleatur''-Zeichen* || **49**,15 *Am Rande dieses Absatzes Bemerkung*: Ingarden

2. *Hier verweist Husserl auf die S. 205f. wiedergegebene Anmerkung R. Ingardens. Das Ende von Ingardens Text ist von ,, man muß ...'' an von Husserl am Rande mit einer Wellenlinie versehen* ‖ **49**,22f. *Von* Aber wie an *geändert wie folgt*: Aber wie ist uns nun die echte Zielstellung zuzueignen, sie vollkommen und damit als praktisch mögliche zu sichern, wie dann die zunächst allgemein einsichtige Möglichkeit bestimmter zu sondern und dadurch der methodische Gang einer echten Philosophie, einer radikalen, mit dem an sich Ersten anhebenden, bestimmt vorzuzeichnen? ‖ **49**,26 vermeinten *ersetzt durch*: prätendierten *Am Rande*: I 3. *Diese und die folgenden (3. bis 10.) Bemerkungen Ingardens, auf die Husserl am Rande der Blätter verweist, behandeln Fragen der Formulierung und der Übersetzung* ‖ **49**,27 *Nach* so muß *eingefügt*: uns nach dem Gesagten ‖ **49**,28 zu einer bloß vermeinten *ersetzt durch*: zu einer bloßen Prätention ‖ **49**,28f. *Der Satz*: Wir wissen also ... *gestrichen.* ‖ **49**,33 *Nach* nehmen sie *eingefügt*: also ‖ **49**,36f. wie sie zur Verwirklichung *geändert in*: ob und wie sie zur bestimmten Verwirklichung ‖ **50**,6 *Nach* Bildung des *eingefügt*: echten ‖ **50**,8 *Nach* tatsächlichen Wissenschaften *hinzugefügt*: nämlich der tatsächlich als allgemein geltenden und als das objektiv dokumentierten Lehrgebäude (Sätze, Theorien) ‖ **50**,8–15 *Diese beiden Sätze sollten geändert werden wie folgt*: Im Sinne unserer ganzen Betrachtung liegt ja, daß Wissenschaften als diese Fakta der objektiven Kultur und Wissenschaften ,,im wahren und echten Sinn'' nicht schon einerlei sind, oder daß jene über diese Tatsächlichkeit hinaus eine Prätention tragen, die mit ihr eben als schon erfüllte Prätention bezeugt sein müßte. Eben in dieser Prätention ,,liegt'' noch verhüllt die Wissenschaft ... ‖ **50**,17 Geltung *ersetzt durch*: Gültigkeit ‖ **51**,17 *Nach* das und das *hinzugefügt*: und sei so und so beschaffen ‖ **51**,21 Bewußthaben *geändert in*: selbst haben ‖ **52**,1 *Am Rande*: Gehört zum französischen Text ‖ **52**,5 *Nach* kommt zum *eingefügt*: prädikativen ‖ **52**,20 *Am Rande*: I 11. *Husserl bezieht sich hier auf die auf S. 206f. wiedergegebene kritische Bemerkung Ingardens* ‖ **52**,24f. *Nach* negative Evidenz *eingefügt*: urteilsmäßig gewendet: die positive Evidenz des Nicht-Seins der Sache; oder, was dasselbe: sie hat zum Inhalt ‖ **52**,36 *Am Rande bei* ... relative Evidenzen ... *hinzugefügt*: Sie sind relativ, sofern die Alltagsurteile in ihrem jeweiligen Sinn auf die okkasionellen Umstände des Urteilenden bezogen sind. *Diese Notiz wurde später gestrichen* ‖ **53**,24f. *Der Passus* ohne daß wir ... *geändert in*: ohne daß wir die Möglichkeit dieser Grundstücke ... ‖ **54**,6 *Nach* kein Urteil *hinzugefügt*: als wissenschaftliches. *Hier wird auf die 12, 13., und in der Folge auf die 14. Bemerkung Ingardens verwiesen; diese Bemerkungen haben jedoch nur Übersetzungsprobleme zum Gegenstand.* ‖ **54**,24 *Das Wort* wissenschaftlich *später eingeklammert* ‖ **54**,31 *Nach* den Worten in den Gang *am untersten Rand des betreffende Manuskriptblattes getippt*: echter. *Soll wohl heißen*: in den Gang echter Verwirklichung ... ‖ **55**,2 *Am Rande zu* ... vorangehende ... *hinzugefügt*: fundierende! und absolut sichere ‖ **55**,18 *Nach* Einseitigkeit *eingefügt*: und zugleich *Am Rande mit Beziehung auf den ganzen Satz*: Das muß doch erst aufgewiesen werden ‖ **55**,24-27 *Der Satz mit einer Wellenlinie am Rande bezeichnet* ‖ **56**,7f. schließt sie darum

aus die Möglichkeit *verbessert in*: schließt sie darum die Denkbarkeit aus ‖ **56**,14–24 *Dieser Wortlaut beruht auf Verbesserungen Eugen Finks. Das vom Herausgeber ergänzte* <des> *wurde vermutlich infolge einer Beifügung am Rande vergessen.* — *Die ursprüngliche Fassung dieser wichtigen Stelle lautete*: Eine apodiktische Evidenz aber hat die ausgezeichnete Eigenheit, daß die Seinsgewißheit des in ihr Erschauten sich durch eine kritische Reflexion zugleich als schlechthinnige Unausdenkbarkeit des Nichtseins, also auch des Zweifelhaft-seinkönnens enthüllt. (*Unbeschriebener Platz für ein Wort*) ... ist die Evidenz jener kritischen Reflexion, also auch die vom Sein dieser Unausdenkbarkeit abermals von dieser apodiktischen Dignität, und so in jeder kritischen Reflexionsstufe wie auch hinsichtlich stets möglicher apodiktischer Reflexionen. ‖ **57**,3 *Bemerkung*: Von hier Fink. *Doch weist bereits der Paragraph 6 zahlreiche Verbesserungen von der Hand Eugen Finks auf.* ‖ **58**,17 *Absehen gemäß ,,Typescript C'' (vgl. Cairns, S. 18, Anm. 2)*; *M-Ms. stattdessen*: Ergebnis ‖ **58**,25 *Unterhalb dieses Absatzes am unteren Rande des betreffenden Manuskriptblattes*: Es muß gesagt werden, daß die Reduktion insofern apodiktische Bedeutung hat, als sie zeigt, und zwar in apodiktischer Weise, daß dem Sein der Welt das Sein des transzendentalen Ich vorhergeht. ‖ **58**,32–36 *Zu* Die anderen Menschen ... *am Rande bemerkt*: auch das innerweltliche Sein meines Ich als Mensch! *Darunter*: I 15. *Die betreffende Bemerkung Ingardens ist auf S. 207 wiedergegeben.* ‖ **59**,15 *Am Rande*: I 16. *Die betreffende Bemerkung R. Ingardens ist S. 207f. wiedergegeben. Von ungefähr* **59**,10 *bis* **60**,30 *folgen Verweise auf Ingardens Bemerkungen No. 17–20. Diese handeln jedoch lediglich von Problemen der Übersetzung und der Formulierung* ‖ **59**,30 *Am Rande*: Hintergrund, habituelles In-Geltung-haben etc. scheint nicht berücksichtigt. ‖ **59**,35 unphilosophischen *später gestrichen* ‖ **60**,33 *Am Rande*: Aber wenn etwas mir zum Schein wird. *Ferner verweist Husserl auf die 21. Bemerkung Ingardens, die auf S. 208 wiedergegeben ist.* ‖ **60**,38 *Am Rande*: I 22. *Ingardens Bemerkung findet sich auf S. 208f.* ‖ **61**,4 *Am Rande*: Im transzendentalen Sinne; diese Reinheit will ich transzendentale Reinheit nennen. ‖ **61**,12f. *Am Rande*: Es fehlt, wie es scheint, der apodiktische Charakter des Vorhergehens der transzendentalen Subjektivität. ‖ **63**,30 *Nach* macht *am Rande*: und vermeintlich sogar zu einem reinen intellectus, der ohne alle Imagination denkbar wäre ‖ **64**,2 *Nach* gegeben haben *am Rande*: und dann mittelbar, aber mittelbare Gegebenheit ist nicht immer Deduktion ‖ **64**,13 unberührt *gestrichen* ‖ **64**,13 *Statt* bleiben *im Ms.*: bleibt ‖ **64**,15 verbleibende *gestrichen* ‖ **65**,18 *Am Rande*: Kant und alle seine Überzeugungen über Ich, transzendentale Apperzeption und so aller anderen sind eingeklammert. ‖ **65**,31 *Nach* dann *eingefügt*: in Kontrast dazu ‖ **65**,33 *Nach* phänomenologischen Sinne *eingefügt*: rechtmäßig, wie wir es genannt haben, ‖ **66**,23 *Am Rande*: Und wo eine neue Erfahrung ist, muß doch auch eine neuartige Wissenschaft erwachsen. ‖ **66**,33 *An dieser Stelle des Manuskriptes findet sich das kleine Blatt 62 mit folgendem Text*: Ich und Habitualitäten werden erst in IV p. 120ff <S. 100> eingeführt. Es ist zu überlegen, ob das nicht zu sehr nachträglich und zu spät ist. ,,Monade'' 125 <S. 102>, 126 <S. 103> Begriff der transzendentalen

Genesis? 127 <S. 103, letzter Absatz> Einführung der eidetischen Be-
trachtungsweise. Warum nicht vorher, gleich im Eingang von IV oder
schon früher? || **68**,35 *Nach* Sinne, den *eingefügt*: positiven || **68**,35 *Nach*
diesen *eingefügt*: letzteren || **68**,36 *Nach* aber *eingefügt*: das ist eben die ||
69,9f. mit einem Horizont unbestimmter Bestimmbarkeit *gemäß „Type-*
script C" (vgl. Cairns, S. 30, Anm. 1) und F-Ms.; M-Ms. stattdessen: mit
dem noematisch-noetischen Gehalt || **69**,10f. *Später wurde diese Stelle von*
Sicherlich ... an erweitert wie folgt: Sicherlich muß <sie> zunächst die im
ego sich bekundende Unterscheidung zwischen „ich selbst" und meinem
Leben, meinen Erscheinungen, meinen erworbenen Seinsgewißheiten,
meinen bleibenden Interessen etc. und die Anderen mit ihrem Leben etc.
einklammern, und so fängt sie also in gewissem Sinne als reine Egologie
an, als ... || **69**,12–29 *Die vier Sätze von* Es ist ja *angefangen bis* zu können.
sind von Husserl am Rande mit Wellenlinien, Fragezeichen und zahlreichen
„deleatur"-Zeichen versehen || **69**,25 *Nach* zeigen, daß *eingefügt*: in gewisser
Weise || **69**,26 und *später ersetzt durch*: aber || **69**,27 *Nach* Absicht *eingefügt*:
erst || **69**,34f. eine wesentliche ... *geändert in*: grundwesentliche Ab-
weichung vom Cartesianischen Gedankengang, ... || **70**,15–17 *Von* in dem
das ... *an geändert in*: in dem das identische „Ich" (meines, des Mediti-
renden) „lebt", was immer diese Ausdrücke näher bestimmen möge ||
70,22 Man wird vielleicht sagen *ersetzt durch*: Es wäre ein großer Irrtum zu
sagen || **70**,27 *Nach* bleibe *eingefügt*: Ein großer Irrtum, sage ich: || **70**,34
Nach beides *eingefügt*: zunächst || **71**,15 *Nach* Wirklichkeitsphänomen
hinzugefügt: als etc. || **72**,5 *Am Rande*: Ergänzungen! Vorausschicken:
Intentionalität im prägnanten Sinne des Sich-richtens auf etc. || **72**,9 *Statt*
durch die sich *Ms.*: durch die sich uns || **72**,13 *Am Rande*: Ich-Reflexion ||
73,10 *Nach* Nicht-mitmachen der *eingefügt*: „Setzung", des Vollzuges des
Seinsglaubens, der || **73**,23 *Nach* Wahrnehmens *eingefügt*: bzw. des in
natürlicher Weise wahrnehmenden Ich || **73**,36 *Nach* sehen und *eingefügt*:
das Gesehene rein als solches, als was und wie || **76**,4 *Nach* wechselnden
eingefügt: noetischen und noematischen || **76**,19 *Nach* Seins *eingefügt*: und
zunächst || **77**,7 *Nach* stumme *eingefügt*: psych. || **77**,32 *Am Rande*: in der
Wahrnehmung! || **79**,10 *Statt* die alle *Ms.*: die können alle || **81**,3 *Am Rande*:
Das alles bedarf weiterer Ergänzungen mit Bezug auf das im ego liegende
intersubjektive Zeitbewußtsein. || **82**,5 Horizont *ersetzt durch*: Erlebnis-
horizont || **82**,33f. *Am Rande*: explizieren (entfalten) || **83**,34 *Nach* das Wort
hinzugefügt: im ursprünglichen Sinne || **83**,35 *Nach* auf *hinzugefügt*: solche ||
83,35 *Nach* Leistung *eingefügt*: als „intentionale" || **83**,37 *Nach* ... Hinsicht
hinzugefügt: Explikation || **84**,2 *Nach* des gegenständlichen Sinnes *am*
Rande hinzugefügt: und korrelativ der potentiellen und intentionalen
Erlebnisse || **84**,30 *Am Rande*: Substrat || **85**,3 *Nach* machen; oder *einge-*
fügt: genauer gesprochen, sie machen || **85**,12 *Statt* ihre *Ms.*: ihrer || **85**,12
Nach jede ihre *eingefügt*: potentiellen und eventuell aktuellen || **85**,16 *Am*
Rande beigefügt: des spezifisch ichlichen Noch-habens und -haltens ||
85,32 *Nach* Sinn *eingefügt*: explicite || **87**,1 *Am Rande, vielleicht als*
Erweiterung des Titels: Die intentionale Modifikation des cogito — die
Erinnerungen und Einfühlungen. || **87**,2 *Nach* durch unser *eingefügt*:

erstes ‖ **87**,3–5 *Der Satz sollte erweitert werden wie folgt*: Auf sie beziehen sich in äußerster, in sozusagen formaler Allgemeinheit durchgeführte allgemeinste Beschreibungen, die wir im Rohen ... versucht haben. ‖ **87**,9f. *Erweitert in*: unendlichen Mannigfaltigkeit von möglichen cogitationes ‖ **87**,16 *Nach* Einheit *hinzugefügt*: sogar ‖ **87**,17 *Nach* Bewußtseinslebens *am Rande hinzugefügt*: dessen gesamte Möglichkeiten im „ego" beschlossen sind ‖ **87**,17 formalen *geändert in*: der äußersten, der formalen ‖ **88**,1 *Nach* passiven *eingefügt*: jedenfalls nicht erzeugenden ‖ **88**,19f. *Nach* Strukturtypik, die *eingefügt*: „invariant" ‖ **88**,28 zunächst *ersetzt durch*: vorerst ‖ **89**,4 *Am Rande*: auf menschliches Sich-verhalten zu ihrer naturalen und sonstigen Umwelt ‖ **89**,5 *Zwischen den Blättern 111 und 113 liegt im Manuskript das stenographierte Blatt 112 mit folgendem für die Methode der Meditationen interessanten Text*: Ich mußte doch mit mir, mit dem Ich der Selbst-Mensch-Erfahrung anfangen, ich konnte doch nur von mir aus Reduktion üben und kam also nur zu dem ego, das sein weltliches Gegenbild in der eigenen Seele hatte, also nur meine eigene menschliche Seele kann ich erweisen als Bekundung von Absolutem: Was sind für mich Andere, was die Welt — konstitutive Phänomene, ein bloßes Gebilde in mir. Niemals kann ich dahin kommen, den Anderen Sein im absoluten Sinne zuzusprechen, so wenig wie den Dingen der Natur, die nur als transzendentale Gebilde sind. — In I–IV handelt es sich um einen ersten Weg, auf dem sehr allgemein sichtlich wird, daß für das ego der transzendentalen Reduktion alles Seiende konstituiertes Gebilde ist und sein muß. Aber muß nicht auch gesagt werden, daß alles für mich als Menschen Seiende in mir bewußtseinsmäßig konstituiert sein muß, auch mein eigenes menschliches Sein? Wie steht dieser Satz zum vorigen? In der konstituierten Welt ist auch notwendig konstituiert das Bewußtseinsleben als menschliches, und als solches, worin Welt bewußt ist, Welt psychisch konstituiert ist etc.

Die allgemeine Weltkonstitution im ego ist nur umrissen als Problem bis zur Lehre von den Leitfäden — zur ontologischen Weltbetrachtung, in ihrer konstitutiven Umwandlung. Da muß natürlich das Problem Mensch auftreten; aber in welcher Ordnung?

Das erste Vorgehen in I–IV ist Weckung des Leitgedankens: Welt ist Meinung, geltender Sinn, im Rückgang auf das ego können wir den Fundierungsaufbau auslegen, können wir das absolute Sein und Geschehen erreichen, in welchem das Sein der Welt seine letzte Wahrheit zeigt und sich die letzte Seinsproblematik enthüllt, die alle Verhüllungen der unphilosophischen Naivität mit in das thematische Feld bringt. ‖ **89**,8 *Nach* ἐποχή *am Rande hinzugefügt*: aus der alles transzendentalen Sinn schöpft ‖ **92**,29 *Anstatt* — sprechen *im Ms.*: — gesprochen ‖ **93**,29 *Nach* schlechthin, der *eingefügt*: urmodalen ‖ **96**,12f. *Manuskript*: diejenige Unendlichkeit; „*Typescript C*": diejenige der Unendlichkeit (*vgl. Cairns, S. 16, Anm. 1*) ‖ **98**,27 *Statt* ergibt *im Manuskript*: ergeben ‖ **99**,12 *Zu Beginn der IV. Meditation liegt dem Manuskript ein stenographiertes Blatt bei. Dieses enthält prinzipielle Gedankengänge, die an den Inhalt der IV. und V. Meditation anknüpfen*: Zeitkonstitution, Immanenz und Transzendenz. Einzelsubjektivität — Intersubjektivität. 1.) Einzelsubjektivität: die primordiale Immanenz, der primordiale Bewußtseinsstrom, die primordialen vermöglichen Abwandlungen des Bewußtseinsstromes — der Lauf der wirklichen Erfahrung in seinem faktischen „Ich bewege" und meinen Vermöglichkeiten des ichlichen Bewegens — primordial mit dem Sinn der Abstraktion von den Seinsgeltungen durch Einfühlung. 2.) Die Einfühlungen gehören zu meiner Immanenz als „ego" der Reduktion. Diese „Vergegenwärtigungen" spielen mit allen anderen zusammen in der Konstitution der „Welt". Also müßte, was I–III ausgeführt ist, implizite die Einfühlung mit benutzt haben — es war eben nur keine Rede davon. Der Unterschied zwischen Ich als Person unter Personen und eben anderen Personen ist selbst ein konstituierter Unterschied — im ego. Im ego: die transzendentale Scheidung zwischen transzendentalem Ich (ego im zweiten Sinne) und transzendentalen Anderen und die transzendental-intersubjektive Konstitution der Welt als Welt für alle und als Welt, die die transzendentalen Subjekte verweltlicht enthält als Menschen. Konstituiert ist in dem absoluten und ursprünglichen ego der Reduktion die Welt als Welt, die in jedem transzendentalen Ich als transzendental-intersubjektiv konstituierte sei. Meine volle primordiale Immanenz (die Einfühlung mitgerechnet), mein konkret primordiales Sein konstituiert (und hat schon in bleibender Geltung unter immerfort sich anknüpfender Fortbildung von konstituierenden Geltungen) als Seinseinheiten „Wiederholungen", „andere" Ich, andere totale Primordialitäten, und diese transzendentalen Anderen als in mir konstituierte sind fundierend für weitere konstitutive Funktionen. Ihr Mir-gelten, ihr Sich-mir-ausweisen unter Korrektur ist in beständigem synthetischem Konnex mit all meinem sonstigen schon Konstituierten und in Konstitution Begriffenen, aber so, daß die intentionale Wiederholung als Andere auch dieses Fungieren wiederholt. || **99**,24f. *Das Eingeklammerte mit Wellenlinie versehen.* || **99**,28f. adäquat zu bewährenden *zwischen eckige Klammern gesetzt* || **100**,8 *Dazu bemerkt Husserl am Rande*: Kommt das nicht zu spät? || **100**,10f. *Am Rande*: Transzendentale Selbstkonstitution. || **100**,21 *Am Rande*: Selbst eine Form ⟨ ? ⟩ von Einheitsbildungen. || **102**,18 *Zu* konstituiert sich *am Rande hinzugefügt*: ursprünglich wahrnehmungsmäßig || **103**,23 empirischer *gestrichen* || **103**,25 cartesianisch *ersetzt durch*: transzendental || **106**,4 *Nach* ich und *eingefügt*: keine Möglichkeitsabwandlung (*nämlich wohl* „*eines transzendentalen Ich überhaupt*") || **106**,10 *Am Rande ein Paragraph-Zeichen* || **106**,10 cartesianisch *gestrichen* || **106**,19 *Ms.*: auf seine || **106**,32 *Vor* daß *im Ms. eine geöffnete Maschinenschriftklammer, die dann nicht geschlossen ist* || **106**, *Fußnote 1*): im *Ms. als Note am Rande, mit genauer Angabe der Zugehörigkeit zu* **106**,25 *durch* ¹) || **108**,4–6 *Ms. ursprünglich*: ... Schwierigkeiten. Erst im letzten Jahrzehnt beginnt sich diese Systematik zu klären, und vor allem, weil ... gewonnen haben. *Dann* Erst *bis* klären *sowie* gewonnen haben *mit Tinte zwischen eckige Klammern gesetzt und letzteres ersetzt durch*: gewinnen müssen || **108**,11f. zu einem einheitlich möglichen ego *geändert in*: zu jedem ... ego, das Möglichkeitsabwandlung meines faktischen ist, || **108**,16f. der nicht in

jedem möglichen ego möglich ist *geändert in*: der nicht in jeder Möglichkeitsabwandlung meines ego möglich wäre ‖ **108**,19 Mensch *ersetzt durch*
Ich-Mensch ‖ **108**,26 *Nach* meines *eingefügt*: transzendental reduzierten ‖
108,33 *Nach* in einem *eingefügt*: auf mich bezogenen; *vielleicht auch* in
einem ego *ersetzt durch*: auf mich bezogen ‖ **108**,37 *Nach* ego *eingefügt*: jede
Möglichkeitsabwandlung des meinen ‖ **109**,4 *Nach* den *eingefügt*: vom
Naturalismus her ‖ **109**,7 *Am Rande*: Erlebnisse — noetisch, noematisch ‖
109,25 Geschichte, und wenn *geändert wie folgt*: Geschichte. Wenn ‖
109,29–31 beizufügen *bis* möglich sind. *geändert wie folgt*: beizufügen: Die
konstitutiven Systeme, Systeme der Vermöglichkeit, durch die für das
ego die und jene Gegenstände und Gegenstandskategorien Geltungseinheiten sind, sind selbst nur . . . möglich. ‖ **110**,2 *Vor* ob *im Ms. offenbar
versehentlich nochmals*: für mich bestehen ‖ **110**,16 *Nach* schwierig sind
eingefügt: allerdings ‖ **110**,28 *Am Rande*: immanente? ‖ **110**,30–**111**,2 *Von*
Aber selbst *an eingeklammert und am Rande mit Wellenlinien und Fragezeichen versehen* ‖ **111**,10 *Nach* Das *eingefügt*: für das Reich des Logos ‖
111,29–33 Die *bis* wird. *eingeklammert* ‖ **111**,30f. *nach* wie die *eingefügt*:
Gegenstände ‖ **112**,5 *Statt* Das-Erfahrene- . . . *Ms.*: Das-Erfahren- . . .
*Verändert nach einem Korrekturvorschlag Cairns' (vgl. Cairns, S. 78, Anm.
2) und in Übereinstimmung mit dem F-Ms.* ‖ **113**,13 scheinen *gestrichen* ‖
113,29 im aktiven Bilden *gemäß Bleistiftverbesserung im M-Ms. für
ursprünglich*: den aktiven Gebilden; *,,Typescript C''*: dem aktiven Bilden ‖
115,16 Erkennt *bis* an *eingeklammert*, F. Brentano folgend *gestrichen* ‖
115,18 reale *gestrichen*; *Ausrufungszeichen am Rande* ‖ **116**,14 *Nach* seiner
eingefügt: Reduktion auf das Unbezweifelbare, wir wollten sagen ‖
117,16f. Aber *bis* Einsehbarkeit. *eingeklammert* ‖ **117**,18–21 *Von* und das
bis ausgeführt: *eingeklammert und gestrichen* ‖ **117**,19f. *Am Rande Bemerkung*: Stil; *möglicherweise auch auf den folgenden Text bis* **118**,2 Welt.
zu beziehen ‖ **117**,22–**118**,2 *bis* Welt. *am Rande Wellenlinien, am Ende eine
schließende große Klammer und die Bemerkung*: Das muß anders behandelt
werden. ‖ **117**,26 in der meinen *gemäß ,,Typescript C'' (vgl. Cairns, S. 84,
Anm. 3)*; *M-Ms. stattdessen*: in dem meine ‖ **117**,27 *Nach* Welt. *eine
schließende Klammer* ‖ **117**,33 nur *gestrichen* ‖ **118**,4–8 *Am Rande Wellenlinie* ‖ **118**,18–20 *Am Rande drei Ausrufungszeichen und vor* Genauer *eine
geöffnete Klammer, die dann nicht geschlossen* ‖ **118**,20–25 *Am Rande zwei
große Ausrufungs- und ein Nullzeichen* ‖ **118**,28f. *Nach* psychologischen
Idealismus *eingefügt*: etwa gar eines solchen im Sinne des sensualistischen
Psychologismus ‖ **118**,33 *Nach* können *eingefügt*: und die für das Ich
bedeuten würde ein ihm mythisch zugehöriges Ich an sich, und keineswegs
würde der Kantische Transzendentalismus etwa in den hier behandelten
phänomenologischen übergehen, wenn solche Lehren ausgemerzt würden.
‖ **120**,27 <zu> *eingefügt nach einem Korrekturvorschlag Cairns' (vgl. Cairns,
S. 88, Anm. 1)* ‖ **121**,22 *Am Rande*: Scheint? Ist. ‖ **122**,3 *Nach* überhaupt
eingefügt: sei nur meine Vorstellung, ‖ **122**,25ff. *Randbemerkung*: Die
gefährliche Ich-Rede, mein-Rede! Das Sprachliche erörtern. *Vgl. die drei
folgenden Anmerkungen* ‖ **122**,25 unseres *gestrichen* ‖ **122**,28 in mir *gestrichen* ‖ **122**,31 meiner *gestrichen* ‖ **123**,7–9 (obschon *bis* waltende.

gestrichen; *zu* sind ja auch erfahren *zwei Ausrufungszeichen* ‖ **123**,9 *Statt* den *Ms.*: denen ‖ **123**,9 *Nach* waltende *Ms. nochmals*: erfahren sind ‖ **124**,22f. Sinnesschicht, die, von ihnen ausstrahlend, *gemäß F-Ms.*; *M-Ms.* *stattdessen*: Sinngeschichte, die, von innen ausstrahlend; „*Typescript C*": Sinnesschicht, die, von innen ausstrahlend (*vgl. Cairns, S. 92, Anm. 1 und 2*) ‖ **124**,27–33 *Auf diese Stelle bezieht sich das eingelegte stenographierte Blatt 197 mit folgendem Text*: § 44, S. 165 oben <*die angegebene Stelle*>: „innerhalb der transzendentalen Universalsphäre" — „eigentümliche Epoché". Es ist aber irreführend, wenn es weiter heißt: „indem wir alles jetzt Fragliche vorerst aus dem thematischen Feld ausschalten", „indem wir alle konstitutiven Leistungen, die sich auf fremde Subjektivität unmittelbar oder mittelbar beziehen usw.". In Frage sind doch nicht andere Menschen! Sondern wie es dazu kommt, daß das ego, wie es der transzendentale Zuschauer transzendental erfährt, in sich die Unterscheidung Ich und anderes Ich konstituiert, eine Scheidung, die aber zunächst im Phänomen Welt auftritt, als die von meinem menschlichen Ich, dem Ich im gewöhnlichen Sinne, und anderem menschlichen Ich, anderem Ich. ‖ **124**,35 in seiner Eigenheit *ersetzt durch*: in sich eine Eigenheit ‖ **124**,35–**125**,2 *Von* in seiner Eigenheit (*vgl. vorangehende Anmerkung*) *oder von* und in der es *ab eingeklammert* ‖ **125**,3–22 *An den Inhalt dieses Absatzes scheint die folgende, auf die Rückseite eines Briefes flüchtig stenographierte Notiz des Einlageblattes 199 anzuknüpfen*: Die Totalerscheinung der Welt — im Strömen immer gemeinte Welt. Die Totalerscheinung der Natur. Die Totalmeinung der Welt, die Einzelmeinung, Einzelerscheinung, das einzelne Weltliche. Aber die Meinung schichtet sich, ich kann abstrahieren Dingerscheinung, Schicht der Kultur oder Schicht des menschlichen, seelischen Daseins als <*eine Lücke im Text gelassen*> in der strömenden Gegenwart. Der Strom der Welt-„Erscheinungen", der „Wahrnehmungserscheinungen", ontologisch — Gemeintes. Cogito-Schichten, gemäß denen jede Schicht eine <entsprechende> Schicht des cogitatum hat. Das Ich gerichtet auf das Gemeinte. ‖ **125**,25 auf Fremdes *mit einer Wellenlinie versehen, am Rande dazu ein Frage- und ein Ausrufungszeichen und die Bemerkung*: auf Menschen und mich selbst als Menschen ‖ **127**,6 *Nach* Umweltlichkeit *eingefügt*: nicht bloß für jeweils in wirklicher Erfahrung mit gegebene Andere, sondern ‖ **127**,8 *Nach* -etwas-angehen *eingefügt*: -können ‖ **131**,6 *Ms.*: diejenige in die Sphäre *worin* diejenige *offenbar gelegentlich einer mit Tinte eingezeichneten Korrektur nur versehentlich nicht gestrichen* ‖ **132**,4 *Nach* auslegt *Ms. noch*: was er — in Sonderheit — ist; *diese Worte sind offenbar durch eine mit Tinte eingezeichnete Korrektur* (*eingefügt*: **132**,3f. und worin bis auslegt) *ersetzt und nur versehentlich nicht gestrichen; sie fehlen im* „*Typescript C*" ‖ **135**,28 *Statt* dem der *Ms.*: dem des ‖ **136**,14 *Ms.*: Es ist die in der *worin* die *offenbar gelegentlich einer mit Tinte eingetragenen Einfügung* (**136**,17 die an sich) *nur versehentlich nicht gestrichen* ‖ **136**,29 *Statt* Nicht-mehr-erfahren *M-Ms.*: nicht mehr Erfahrenen ‖ **137**,29 *Statt* und auch *Ms.*: und es auch ‖ **137**,35f. *Ms.*: … bzw. ihr zugehörige <*sic*> intersubjektives Eigenwesen … *worin* zugehörige *offenbar gelegentlich einer*

mit Tinte eingezeichneten Korrektur nur versehentlich nicht gestrichen ‖
148,7–9 *Statt* und nicht den irgendeines und so auch jenes bestimmten
Dort, der sich in irgendeinem einzusetzenden „Ich kann und ich tue"
abwandelt *Ms.*: und nicht den in irgendeinem einzusetzenden „Ich kann
und ich tue" sich abwandelnden irgendeines und so auch jenes bestimmten
Dort ‖ **148**,24f. *Statt* Fremdappräsentation *Ms.*: fremde Appräsentation ‖
148,29 *Statt* die *Ms.*: der; *vielleicht ist auch* den *bzw.* der … Forderung
(*statt* Forderungen) *zu lesen* ‖ **148**,33–35 *Ms.*: das Verstehen der Glieder als
tastender oder auch stoßend fungierender Hände, als gehend fungierende
Füße, als sehend fungierende Augen usw. ‖ **153**,19 *Ms.*: über die primordinal konstituierten ‖ **154**,22 *Statt* die *Ms.*: der ‖ **161**,9 *Statt* das *Ms.*: die ‖
161,15ff. *und* **162**,5–12 *Textfolge gemäß* „Typescript C" (*vgl. Cairns, S. 133,
Anm. 1, und S. 135, Anm. 1*); *im M-Ms. folgt stattdessen bereits* **161**,15
nach „orientierter" *Konstitution. der* **162**,5–12 *wiedergegebene Text*: So ist,
sehen wir, *bis* Untersuchungen. *Es handelt sich wohl um einen im M-Ms.
versehentlich nicht bereinigten Irrtum bei der Transkription einer eingelegten
Beifügung Husserls.* ‖ **165**,28 *Statt* etwa bloß *Ms.*: bloß etwa ‖ **169**,23 *Statt*
dem einer *Ms.*: auf einer ‖ **169**,28 das *fehlt im Ms.* ‖ **171**,27f. *Statt* und
seiner stufenweisen Sinnbildungen in primordinaler Originalität *Ms.*: und
seiner in primordinaler Originalität stufenweisen Sinnbildungen ‖ **174**,1
Ms.: sondern daß dieser ‖ **176**,20 *Vor* überhaupt *Ms. nochmals*: ich ‖
176,25 *Statt* einen *Ms.*: ein ‖ **177**,31f. *Statt* „echt wissenschaftlich" durchzuführenden *Ms.*: „echt wissenschaftlichen" durchzuführen ‖ **178**,24–26
nämlich *bis* darzutun. *gemäß einem Korrekturvorschlag Cairns' (vgl. Cairns,
S. 152, Anm. 1*); *Ms.*: nämlich die konkrete Möglichkeit, die Cartesianische Idee einer Philosophie als einer universalen Wissenschaft aus
absoluter Begründung darzutun. ‖ **180**,22 *Statt* auch *Ms.*: nach ‖ **182**,9f.
Statt und keineswegs sagt *Ms.*: und sagt keineswegs ‖

ANMERKUNGEN ZU „HUSSERLS INHALTSÜBERSICHT IM URTEXT"

‚ **187**,28 *Am Rande*: Wohl zum Inhaltsverzeichnis der Londoner Vorlesungen. Oder der Pariser ? ‖ **188**,39 *Statt* seines *Ms.*: seiner ‖ **190**,10–23 *Von*
Die Welt *an bis zum Ende des Absatzes zwischen eckigen Klammern* ‖

NACHWEIS DER ORIGINALSEITEN

[Um die Kontrolle unserer Textausgabe prinzipiell zu ermöglichen,
lassen wir untenstehende Übersicht über die Entsprechung jeder Seite mit
den korrespondierenden Seiten der Husserl-Manuskripte folgen. In dieser
Tabelle gibt jeweils die linke Ziffer die Seite des im Druck vorliegenden
Textes, die rechte Ziffer die entsprechende Seite (oder die entsprechenden
Seiten) der Originalhandschrift an. Als Originalmanuskripte gelten, wie
aus den Bemerkungen zur Textgestaltung hervorgeht, für die „Pariser
Vorlesungen" das Ms. F II 5, für die I.–IV. Cartesianische Meditation

M II 5 I, für die V. Meditation M II 5 II, für Husserls Inhaltsübersicht M II 5 VII 1 und für das „Sommaire des Leçons" M II 5 VII 2. Sämtliche genannten Originalmanuskripte werden im Husserl-Archiv in Löwen bewahrt.]

Die Pariser Vorträge

Druck S.	Ms.		Druck S.	Ms.
1	1a		21	14a, 14b
3	3a, 4a		22	14b, 15a, 15b
4	4a, 4b, 30a		23	15b, 16a
5	30a, 30b		24	16a, 17a
6	30b, 31a, 31b		25	17a, 17b
7	31b, 33a		26	18a, 18b
8	33a, 33b, 34a		27	19a, 19b
9	34a, 34b		28	19b, 20a
10	34b, 5a, 5b		29	20a, 20b
11	5b, 6a		30	20b, 82b, 82a
12	6a, 6b, 7a, 7b		31	82a, 83a, 83b
13	7b, 8a		32	83b, 21a
14	8a, 8b		33	21a, 21b, 22a
15	9a, 9b		34	22a, 22b
16	9b, 10a		35	22b, 23a, 23b
17	10a, 10b, 24a		36	23b, 98a, 98b
18	24a, 24b		37	98b, 99a
19	24b, 13a		38	99a, 99b, 100a
20	13a, 13b, 14a		39	100a, 100b

Cartesianische Meditationen

Druck S.	Ms.		Druck S.	Ms.
41	3		63	53a, 54a, 55a
43	5a, 6a		64	55a, 56a, 57a
44	6a, 7a, 10a, 9a		65	57a, 58a, 59a
45	10a, 11a, 12a, 14a		66	59a, 60a, 63a
46	14a, 15a, 16a		67	63a, 64a, 65a
47	16a, 17a, 18a		68	65a, 66a, 67a
48	18a, 19a, 20a		69	67a, 68a, 69a
49	20a, 21a, 22a		70	69a, 70a, 71a
50	22a, 23a, 24a		71	71a, 72a, 73a, 74a
51	24a, 25a, 26a		72	74a, 75a, 76a
52	27a, 26a, 28a		73	76a, 77a, 78a
53	28a, 29a, 30a, 32a		74	78a, 79a, 80a
54	32a, 33a		75	80a, 81a, 82a
55	33a, 34a, 35a		76	83a, 84a, 85a
56	35a, 36a, 37a		77	85a, 86a, 87a
57	37a, 39a, 40a, 41a		78	87a, 88a, 89a, 90a
58	41a, 42a, 43a, 44a		79	90a, 91a, 92a
59	44a, 45a, 46a		80	92a, 93a, 94a
60	46a, 47a, 48a		81	94a, 95a, 96a
61	48a, 49a, 50a		82	96a, 97a, 98a
62	50a, 51a, 52a, 53a		83	98a, 99a, 100a

Druck S.	Ms.		Druck S.	Ms.	
84	100*a*, 101*a*, 102*a*		131	213*a*, 214*a*, 215*a*, 216*a*	
85	102*a*, 103*a*, 104*a*		132	216*a*, 217*a*, 218*a*	
86	104*a*, 105*a*, 106*a*, 107*a*		133	218*a*, 219*a*, 220*a*	
87	107*a*, 108*a*, 109*a*		134	221*a*, 222*a*	
88	109*a*, 110*a*, 111*a*		135	222*a*, 223*a*, 224*a*, 225*a*	
89	111*a*, 113*a*, 114*a*		136	225*a*, 226*a*, 227*a*	
90	114*a*, 115*a*, 116*a*		137	227*a*, 228*a*, 229*a*	
91	116*a*, 120*a*, 121*a*		138	229*a*, 230*a*, 231*a*, 232*a*	
92	121*a*, 122*a*, 123*a*		139	232*a*, 233*a*, 234*a*	
93	123*a*, 124*a*, 125*a*		140	234*a*, 235*a*, 236*a*, 237*a*	
94	125*a*, 126*a*, 127*a*		141	237*a*, 238*a*, 239*a*	
95	127*a*, 128*a*, 129*a*		142	239*a*, 240*a*, 241*a*, 242*a*	
96	129*a*, 130*a*, 131*a*		143	242*a*, 243*a*, 244*a*	
97	131*a*, 132*a*, 133*a*		144	244*a*, 245*a*, 246*a*	
98	133*a*, 134*a*, 135*a*, 137*a*		145	246*a*, 247*a*, 248*a*, 249*a*	
99	137*a*, 138*a*		146	249*a*, 250*a*, 251*a*	
100	138*a*, 139*a*, 140*a*		147	251*a*, 252*a*, 253*a*	
101	140*a*, 141*a*, 142*a*, 143*a*		148	253*a*, 254*a*, 255*a*	
102	143*a*, 144*a*, 145*a*		149	255*a*, 256*a*, 257*a*, 258*a*	
103	145*a*, 146*a*, 147*a*		150	258*a*, 259*a*, 260*a*	
104	147*a*, 148*a*, 149*a*		151	260*a*, 261*a*, 262*a*	
105	149*a*, 150*a*, 151*a*, 152*a*		152	262*a*, 263*a*, 264*a*, 265*a*	
106	152*a*, 153*a*		153	265*a*, 266*a*, 267*a*	
107	154*a*, 155*a*, 156*a*		154	267*a*, 268*a*, 269*a*	
108	156*a*, 157*a*, 158*a*		155	269*a*, 270*a*, 271*a*	
109	158*a*, 159*a*, 160*a*, 161*a*		156	271*a*, 272*a*, 273*a*	
110	161*a*, 162*a*, 163*a*		157	273*a*, 274*a*, 275*a*, 276*a*	
111	163*a*, 164*a*, 165*a*		158	276*a*, 277*a*, 278*a*	
112	165*a*, 166*a*, 167*a*, 168*a*		159	278*a*, 279*a*, 280*a*	
113	168*a*, 169*a*, 170*a*		160	280*a*, 281*a*, 282*a*	
114	170*a*, 171*a*, 172*a*, 173*a*		161	282*a*, 283*a*, 284*a*, 285*a*	
115	173*a*, 174*a*, 175*a*		162	285*a*, 286*a*, 287*a*	
116	175*a*, 176*a*, 177*a*		163	287*a*, 288*a*, 289*a*	
117	177*a*, 178*a*, 179*a*, 180*a*		164	289*a*, 290*a*, 291*a*	
118	180*a*, 181*a*, 182*a*, 183*a*		165	291*a*, 292*a*, 293*a*	
119	183*a*, 184*a*, 185*a*		166	293*a*, 294*a*, 295*a*	
120	185*a*, 186*a*, 187*a*		167	295*a*, 296*a*, 297*a*	
121	187*a*, 190*a*, 191*a*		168	297*a*, 298*a*, 299*a*	
122	191*a*, 192*a*, 193*a*		169	300*a*, 301*a*, 302*a*	
123	193*a*, 194*a*, 195*a*		170	302*a*, 303*a*, 304*a*	
124	195*a*, 196*a*, 198*a*		171	304*a*, 305*a*, 306*a*	
125	198*a*, 201*a*, 202*a*		172	306*a*, 307*a*, 308*a*	
126	202*a*, 203*a*, 204*a*		173	308*a*, 309*a*, 310*a*, 311*a*	
127	204*a*, 205*a*, 206*a*, 207*a*		174	311*a*, 312*a*, 313*a*	
128	207*a*, 208*a*, 209*a*		175	313*a*, 314*a*, 315*a*	
129	209*a*, 210*a*, 211*a*		176	315*a*, 316*a*, 317*a*, 318*a*	
130	211*a*, 212*a*, 213*a*		177	318*a*, 319*a*, 320*a*	

Druck S. 178 Ms. 320*a*, 321*a*, 322*a*   Druck S. 181 Ms. 327*a*, 328*a*, 329*a*
      179   322*a*, 323*a*, 324*a*, 325*a*   182   329*a*, 330*a*, 331*a*
      180   325*a*, 326*a*, 327*a*   183   331*a*

Husserls Inhaltsübersicht im Urtext

Druck S. 187 Ms. 1*a*, 2*a*   Druck S. 191 Ms. 6*a*, 7*a*, 8*a*
      188   2*a*, 3*a*   192   8*a*, 9*a*
      189   3*a*, 4*a*, 5*a*   193   9*a*, 10*a*
      190   5*a*, 6*a*

Sommaire des Leçons du Professeur E. Husserl

Druck S. 194 Ms. 1*a*   Druck S. 198 Ms. 3*a*
      195   1*b*   199   3*b*
      196   2*a*   200   4*a*, 4*b*
      197   2*b*   201   4*b*

ÜBERSICHT ÜBER DIE ENTSPRECHUNG DER TEXTE DER „PARISER VORTRÄGE" UND DER „CARTESIANISCHEN MEDITATIONEN"

[In der linken Kolonne ist mit Angabe der Seiten- und Zeilenzahlen auf die Texte der *Pariser Vorträge*, in der rechten Kolonne mit Angabe der Paragraphen auf die Texte der *Cartesianischen Meditationen* verwiesen.]

I. Vortrag	3,1 – 4,37	I. Meditation	§ 1
	4,38– 5,38		§ 2
	5,39– 6,4		§ 3
	6,5 – 6,12		§ 4
	6,13– 6,23		§ 5
	6,24– 7,20		§ 7
	7,21– 9,4		§ 8
	9,5 –10,5		§ 10
	10,6 –11,3		§ 11

II. Vortrag	11,4 –11,38	II. Meditation	§ 12
	11,39–12,30		§ 13
	12,30–13,24		§ 14
	13,25–16,16		§ 15
	16,17–17,10		§ 17
	17,10–18,30		§ 18
	18,31–19,15		§ 19
	19,16–20,22		§ 20
	20,22–21,37		§ 21
	21,38–22,7		§ 22
III. Vortrag	22,8 –22,17	III. Meditation	§ 23
	22,18–23,30		§ 24
	23,31–24,36		§ 26
	24,37–25,9		§ 28
	25,10–25,17		§ 29
	25,17–25,27	IV. Meditation	§ 30
	25,28–26,16		§ 31
	26,17–26,30		§ 32
	26,31–27,9		§ 33
	27,10–29,7		§ 34
	29,8 –29,27		§ 38
	29,28–30,25		§ 39
	30,26–31,39		§ 40
	32,1 –34,6		§ 41
IV. Vortrag	34,7 –36,7	V. Meditation	
	36,8 –39,30	Schlußwort	§ 64

NAMENREGISTER